轻战略

提升战略效能的艺术

许正 著

LIGHT
STRATEGY

机械工业出版社
CHINA MACHINE PRESS

图书在版编目（CIP）数据

轻战略：提升战略效能的艺术/许正著. -- 北京：机械工业出版社，2025.8. -- ISBN 978-7-111-78508-8

Ⅰ. F272.1

中国国家版本馆CIP数据核字第2025KM1656号

机械工业出版社（北京市百万庄大街22号　邮政编码100037）
策划编辑：李文静　　　　　　　　责任编辑：李文静　吕　伟
责任校对：李　霞　马荣华　景　飞　责任印制：单爱军
天津嘉恒印务有限公司印刷
2025年8月第1版第1次印刷
147mm×210mm·11.25印张·3插页·213千字
标准书号：ISBN 978-7-111-78508-8
定价：89.00元

电话服务	网络服务
客服电话：010-88361066	机　工　官　网：www.cmpbook.com
010-88379833	机　工　官　博：weibo.com/cmp1952
010-68326294	金　书　网：www.golden-book.com
封底无防伪标均为盗版	机工教育服务网：www.cmpedu.com

PREFACE

序

巨变时代，为什么需要轻战略

作为一名从事战略工作多年的人，我经常被问到一个问题：到底什么是战略？

我有一个简单的回答：**战略，就是完成使命过程中的一系列选择和行动**。面对听众进一步的好奇，我经常讲一个比喻。

你是一名船长，即将带领着你的团队起锚出航，目的地是远方的港口。那么如何才能让船队顺利地抵达目的地呢？你当然需要有良好的船只、齐心协力的船员，但更重要的是你要规划航路，也要预测途中的天气，让航行避开各种暗礁、浅滩，穿越风浪，最后平安抵达，带领团队完成共同的使命。

在一个相对风平浪静的环境中，你可以很好地预测未来的航程，大体知道这一路上会发生什么，并且前人留下的航线记录也让你知道哪里有浅滩，哪里有暗礁，甚至哪里曾经出现过漩涡。因此，你对前行的航路心中有数，团队成员也充满信心，你们只要做好计划，按照常规操作，基本上就可以安全抵达目的地了。

你在启航前所做的一切计划和准备，以及在航行过程中按照计划所做的一切应对措施，就是你完成这次使命所采取的战略。

类比我们的企业，目的地港口是我们的目标，大海就是市场，船只是公司，船员是同事，而你就是这个企业的领导人。传统的战略出自那个相对稳定并且可预测的环境。现在整个商业环境已经发生突变，气候变得诡谲难测，恶劣天气和各种风浪随时会来袭，甚至原有的航线出现了新的致命漩涡，北冰洋的冰山也可能已经悄悄漂移到温带。瞭望航路，你发现一切都不可捉摸，变化多端，风险陡增。为了顺利完成目标，你肯定不能采用原来静态的规划方式了，那么你到底要怎么做，才能应对这样的突变？

所有这一切，都迫使你无法再依靠常规的战略来指导航行，你需要成为一个非常敏锐的领导者，在每一个环节、在每一段航程中保持高度灵活。你必须提高警惕，增加在航行中监测海况的频率，并且让船员打起精神，对发生的情况及时报告。你需要缩短决策周期，随时对突发情况做出反应。为了避免片面决策，你还要动员大家贡献所知所见，群策群力，共同面对险境。当天气晴好、一切如常的时候，你要让大家鼓足干劲，加快行驶。但是在风云突变的时候，你在确保大方向不变的情况下，有时需要减慢速度甚至迂回。经过这样曲折的航程，你才能最终抵达目的地港口。

轻战略六步法

这段极具挑战性的航程，看起来是否很熟悉？是的，这正是我们正在经历的巨变时代！传统的战略早已不适用于这个巨变的时代，企业应该采取更敏捷动态的战略，我把它归纳为"轻战略"。在 2016 年和 2019 年我分别出版了两本关于轻战略的专著，即《轻战略：新时代的战略方法论》和《轻战略：量子时代的敏捷决策》，对这一理论进行思考和方法总结。

轻战略包括以下轻战略六步法，也就是应对变化的六个关键步骤。

1. 洞察变化：预测趋势和方向，识别机遇和风险，并且和自身的能力结合起来，快速定位最佳机会。

2. 明确意图：根据最佳的机会选择，明确价值主张，与团队达成共识，确认要实现的愿景和阶段性的战略目标。

3. 识别障碍：为完成战略目标和价值主张，找出关键的问题和障碍，以及导致问题和障碍的深层原因。

4. 聚焦创新：对于这些问题及其深层原因，团队要发挥创新思维，找出解决的办法，以及具体的战略举措。

5. 激发能力：战略举措明确后，就要有效地动员团队，凝聚大家的能量和力量，培养战略需要的能力，去实现一个个战略突破。

6. 持续行动：战略举措是否可行，需要一系列务实快速的行动进行检验，如果最初的战略假设已经失效，就需要重新进入第一步，开始下一轮战略迭代。

为了让轻战略有效实施，还需要六种战略心法的支持，即**挑战假设、群策群力、机会导向、模型思维、反思学习和空于当下**。这六种轻战略心法被称为"轻战略六部功"。

在过去10年，轻战略的方法服务了近200家企业，帮助创业期的中小型企业建立了战略思维和流程，帮助大型企业简化了固化甚至僵化的战略流程，也帮助转型期的企业重塑了战略。

让战略更富效能

在今天这个巨变的时代，我们不仅需要新的战略，还需要进一步评估战略的有效性，也就是我们制定的战略是否帮助我们有效达成最终的目标？于是我提出这个战略效能公式，帮助企业提前预判战略的有效性。

$$有效的战略 = \frac{客户价值 \times 竞争优势 \times 持续学习}{简易 \times 敏捷 \times 共创}$$

这个公式的分子包含客户价值、竞争优势、持续学习三项，我称其为战略的杠杆要素。战略要有效，就需要这三个杠杆要素足够长：要有足够强的客户价值被客户接受；要凭借足够明确的竞争优势在竞争环境中胜出；团队要有很强的学习能力，不断进行反思和总结。

这个公式的分母，包含简易、敏捷、共创三项，我称其为战略效能的三个支点要素。当它们离市场和客户足够近，我们的战略就更有效。还记得古希腊科学家阿基米德的名言吗？"给我一个支点，我可以撬起整个地球！"在这个巨变时代，撬动战略效能的支点，就是要离市场足够近，响应足够及时。

具体介绍一下战略效能公式分母的三个支点要素：支点要素一，决策要简易可行，让团队可以快速响应市场和客户；支点要素二，行动敏捷，要贴近市场变化和客户的需要；支点要素三，鼓励团队共创，让大家可以群策群力，及时有效地解决问题。

本书的内容

在本书的第一部分,我提出了企业领导者经常面临的八个战略误区,并对战略效能的三个杠杆要素和三个支点要素进行了详细的介绍。

在本书的第二部分,我通过大量案例进一步介绍了轻战略在实践中的经验、工具和深度思考,其中很多案例和总结的方法是我多年实践的成果。希望这些内容能够帮助大家掌握更多的方法和技巧,从而有效地提高战略效能。

在本书的第三部分,我分享了如何通过轻战略的方法系统地解决战略问题,提升战略效能。

具体来说,我会从帮助大家学会提出开放性的战略问题开始讲起。著名物理学家爱因斯坦曾说:"**提出一个问题往往比解决一个问题更重要。**"每一次的战略讨论不应该从目标开始,而应该从一个核心的战略问题开始,这一与众不同的做法被证明是高度有效的,并且可以帮助我们聚焦关键问题,产出至关重要的成果。

在此基础上,我会和大家分享如何进行轻战略的架构设计和引导设计。我把多年的实战经验进行了总结,和大家分享设计简洁的轻战略流程的框架和方法,以及如何引导轻战略研讨会,如何管理一个轻战略咨询项目,如何陪伴客户,并在项目后续提供高效的教练服务。

在本书的最后，我想邀请大家一起从哲学层面来探讨战略。因为战略终究需要回归到本质，深入到哲学的层面来给予我们支撑。

战略的所有工作，都是立足当下、着眼未来的。因此，我们讨论战略需要归结到一个根本的问题：未来是可以被预测的吗？在我的观点里，**战略是人类面对不确定且无法预知的未来时，所采取的卑微的选择**。无论是工业时代的长周期、确定的战略设计，还是巨变时代的短周期、敏捷的战略决策，都是为应对不可知的未来和环境而采取的不得已的决策方式。随着人工智能的发展，我们对不可预测的未来会有不同的视角吗？或者，随着人类对世界认知角度的改变，一些尘封已久的理论和方法，是否会重新焕发生机，给我们的战略决策带来助益？我在本书中对此提出了初步的假设和讨论，并将我对中国传统哲学的一些思考和研究呈现给各位读者。

致谢

这本书是我过去10年在客户项目中的思考、实践和打磨迭代的结晶。轻战略的方法论，经历了时间、环境、行业和客户实战的考验。在当下巨变的时代，期望它可以帮助大家穿越周期，在变化的环境里寻找到有效的战略决策。

承蒙很多人的支持，本书的写作才得以完成。机械工业出版社的编辑们非常严谨专业，在选题和内容上给了我很好的建议。很多客户朋友也慷慨分享了他们的案例和反馈意见，尤其要感谢元气森林的唐彬森先生、国科天迅的房亮先生和白小杨女士、零束科技的李君先生，以及上汽大众的刘懿艳女士。我的同事罗文婷女士和张强先生也帮助我做了很多编辑工作。对这些帮助和支持，我在这里一并感谢。

  我将这本书作为巨变的大时代里的一个礼物，呈现给曾经支持和帮助过轻战略实践的所有客户和朋友，也呈现给每一位读者和实践者。希望我们共同努力，在这个有限的时空和激荡的巨变时代里，运用我们更加敏捷的智慧，穿过风浪，抵达幸福和快乐的未来。

许正

于长安光明居

2025 年 1 月

CONTENTS 目录

- **序 巨变时代，为什么需要轻战略**

- **第一部分　巨变时代　重新思考战略**

- **第一章　突破战略的认知误区**

误区一	今天的战略是过去版本的延伸	4
误区二	战略就是战略规划	6
误区三	业务领导只需要学会战略分解	8
误区四	企业战略是纯粹的理性思维	10
误区五	战略思考可以委托给外部顾问	13
误区六	用专业的战略工具，就会产生好的战略	15
误区七	团队共创战略，只会产出平庸的结果	17
误区八	推动战略落地执行，变革就会发生	18

第二章　战略效能

战略不是什么	22
战略应该是什么	34
战略的新范式	51
战略效能公式	65

第二部分　巨变时代　提升战略效能

第三章　轻战略　提升战略效能

三阶段和六步法	76
飞贷金融的轻战略	81
曹操的智慧	85
六步法提升战略效能	92

第四章　洞察变化——创造竞技场

全新的竞技场	96
用一张图说清自己的战略	106
服务创新的新模式	112

第五章　明确意图——价值的因果

业务本质	125
元气森林的故事	131
价值创造的因与果	138

价值创造与战略效能　　　　　　　　　　　　147

第六章　识别障碍——寻找关键

SpaceX 如何创造奇迹　　　　　　　　　　　150
识别关键障碍　　　　　　　　　　　　　　156
房间里的大象　　　　　　　　　　　　　　163
在对立的观点中学习　　　　　　　　　　　168

第七章　聚焦创新——战略创新的突破

创新的新视野　　　　　　　　　　　　　　172
数字时代的创新密码　　　　　　　　　　　175
24 种盈利模式　　　　　　　　　　　　　　184
寻找运营的关键　　　　　　　　　　　　　198
战略地图的独特价值　　　　　　　　　　　205

第八章　激发能力——从改变心智开始

战略变革为何失败　　　　　　　　　　　　212
GE 公司：明灯的熄灭　　　　　　　　　　 216
组织能力的明天　　　　　　　　　　　　　225

第九章　持续行动——执行和迭代

零束科技的实践　　　　　　　　　　　　　235
持续迭代，让战略解码活起来　　　　　　　240

第三部分　实践你的轻战略

第十章　提出关键的战略问题

区分战略问题和运营问题　　　　　　　　256

开放性的战略讨论　　　　　　　　　　　262

第十一章　轻战略架构设计

轻战略架构师的独特价值　　　　　　　　272

设计一个简洁的流程　　　　　　　　　　284

第十二章　轻战略引导师的角色

引导师的基本技能　　　　　　　　　　　293

设计引导问题　　　　　　　　　　　　　303

熟练掌握六部功　　　　　　　　　　　　309

ROAD 教练模式　　　　　　　　　　　　314

第十三章　战略管理的新使命

提升战略效能　　　　　　　　　　　　　320

战略的哲学面　　　　　　　　　　　　　324

未来可以被预测吗？　　　　　　　　　　326

巨变时代，唯有轻战略　　　　　　　　　335

参考文献　　　　　　　　　　　　　　339

赞誉　　　　　　　　　　　　　　　　342

PART 1
第一部分

巨变时代　重新思考战略

LIGHT
STRATEGY

CHAPTER 1
第一章

突破战略的认知误区

2021 年夏天，我第一次造访零束科技有限公司（以下简称零束科技）㊀位于上海嘉定安亭镇创新港的园区办公室。走进那座小楼，穿过略显拥挤和繁忙的办公区，我来到 402 会议室，时任公司党委副书记兼首席人才官刘懿艳女士已经在那里等我了。

在这次访问之前，我就了解过一些关于零束科技的信息：这是一家正被推上风口浪尖的科技企业。早在 2020 年，上汽集团的高层曾对外明确表示，他们要发展独立自主的汽车软件

㊀ 零束科技，原名上汽零束软件分公司，成立于 2020 年 7 月 21 日。2021 年 12 月 22 日，上汽集团为推进创新企业市场化改革，成立零束科技有限公司，承接原公司的全部业务和资产。

能力，在汽车智能网联时代，不能够把软件这个"灵魂"交给他人，应该掌握在自己手中。为上汽集团创造"灵魂"的使命，就这样落在了成立不久的上汽零束软件分公司的身上。

在大多数人的印象中，传统车企通常是那种节奏稳健，甚至有些缓慢的工业巨人。这次拜访，我却发现零束科技的氛围完全不同。刘总的语速超快，思维敏捷，当会议室的屏幕上演示公司的技术路线和迭代过程时，仿佛我们不是在一家大型车企，而是在深圳的某家科技企业或者硅谷的某家软件企业里。我直接跟她分享了我的感受，她笑笑说："我们每天都在跟时间赛跑，我们甚至都不知道自己到底能不能活下来。"

这时 CEO 李君博士走进了会议室，一眼望去就能发现他是典型的工程师出身的 CEO，儒雅且睿智，从微锁的眉头能看出他所承担的重担和压力。他开门见山地介绍了公司发展的近况：从他和刘总两人受命组建公司以来，一年的时间里公司已经迅速发展到近 1000 人的规模。这一令人晕眩的速度既带来了早期产品的快速落地，也触发管理层开始对未来的发展和投入进行更多的战略思考。

在那次会议上，我向他们介绍了我开发的轻战略的模型和方法。当我介绍到轻战略不仅适合大型企业简化战略、适合变革期的企业寻找新的路径，也适合走过创业早期的初创公司的时候，快人快语的刘总指着屏幕上的第三类企业说："这就是我们。"之后的几个月里，经过对轻战略方法的深度研究，以及和我的多次交流，他们最终决定邀请我与他们团队共创公司战略。

在过去 10 多年的管理顾问生涯里，我多次遇到类似的场景，见到很多出色的领导者。无论他们领导着何种行业多大规模的企业，身处这个巨变的时代，他们都希望通过明确的战略方向、有效的决策，带领团队走出一条新路。

值得庆幸的是，越来越多的企业领导者开始意识到战略的重要性，也就是企业做什么以及如何做的艺术，并且开始把战略作为日常经营时认真思考的问题。但在这个过程中，我也发现了很多战略认知上的误区。这些误区，有些来自专业知识的缺乏，有些来自过时经验的误导，还有一些来自领导者的想当然。

在今天这个巨变的时代，如果不知道这些战略误区，轻则错失战略机会，重则可能陷入某种战略困境。这些误区被很多人走过，并付出了代价，只是这些教训不见得被大多数人知道。不管怎样，今天我们把这些被验证的误区呈现出来，你不必试着再把这些误区重走一遍。

在开始关于战略的话题之前，我们就来看看这些常见的战略误区吧。

误区一　今天的战略是过去版本的延伸

许多企业在制定战略的时候，经常会进入这个误区，甚至会奋不顾身地跳进这个陷阱。大多数企业经营者都知道，过去成功的战略并不意味着在未来仍然有效，尤其是当下环境的巨变和市场的动荡，更要求我们不断反思，思考怎么样去升级我们的战略，而不是简单地延续老的套路。在这方面的洞见，已经让一些理论大家功成名就。哈佛大学的教授克莱顿·克里斯坦森，就在他的代表作《创新者的窘境》中振聋发聩地指出：成功企业的成功管理，却可能是企业衰败的原因。这些企业更注重良好管理下的延续性技术，而忽略了破坏性技术，导致无法进行破坏式创新，这成为企业衰败的原因。

最新的例子，就是日本汽车在电动汽车时代的失落，以及中国电动汽车的异军突起。汽车的电动化趋势早在 20 年前就被美国企业注意到了，但因为技术、政策和市场因素，发展电动汽车没有太强的经济动力做支撑，所以即便美国企业申请了专利，最终也放弃了持续研发。日本企业其后在这方面进行了大量研究，最终在油电混合领域实现了技术突破，这一突破使得汽车技术更加复杂，形成了技术壁垒。同时日本企业在节能效率方面持续进步，以丰田为代表的日本车企延续在燃油汽车领域的领先优势，持续对其他对手保持碾压性的地位。

然而，日本车企在油电混合领域的精心布局，被特斯拉公司推出的纯电动汽车彻底打乱了。进而，特斯拉带着先进的理念、技术和生产方式来到中国创建特斯拉上海超级工厂，特斯拉电动汽车的巨大成功，让在燃油汽车领域苦苦追赶的中国企业看到了换道超车的希望。中国企业借助在汽车电池和电池管理领域的技术优势，以及完备的生产和供应链体系，实现中国制造电动汽车的崛起。2023年，中国汽车的海外出口历史性地超越日本，成为全球第一，在这里面电动汽车的贡献不小。

中国电动汽车的迅速崛起，源自全新的电动汽车战略，而延续着过去版本战略的日本车企，在这个巨变的时代，败在了换道超车的中国企业手下。

那么我们该如何避免进入"今天的战略是过去版本的延伸"的误区呢？

关键点在于，如何跳出延续性战略的思维框架，敏锐地观察"战略破坏者"是否出现，以及他们的技术和战略是否正在改写行业规则。柯达胶卷、诺基亚手机、索尼CD播放器，都是因为过度相信过去的业务模式和战略，忽视了破坏性技术的潜力，而错失了战略机遇，遭遇了失败。

避开第一个战略误区，对企业来说，是一个根本性的战略问题。对这个问题，我会在第四章和第五章与大家展开讨论。

误区二　战略就是战略规划

很长一段时间以来，企业界的大多数人认为战略等同于战略规划，特别是在大型国企里，这种说法基本上是一种标准表述。如果回看历史，战略规划的鼻祖当推美国的企业巨头们，尤其是通用汽车早年的CEO阿尔弗雷德·斯隆，在著作《我在通用汽车的岁月》里，他就详述了如何进行一系列的战略规划和管理创新，从而在事业部管理和资源分配方面让企业处于优势，并利用自身的规模和战略成果碾压对手。在技术领先程度很高、产业变化相对缓慢，并且拥有一系列独特资源的情况下，做战略规划无疑是合适的。就像今天，掌握大量资源的大型国央企，依旧可以通过做战略规划的方式来完成战略工作。

但是对于大量处于科技创新前沿的企业，以及处于激烈竞争领域里的企业，用这样的方式和思维，真的就是掉进了一个大大的误区。战略不仅是不能被规划的，甚至需要我们跳出规划的思维来看待它。因为任何规划的思维都带着一个基本假设：很多重要的事情我们是可以提前规划好的，市场是可以被规划好的，资源是可以被规划好的，甚至行业竞争态势和发展方向也是可以被预知的。这种规划性的思维，原本是企业管理的基本要义，但放在今天这样一个巨变的时代里，这种规划性思维显然已经跟不上形势了。于是，很多企业的战略规划，最终就成了无人问津的"战略鬼话"。

在当今风云突变的行业中，能够立于不败之地的企业，它们往往不是规划做得好，而是找到了一个正确的方向，我们通常称之为使命和愿景。**在找到正确方向的前提下，让自己的战略设计以及战略举措和实施步骤不断地在动态的环境下得以检验，保持企业的灵活性和适应性。**

零束科技正是这种在演进中不断完善战略的典型。自

2020年5月组建以来，其没有沿用传统的自上而下的战略规划思维，而是以客户需求为驱动，并且以最新的技术发展趋势为牵引，在竞争异常激烈和迅速变化的市场中，快速演进自身的战略，完成了三次战略迭代，在强手如云的中国智能驾驶软件和系统市场中站稳了脚跟。

我们可以借用达尔文的进化论观点来说明这一点，那些得以生存下来的不是最强大的物种，而是最具适应性的物种。在这里，战略的适应性和我们最初规划的稳定性之间本身就是矛盾的，我们要解决的核心问题就是如何让组织具备足够的适应性，同时又具备一定战略方向的稳定性。这是战略思考中一个特别关键的问题，也是本书要跟各位讨论的核心话题，本书的第九章和第十章将对这个话题有更多探讨。

误区三　业务领导只需要学会战略分解

在许多企业中，业务领导常常被要求掌握战略分解的技能，要求能将公司整体战略细化为具体的部门目标和行动计划。经常有企业领导者找到我，希望我能帮助他们的业务领导们，特别是负责关键业务部门的领导们，学习如何进行战略分解。这些企业领导者的意思是：企业的目标已经清楚了，业务领导们只要能够把它转化成部门目标和行动计划就可以了。

我们要知道，虽然战略分解是业务领导的重要职责之一，但仅仅掌握战略分解技能，并不足以应对今天巨变的商业环境。**业务领导更需要系统的战略思维、灵活的适应能力和完整的战略管理能力，以确保企业战略在各个层面得到有效的执行和不断优化。**

首先，业务领导不仅需要理解公司的整体战略，还需要具备系统的战略思维。通过理解战略背后的逻辑、市场环境和未来趋势，在战略执行过程中，业务领导可以帮助自己和团队做出更加符合战略目标的决策。缺乏这种系统和前瞻性的战略思维，业务领导可能会陷入日常事务的细节中，而忽视了对整体战略目标的贡献。这一点是很多公司高层领导者的认知误区，也是很多业务领导的行动盲区。

其次，业务领导在执行战略的时候不仅仅需要严格遵循分解的目标，还需要具备灵活的适应能力。巨变时代的市场瞬息万变，固定的战略分解可能无法完全应对实际情况，这就需要业务领导在执行过程中不断监测市场和竞争态势，及时调整策略和资源配置。例如，当企业推出新产品时，如果发现市场反应不如预期，业务领导要能够迅速调整营销策略、产品定位，甚至资源投放，以避免产生更多损失，同时识别并抓住新的市场机遇。

最后，业务领导还需要具备完整的战略管理能力，在战略执行过程中不仅要分解目标，还要激励团队成员为实现这些目标共同努力，通过有效的沟通和激励措施，增强团队的凝聚力和执行力。同时如果执行过程发生偏差，业务领导要有能力带领团队进行有效的反思和总结，确保团队成员可以理解并且积极参与到战略举措的修订和更新当中。

如果我们想激发业务领导去更好地实施战略，就要培养他们系统的战略思维、灵活的适应能力和完整的战略管理能力。阅读本书第六章和第七章的内容，对提升业务领导的战略思维、适应能力和战略管理能力，将是非常有价值的。

误区四　企业战略是纯粹的理性思维

如果我们去问那些富有经验的企业家群体，企业战略和战略决策是纯粹的理性思维产生的吗？我敢肯定，几乎没有人会这样说。因为结合他们的经验，战略制定的过程往往是经验和灵感的碰撞，理性思维经常只是给这些灵感做了合理化验证和推演而已。尤其是很多力排众议的卓越战略，更是来自灵光一闪和发自内在的对这个战略决策的笃定。

当年乔布斯产生制作 iPhone 的想法的时候，有多少人是看好的呢？对于他坚持的极简产品的设计理念，以及新的商业模式构想，在获得市场成功之前，怎么证明它们是理性的行为决策呢？

虽然经济学倾向于认为每个决策背后都有合理的经济理性作为支撑，但现实世界中企业家的决策带着相当大的"赌"的成分，而这又和企业家的个性有着密切的关联。

比亚迪创始人王传福在 2003 年决定进军汽车业的时候，几乎所有的股东都强烈反对，有的股东甚至以退出投资相要挟。但是王传福坚持自己的判断，力排众议，通过收购西安秦川汽车进入汽车业，经过 20 年的努力，让比亚迪从一家电池制造企业成了今天电动汽车制造的龙头。事实证明，他"赌"对了趋势和未来。如果按照理性思维的原则，在信息对等的情况下，所有人的看法应该是趋同的，而事实正好相反。

正是不同的精神特质，塑造了不同企业家的领导力特质。

同时，我们也需要知道，在战略制定的过程中不能忽视组织文化。组织文化是企业内部长期形成的价值观、信念和行为规范，它影响着员工的行为和因此而产生的公司的决策。如果将我们上面谈到的领导力特质和组织文化综合起来看的话，即便所有企业拥有相同的市场环境、相同的技术因素，面对同样的竞争态势，其所做出的战略决策也会是迥然不同的，否则企业战略完全可以交给已经具备高度理性的 AI（人工智能）来完成了。

更重要的是，如果战略与组织文化不一致，不仅落地执行会遇到困难，甚至还会引发内部的抵触。成功的战略不仅要理性可行，还需要与组织文化高度契合，赢得员工的认可和支持。员工并不是纯粹的理性的执行者，他们的情感动机和价值观都会影响到他们的行为和最后的成果。通过关注员工的内在动力、情感认同和职业发展，增强他们的归属感和忠诚度，才有可能让战略决策得以落实，让战略执行的效率得以提升。所以战略决策需要平衡理性和情感因素，纯粹依赖理性思维，可能会忽视组织内部的文化和情感认同，从而影响战略的实施效果。

一些重要的战略决策可能会引发组织内的变革，包括组织结构、流程、绩效评价体系等方面，而组织变革的成功是和组织的心智模式密切相关的。哈佛大学教授约翰·科特发现，70%的组织变革都以失败告终。根据我的长期观察和研究，大部分战略变革的失败往往不是因为战略变革的构想不好，而是组织心智模式的局限所致。那些我们认为"负向"的心智模式，会成为变革失败的关键阻碍。甚至通过观察组织的文化和行为模式，我们就能够大体判断这个组织战略变革的成功概率。这在我过去众多项目的实践中，得到了充分的验证。

在本书第八章，我们会就这个话题做进一步的展开和探讨。因为在这样一个巨变的时代里，任何一次战略决策所引发的战略变革，对于组织的生和死往往是起决定性作用的。有时候生机就在一瞬间，而走向衰败，也只是几个错误的战略决策导致的。这一切都告诉我们，**战略决策不仅仅是理性思维的结果，它更需要领导力、组织文化和心智模式的配合，以及进行相应的变革。**

误区五　战略思考可以委托给外部顾问

我经常接到一些客户的需求,希望我和他们团队一起共创战略。这些企业虽然聘请过业界顶级的咨询公司为它们制定战略,但是在推进过程中依旧困难重重,不是管理层无法达成共识,就是很多方案在落地过程中遭遇组织文化的阻碍。其实原因很简单,外部顾问虽然可以提供专业的意见和工具,但往往忽视了企业内部的洞察和落地参与,对组织内特定的文化和习惯也不可能完全知晓,结果导致战略制定与实际执行脱节,无法充分激发企业内部的创新潜力和执行力。

每当遇到客户分享这样的情况,我都有一些生气,因为客户付给那些顶级咨询公司外部顾问的咨询费,远高于我们的服务报价,而这些公司却不能真正地为客户创造价值,解决客户的难题。尤其让人感慨的是,每当我们的现场服务促发结果产出的时候,客户都会觉得找到了最佳的战略方案,甚至很多有经验的领导者当场表态,认为我们和客户共创的方案比外部咨询机构给出的方案更加易于落地和实施。

在这里,我要把团队共创的成果并不输于外部顾问的原因,再次陈述一下。

首先,企业内部的管理者和员工对组织的实际情况、文化和运作模式有着更深入的理解。外部顾问虽然具备广泛的行业知识和战略工具,但他们往往缺乏对企业内部细节的深刻认知。只有结合企业内部的实际情况,才能制定出切实可行的战略。

其次，战略制定是一个需要多人参与的过程，而要执行好战略，更需要管理层对战略的拥有感。**通过广泛的内部讨论和协作，可以充分利用企业内部的智慧和创新潜力，激发员工的主人翁意识和责任感。**

再次，依赖外部顾问可能导致企业缺乏培养和提升自主战略思维的机会。战略能力是企业长期发展的核心竞争力之一，如果企业习惯于将战略工作外包，必定会削弱内部管理团队的战略思维和决策能力。这种关键能力，必须让团队经历一次次战略决策的历练才能形成。

当然，外部顾问在某些情况下仍然可以发挥重要作用。例如，他们可以提供行业最佳实践、最新的战略工具和外部视角，帮助企业识别和解决战略中的盲点。我曾在与很多客户合作的过程中，通过邀请一些专家的加入，让战略共创的过程更具行业洞察力，决策的质量也大为提高。

最后，战略的成功实施离不开企业内部的持续关注和调整。外部顾问通常只参与战略制定的初期阶段，而战略的实施和调整则需要企业内部的长期努力。通过建立内部的战略管理机制，企业可以不断监测和评估战略的执行效果，及时调整和优化战略。这种动态调整战略的能力，是团队需要掌握的一项核心战略能力。

本书的第九章和第十一章，会对这一话题进行详细的探讨。

误区六　用专业的战略工具，就会产生好的战略

时至今日，依然有很多人非常喜好新的战略工具，定期就会寻找各路外部顾问，让他们提供新的战略工具和方法。我将这种特殊的喜好称为战略领域的"装备控"。这和制造型企业里对生产设备的迷恋没什么区别，迷恋设备的人相信只要购买了好的生产设备，就能拥有源源不断的好产品。关于这点，你相信吗？

战略生成的过程和企业制造产品的过程是类似的，不同的是战略的原材料是数据和事实，以及参与者的智慧和经验，它的生产工艺是一套严谨的战略流程。我们将这条知识和智慧的流水线贯穿起来，其质量控制便是每一个关键节点信息产出的规范和标准。战略工具的作用，是在特定环节对信息进行特定目的的加工。

例如，当需要对目标市场选择进行决策的时候，我们可以采用好几种不同的工具（见图1-1）。如果你选择的是波士顿矩阵，那是关于市场增长率和市场占有率的四象限观测，如果你选择的是GE矩阵，那是关于市场吸引力和业务单位竞争地位的九宫格观测。采用什么样的工具取决于你想采用什么样的观测角度。战略工具的作用是片面的，新的工具可能会提高整个决策点的质量，但这只是整个决策流程的一个环节。而决定整体决策质量的，其实是战略流程。

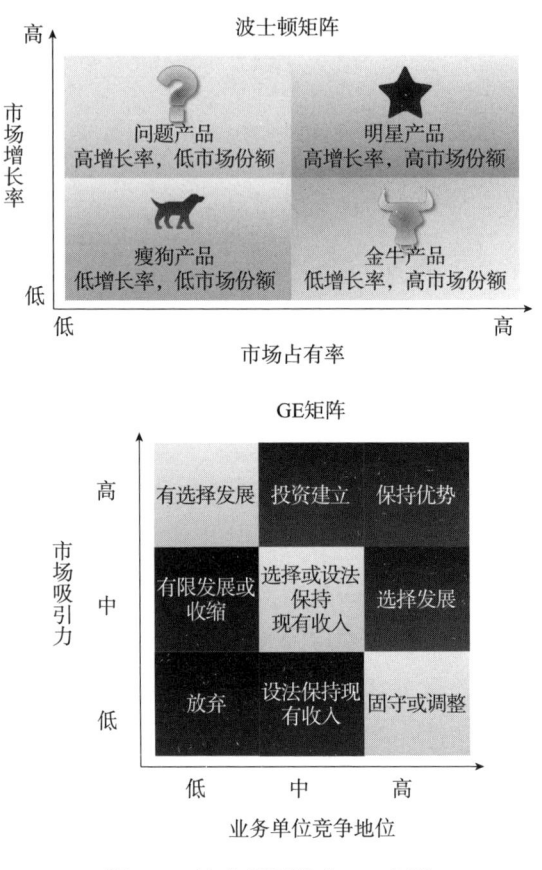

图 1-1 波士顿矩阵和 GE 矩阵

对很多管理者来说，战略流程是一个相对陌生的词语。但无论是主持一场小型的战略研讨会，还是负责一个长达三个月的战略项目，战略流程的设计都是至关重要的。流程需要将信息、决策过程、阶段性的产出以及最终成果完美地串联在一起，让这个过程无缝地衔接和展开。负责流程设计的人，就像一个企业的总工程师。可以说，战略流程的价值和作用，经常大于战略工具本身。关于这一点，将在这本书的第十一章和第十二章进行详细介绍。

误区七　团队共创战略，只会产出平庸的结果

提起团队共创，很多人脑海中浮现的是一个乱糟糟的头脑风暴会议的场面：墙上贴满了各色便利贴，大家七嘴八舌争抢话筒，有些人正在将自己的意见贴在最高处。至于形成团队共识，好像只能靠投票。这种"大多数人的平庸最终会拉低决策质量"的印象存在于很多人的认知之中。法国心理学家古斯塔夫·勒庞的《乌合之众》更是强化了这个认知：大多数人不会有什么真正的好想法，他们充当的只是羊群中的那些羊而已。

这些都是非常严重的误解。团队的共识和共创对于形成有效的战略决策是至关重要的，我们所需要的是恰当的工具、流程和专业的引导，而不是将团队共创战略简单化和庸俗化。

团队共识对于浮现决策团队的观点，以及他们心中埋藏的假设是至关重要的。作为管理者，很多时候你以为已经了解大家的想法了，但是当战略共创会议进行到后半程的时候，你才发现你并不完全了解大家内心的真实想法，甚至产生彼此碰撞的情景，出乎你所料。而这恰恰是必经的阶段，**经过观点和假设的碰撞，才有可能形成真正有价值的共识**，形成团队共识不应该是简单投票的过程。

团队共创对于战略创新和突破的价值更是如此，每个个体的智慧可能微不足道，但是将不同人的观点呈现出来，并在这个基础上，不断地进行发散和收敛，就像从牛奶中提取奶酪一样，最终会得到意想不到的精华。在每一次战略共创会议的结束阶段，我都会送给客户团队一句赠言："你们这个团队真是一个值得拥抱的奇迹。"每一次说这句话，我都是由衷地为团队的智慧和非凡的成果赞叹。

关于战略共识和战略共创，我会在第六章和第十二章，向大家进一步阐释。

误区八　推动战略落地执行，变革就会发生

很多领导者认为，只要严格督促战略方案的落地实施，他们所希望的变化就会发生，甚至会形成他们所期待的那种重大的变革。如果这种变革没有如期而至，他们会反复检查所制定的战略执行方案的落地有效性，督促公司相关部门检查项目进度，让所有人听从战略项目小组或者 PMO（Project Management Office，项目管理办公室）的安排，甚至要求员工停下手头的工作，把战略方案的落地实施作为首要工作去展开。结果呢？只要经历过的人都知道，这些轰轰烈烈的战略实施和变革，往往以失败或无果而告终。

为什么会这样？任何一个变革都会触动每个人的利益，甚至是对每个人的固有认知的挑战，而人的行为是受意识影响

的。**如果内心不接受变革，或者个人的认知无法跟上这个新的变化，那么其所做的所有动作，要么低效，要么停滞，甚至会通过各种潜在的阻抗让结果走向反面**。这就是 70% 以上的战略变革失败的根本原因。

传统的战略变革理论突出利益相关者的需求分析，并且希望彼此经过沟通，达成某种双赢的交易。但在今天巨变的时代，变化对很多人来说，可能会造成无法弥补的利益冲击，这个时候需要改变的不是交易模式，而是大家的心智模式。如果我们不能从过去的心智模式中走出来，不能真正地拥抱变化，用开放的心态看待现在和未来，变革就不会发生。

尤其是各个关键岗位上的管理者和领导者，他们的心智模式，很大程度上决定了整个组织变革的成功与否。这时候，改变团队的心智模式，进而调整组织文化，就是对变革成功的最基本的保障，关于这一点，很多人明白其中的道理，但是不知如何展开。在本书的第八章和第十三章，我将详细介绍相关经验和方法。

以上这些战略误区，在我们所服务过的企业当中，或多或少都踩中过。幸运的是，它们最终跳出了这些误区，从而实现了战略上的种种突破。

思考题
1. 在这八种战略误区中，你最可能踩中的是哪两个？
2. 你最应该优先解决的是哪一个？

CHAPTER 2
第二章

战略效能

2024年6月,我受邀参加了西北大学经管学院的科技型中小企业研讨会。此次会议汇集了二十多家智能制造和科技领域的专精特新企业,其中一些是科技创新领域的佼佼者。这些企业分别介绍了自身的情况以及在经营中遇到的挑战和困惑,希望我所在的五人专家小组能给予解答。

轮到我发言时,我向在场的企业家们提出了一个问题:"你们所在的企业有真正的核心竞争力吗?"所有人先是一愣,随后一位年轻的企业家举起了手,但看到周围人还在犹豫时,他又把手缩了回去。最终,约有六七位企业家举起了手。

这位欲言又止的年轻企业家创办了一家地理信息系统技术公司,帮助全国各地政府建立地下管线网络系统的数字化管理体系。他认为自己的企业技术非常先进，具备核心竞争力，即能够与其他企业抗衡的技术能力。然而，他也表达了自己的困境：政府采购往往倾向于大型国企，他的企业经常作为国企的下包商或分包商参与项目，既没有项目话语权，在利润分配和收款方面又常常身处被动局面。

于是，我提出了第二个问题："你该如何选择客户？"并分享了我的观点：客户选择是企业战略顶层设计的关键。选择了什么样的客户，就选择了与之相关的一切，包括其带来的收益、风险，甚至特定的痛苦。

与这家企业形成鲜明对比的是一家在声学领域拥有突出技术优势的企业。这是一家由留美博士回国创办的企业，其先进的声学和声场系统被应用于政务、公安等关键领域，因此其认为自己的公司既拥有核心竞争力，又选对了市场，当前正处于快速发展的关键阶段。

另一位企业家的发言也引起了大家的兴趣。这是一家传统的服装和面料制造企业，为了避开行业激烈的竞争，它在智能制造方面下足了功夫，将可追踪芯片技术植入面料，进军酒店布草租赁领域。然而，这家看似占据科技和服务双热点的企业，并未获得良好的经营成果，现实是，它正在痛苦挣扎。其实，通过直觉和经验判断就能看出，这依旧是一个竞争激烈的市场。植入高科技芯片虽然有助于客户服务和产品管理，但对客户的价值并不突出，低客户价值的业务难以产生高回报，它的利润困境也就可想而知了。

在此次研讨会上，我提出了三个与企业战略相关的问题：

1. 我们到底拥有什么样的核心竞争力？

2. 我们选择什么样的客户和市场，以及为什么做出这样的选择？

3. 我们的经营是否可以获利，并且可持续？

不出意料，在场的大多数企业家都无法直接回答这三个问题。因此，我可以略显武断地说，他们没有足够好的企业战略，甚至都没有很好地对此思考过。这其实是当前中小企业的常态，甚至许多已经相当成功的大型企业，它们的管理者也无法很好地回答这几个问题。

在当前这个巨变的时代，不能回答这些核心战略问题，令人不安。这可能意味着我们对一些根源性的问题缺乏思考，我们的客户选择可能是错的，我们的核心竞争力打造可能没有走在正确的轨道上，甚至我们现在的利润可能是昙花一现，而我们并不自知。

不过，在进入看似严肃的战略思考和讨论之前，很多人会自然冒出一个疑问："战略"到底是什么？

战略不是什么

在纷繁复杂的企业管理领域，"战略"是一个经常让人感到迷惑的概念。这个词源自军事领域，用于定义企业管理中的某些特殊活动。然而，自从这个概念诞生以来，各路学者对其的解释各异。著名管理学者亨利·明茨伯格在其专著《战略历程》中罗列了十大战略学派，这给希望做出明智战略决策的读者带来了不小的困惑。企业领导者需要做出决策，而过于学术化的讨论对他们来说价值有限。

在明确"战略"这个概念之前，我们先来看几个主流定义，以体会为何这个概念会让人困惑。

现代管理学之父彼得·德鲁克在实践中导入了战略概念，尽管他从未使用"战略"这个词。德鲁克认为企业应该关注自身的使命和愿景，并通过创新和有效管理来实现它们。他提出目标管理、绩效评估和组织结构是实现使命和愿景的必由之路。

伊戈尔·安索夫被认为是现代战略概念的提出者之一，也是战略规划学说的奠基人。他提出，战略规划是系统地实现未来目标的过程，并开发了安索夫矩阵（产品/市场矩阵），它由现有产品、新产品、现有市场、新市场四个要素组合而成，被广泛应用于战略规划。我也是安索夫矩阵的拥趸，但我认为这只是战略思考的开始，安索夫矩阵可以作为轻战略工具箱的一部分。

迈克尔·波特是竞争战略之父，他将战略定义为企业在特定行业或细分市场中获得竞争优势的方法和行动。在著作《竞争战略》中，他提出了三种基本竞争战略：成本领先、差异化和聚焦。他的理论对企业影响深远。

亨利·明茨伯格在《战略历程》一书中提出了著名的战略5P模型，将战略定义为计划（plan）、计谋（ploy）、模式（pattern）、定位（position）和观念（perspective）。他认为战略是有意设计的计划，也是可以在实践中逐渐形成的模式，因此战略是一个不断演进、持续发展的过程。

管理学家加里·哈默尔和C.K.普拉哈拉德挑战了竞争战略理论，率先提出核心竞争力的重要性，认为战略应该围绕企业独有的能力来构建，以创造持久的竞争优势。他们的观点发表在《哈佛商业评论》后，深刻影响了一代企业人，特别是他们在文章中引用的日本企业的成功例子，增强了这一观点的说服力。

显然，这些概念的阐述并不会让你确信什么是战略，更不要说立即学会制定企业战略了，甚至可能让你更加困惑。这并不奇怪，很多时候，我们看似懂了很多，却更加不知道从何处入手。

我为客户提供战略咨询和培训时，首先要解决概念难题，定义好概念才能统一大家对后续战略工作的认知。在实际的战略咨询过程中，我不会立即给他们定义什么是战略，而是先告诉客户战略不是什么。当我们明确了战略不是什么时，实际上已经重新定义了庞杂的概念边界。这是一个非常实用的思维技巧：当我们知道它"不是什么"时，距离知道它"是什么"可能就更近了一步。

战略不是使命和愿景

2016年10月，我带领一个企业家代表团访问了位于美国加州的特斯拉工厂。这家工厂是当时特斯拉全球唯一的电动汽车制造基地，正处于特斯拉联合创始人埃隆·马斯克所说的"制造业地狱"的困境，原本每月交付5万辆电动汽车的计划迟迟无法达成，而且从现状来看似乎没有摆脱困境的希望。我们的代表团中有来自科技界的企业家和汽车业的专家，大家对特斯拉这家硅谷科技企业如何实现汽车这个传统产业的产能突破，充满了疑惑，也充满了好奇。

接待我们的是特斯拉负责全球供应链的一位高管，面对我们的提问，他认同我们的观察，承认当时公司正面临着困境。不过他向我们特别强调了特斯拉独特的企业使命和愿景。当PPT放出这一页的时候，包括我在内的所有来访者都有一些惊讶。特斯拉将自己的使命陈述为：加速世界向可持续能源的转变。同时特斯拉将自己的愿景设定为：通过电动汽车和可再生能源的普及，创造一个可持续发展的未来。

在我们的认知中，特斯拉应该是一家专注于生产电动汽车的企业，而它将自己的使命制定得如此高远，希望"加速世界向可持续能源的转变"，这可能吗？

实际上从 2014 年 6 月开始，特斯拉就开始不断地开放与电动汽车和电池技术相关的专利授权，涵盖电池技术、动力系统、充电技术、自动驾驶等多个领域。对一家高科技企业来说，这是一个让人觉得不可思议的行为。然而，如果结合特斯拉的使命和愿景，我们就知道其开放专利的目的，就是推动全球电动汽车业的发展，吸引更多的企业参与到电动汽车市场的竞争中，从而加速整个行业向可持续能源的转变。

在这个意义上，中国电动汽车企业从特斯拉的开放技术中获益甚多，甚至中国电动汽车的全面崛起，也离不开 2019 年特斯拉在上海建设超级工厂所带来的巨大推动力。特斯拉在当时承诺到 2021 年要实现 90% 以上的供应链本地化。这一举措让中国的电动汽车制造商们看到了本土供应链的发展潜能，为中国电动汽车的井喷式发展树立了信心，奠定了供应链基础。

我们经常将企业的使命、愿景和价值观归为一体，它们构成了企业定位自身的顶层逻辑。例如，阿里巴巴关于这三者的陈述就非常经典，具有代表意义：

- 使命：让天下没有难做的生意。
- 愿景：追求成为一家活 102 年的好公司。我们的愿景是让客户相会、工作和生活在阿里巴巴。
- 价值观：客户第一，员工第二，股东第三；因为信任，所以简单；唯一不变的是变化；今天最好的表现是明天最低的要求；此时此刻，非我莫属；认真生活，快乐工作。

许多企业的战略构想往往从使命和愿景出发，但它们只是战略的一部分。在企业关于使命、愿景和价值观的顶层逻辑之下，还有两个关键要素，我们称其为价值主张和战略。使命、愿景、价值观、价值主张和战略这五个要素，构成了企业战略的顶层设计，见图 2-1。

图 2-1　企业战略顶层设计的五个要素

- 使命，回答的是我们是谁，存在的意义和价值是什么，以及为什么创办这家企业。
- 愿景，是指到某个时间点，我们希望成为什么样子，对客户和世界意味着什么。
- 价值观，是指在实现使命和愿景的过程中秉承的做事原则，是企业文化的重要组成部分。
- 价值主张，是我们给客户创造的区别于竞争对手的独特价值。
- 战略，则是让价值主张得以落地和实践，实现中短期愿景和终生使命的一系列措施。

使命、愿景、价值观、价值主张和战略是企业顶层设计的5个连贯概念。在这个高度变化的时代，企业需要依据使命和愿景的指引，在价值观的护航下，为交付客户价值主张而构建自己的战略设计。

我们来看一下拼多多的企业顶层设计。

- **使命**：为最广大用户创造价值，让"多实惠，多乐趣"成为消费主流。
- **愿景**：建立一个以消费者为中心的电商平台，为消费者提供更多优质、实惠、有趣的商品和服务，让消费者享受更多的幸福感。
- **价值观**：本分，即坚守自己的本职，坚持做正确的事。
- **价值主张**：提供高性价比的商品，同时通过各种有趣的方式，如拼团、砍价等，为消费者带来购物的乐趣和实惠。
- **战略**：以社交电商为核心模式，通过低价策略吸引大量用户，利用拼团等方式快速扩大市场份额；注重商品的多样性，涵盖各类商品；投入资源发展农产品电商，实现差异化竞争；加强技术研发，提升用户体验和运营效率。

拼多多的价值主张和战略，与它的使命、愿景和价值观是一脉相承的。它的愿景当中最有特色的是建立一个以消费者为中心的电商平台。它之所以可以在很短的时间内超越传统的电商巨头阿里巴巴和京东，就在于拼多多不再是以商家和店铺为中心，而是以消费者为中心，为消费者提供更多优质实惠有趣的商品和服务，让消费者感受到更多的幸福感。拼多多的战略也以此为基础，开始以社交电商为核心模式，运用一系列过去没有人尝试的做法，例如拼团和砍价，快速扩大市场份额。可见，拼多多在战略方面的一系列举措都是与其使命、愿景和价值观一脉相承的。

使命、愿景和价值观不是战略本身，但它们对战略起着关键的驱动和引领作用。许多企业的战略构想就是从使命、愿景和价值观出发的，将使命和愿景展开，才能形成卓越的企业战略。

战略不是定位

经常有客户跟我说，他们通过定位理论制定了战略。但我一直告诉他们我的观点：战略不是定位。

定位和战略是两个紧密相关但又截然不同的概念。虽然它们在商业管理中都有重要作用，但它们的内涵和功能是不同的。定位更多的是关于一个公司在市场中的独特身份和形象，而战略则是实现这一定位的整体规划和行动框架。

首先，定位是战略的一部分，而非全部。定位是指一个公司在消费者心目中所占据的独特位置。它涉及公司如何通过品牌、产品和营销手段在市场上与竞争对手区分开来。

例如，徽六茶业是十大名茶之一六安瓜片的代表性生产企业，徽六茶业通过彰显其独特的"不寒"的绿茶口感，包括创新的包装设计、高端市场定位和便利的用户购物体验，成功地在消费者心目中建立了高端绿茶的品牌形象。前一段时间，徽六茶业的创始人曾胜春告诉我，他想在新定位中纳入"有滋味的茶叶"的概念。我给他的品牌定位建议是"一杯徽六瓜片，连接有滋味的世界"，从而建立一种泛茶业的品牌形象，将更多生活场景联系在一起。曾胜春对这个定位非常满意，随后他就围绕这个新的定位，开始重新明确组织的目标，调整企业文化，用他的话说，就是准备一场新的"再出发"。而这些围绕定位所展开的行动，都与战略相关。

所以，战略不仅仅是明确定位，还包括实现这种定位所进行的分析和资源配置。战略涵盖了市场分析、竞争对手分析、内部资源评估以及长期目标设定等多个方面。

其次，定位更多的是关于市场营销，而战略则涉及整个企业运营。定位的目的是通过市场营销手段影响消费者的认知，从而在市场上取得竞争优势。定位更关注品牌传播、广告宣传和定价策略。而战略不仅包括市场营销，还涵盖生产、研发、人力资源、财务管理等各个方面。战略需要综合考虑企业的所有功能部门，确保所有资源和活动都围绕实现企业的长远目标而展开。

还需要注意的是，定位关乎消费者的认知，通常是相对稳定的，一旦确定就难以轻易改变。

例如，星巴克占据了高端咖啡市场的定位，主打"第三空间"㊀的社交场景，咖啡自然是质优价高，更重要的是营造舒适轻松的氛围。一旦创造了这样的定位，星巴克的战略就要围绕这个定位展开。而瑞幸咖啡正是绕过星巴克的高端定位，在中国市场通过质优价平的咖啡，以及开发适合中国人口味的品种如生椰拿铁，同时运用便捷的线上点单，加上低成本的店面设计，让咖啡这一外来饮品快速渗透到普通中国人的生活习惯当中。定位"第三空间"的星巴克已经很难摆脱高端的定位，到 2023 年年底，瑞幸咖啡在中国的门店数已达 16 218 家，远超在中国多年经营的星巴克近 7000 家的数量。

从另一个角度看，定位是企业通过战略实施所要达到的目标，是消费者对企业的最终认知和评价。战略则是实现这一目标的过程，包括制订计划、分配资源、开展行动和监控反馈等多个环节。可以说，定位是企业成功的起点，而战略则是实现成功的手段。

㊀ "第三空间"是星巴克创始人霍华德·舒尔茨在 20 世纪 90 年代引入的概念，指的是除家庭（第一空间）和工作场所（第二空间）之外的，可供人们放松、交流的社会空间。

战略不是目标分解和行动计划

2023年年底,我接到了一家大型装备制造企业(以下简称T公司)常务副总的电话,他告诉我,两年前我为他们制定的战略在实施后取得了显著进展,并表达了他们对运用轻战略实现创新突破的深度认同。

T公司隶属于新疆特变电工集团,该集团是一家大型能源和装备制造企业,尤其在直流特高压输变电技术和工程领域,享誉全球。大约10年前,我曾多次前往特变电工集团位于新疆昌吉的总部,举办关于服务创新以及制造业企业转型的研讨会,这些研讨会得到了总部的高度认可,我也开始为集团下属的多家公司提供战略咨询和培训服务。

我和T公司的合作开始于2021年,其希望我结合"十四五"规划为公司提供战略辅导和支持,并给我发来了已经形成的战略初稿。这是一份80多页的PPT文件,每一页的文字都写得密密麻麻,信息量巨大。但总体上可以分为两个部分:一是对"十四五"期间经营目标的陈述,二是详细的工作计划和任务分解。

这个模式可能不少人都非常熟悉,这是很多企业进行战略分解时常用的做法:集团或公司高层设定目标后,各业务单位和职能部门根据目标分解自己的任务。然而,那时的T公司发现仅仅依靠任务分解并不能形成有效的战略打法,甚至导致资源无法集中,长期困扰公司的一些竞争和投资难题也无法找到答案，于是觉得需要外部顾问的专业支持。

当一个企业意识到目标分解和行动计划并不等同于战略时，其实已经在有效战略的制定上向前迈出了一大步。那时的 T 公司就处于这个阶段。实际上，当时的 T 公司面临的市场竞争非常激烈，国际上的西门子和 ABB 这样的巨头，已经在中国建立了非常强的生产和营销体系，同时，国内的竞争对手也异军突起。萦绕在 T 公司管理层头脑中的问题非常直接：我们该如何突出重围，赢得这场竞争？

当 T 公司将战略问题从单纯的目标和计划制定中脱离出来时，企业就获得了我所说的"战略生机"，它开始面对真正的问题，而非任务分解。此后，我带着 T 公司进行了调研和战略研讨，重新界定了在市场环境下的客户价值主张，并且形成了以现有的技术特色和运营优势为基础的新的战略。

当这一切变得清晰之后，后面的所有战略举措和行动计划才有了真正的意义。整个公司凝聚在一个战略方向下，将资源进行聚焦，并进行有重点的战略推进。之后的 T 公司，逐渐走出了单纯依赖目标分解和行动计划的固有战略模式。

然而，在今天的企业界，对战略进行这种僵化分解的企业仍然不在少数。因此，我留下几个思考题，给那些仍然被目标分解和行动计划所束缚的企业：

- 要完成这些目标，我们需要创造什么样的客户价值？这些价值是独特的吗？我们如何与竞争对手区分开来？

- 我们的战略重点是什么？能否帮助我们创造新的客户价值？
- 围绕客户价值的目标分解和行动计划能让我们最后实现目标吗？如果不能，重要的卡点可能在哪里？

希望这几个问题能够让陷于惯性思维的经营者们跳出思维框架，并开始真正地进行战略思考和设计。我们真的需要不断地提醒自己：目标分解和行动计划并不等同于战略。

战略应该是什么

对于战略应该是什么，我给出一个直截了当的定义：**战略，是一组创造客户价值和竞争优势的活动，是团队持续学习的动态过程。**

战略不仅仅是思想和概念，它是一组有内在关联的活动，围绕着客户价值创造和企业竞争优势建立，同时它又不是一蹴而就的，而是在组织持续的反馈、优化和改进的过程中逐步完成的，因此是一个和市场互动的动态过程。竞争优势、客户价值和持续学习，是战略演进的历程中被逐渐认识的三个基本要素。虽然我认为客户价值最为重要，但是我们还是按照战略演进的过程来逐一介绍。

如果你对这一段论述的来源和理由感兴趣，下面的这个章节将提供我的实践和思考过程，相信这个部分会让你对"战略应该是什么"有一个全面的认知。

竞争优势

讨论战略应该是什么,有一个人和他的理论是绝对绕不过去的,那就是哈佛商学院的迈克尔·波特教授和他提出的竞争战略理论,他也因此被称为竞争战略之父。

竞争战略

波特教授的战略理论以竞争为基本视角,他强调战略的本质是为了让企业在竞争激烈的市场环境中获得和维持竞争优势,战略的形成就是为了应对市场上的竞争。在竞争激烈的环境中,企业必须制定战略,让自己和其他企业不同,从而保护市场份额,提高盈利能力。

他给出了三种基本竞争战略。第一种叫总成本领先战略。企业通过降低成本,实现比竞争对手更低的价格,从而吸引那些对价格敏感的客户。要做到这一点,企业就要拥有高效的运营和供应链管理,同时还要实现规模经济,也就是通过扩大规模降低平均成本。但是在价格上竞争,没有最低,只有更低,最终胜出的只是少数企业。

于是他提出了第二种基本竞争战略,即差异化战略,企业通过提供独特的产品或服务,创造独特的价值,使客户认为产品或服务能够满足其独特的需要,从而愿意支付更高的价格。

在这方面，每一家企业都可以展现自己的独特性，所以通常会在产品创新、服务创新以及品牌建设方面不遗余力，让自己取得某种差异化的成功。

还有第三种基本竞争战略，被称为专业化或聚焦战略。企业专注于特定的细分市场或地理区域，通过成本领先或差异化来获得竞争优势。在这里聚焦本身就是一种壁垒，因为深度的聚焦而获得优势，可以将没有优势的企业排斥在外。

对于波特教授的竞争战略理论，凡是有些战略常识的人都不会陌生。我想提醒大家的是其中的"竞争"一词。就像握着锤子的人看什么都像钉子一样，充满竞争意识的人，自然看什么都是竞争，总想赢得竞争。

这一理论对企业的战略塑造到底有什么益处或者是弊端？

如果我们要找出一个最典型的企业案例加以分析，我想杰克·韦尔奇时代的 GE 公司（美国通用电气公司）应该最具代表性。

"数一数二"的结局

GE 公司的前 CEO 杰克·韦尔奇，其管理风格以凌厉和务实著称。在他的回忆录《赢》当中，韦尔奇将他的战略思想总结为关于战略的 5 张幻灯片，他用这 5 张幻灯片里的问题，考问他的事业部经营者们，让他们去思考如何打造一个有竞争力的组织。我把这 5 张著名的幻灯片张贴在下面，让我们感受一下在企业实际的战略思考中的"竞争战略"的味道。

幻灯片1：今天的竞技场是什么样的？
- 在你所属的产业里，都有些什么样的竞争对手，它们是大是小、是新企业还是老牌公司？
- 在全球市场和每个国家的市场里，这些企业各自占有多大的份额？你的企业对哪个市场更擅长？
- 这个行业有些什么特征？是大众化的，高附加价值的，还是介于这两者之间？是长周期的，还是短周期的？它处在行业增长曲线的什么位置？决定利润率的主要因素都是什么？
- 每个竞争者的优势和劣势有哪些？他们的产品是否出色？各自在研发上花了多大力气？各个对手的销售能力如何？其企业文化在多大程度上是业绩导向的？
- 这个行业的主要顾客有哪些，他们有怎样的购买方式？

幻灯片2：最近的竞争形势如何？
- 过去一年里，各个竞争对手都有哪些可能改变市场格局的举动？
- 是否有人引进了可以改变游戏局面的新产品、新技术或者新的销售渠道？
- 是否出现了新的进入者，它在去年的业绩如何？

幻灯片3：你的近况如何？
- 过去一年，你的表现对市场竞争格局有何影响？

- 你是否收购了企业，引进了新产品，挖走了对手的主要销售人员，或者从某家创新企业得到了一项新技术的特许权？
- 你是否失去了过去的某些竞争优势——一位杰出的销售经理，一种特殊产品，或者一项专有技术？

幻灯片4：有哪些潜伏的变量？

- 在下一年，你最担心什么——竞争对手有没有可能做出什么事情，把你封杀出局？
- 你的对手可能采纳什么样的新产品和新技术，甚至改变游戏规则？
- 会不会发生针对你的兼并收购？

幻灯片5：你有什么胜招？

- 你能做些什么来改变竞争格局——企业兼并、新产品，还是全球化？
- 怎样做才能让顾客保持黏性，比以前更忠实于你，比依赖别人更依赖你？

不知你从这些深刻且凌厉的问题中感受到了什么？首先应该是一股浓烈的通过竞争取胜的味道。但是你是否发现，在这些战略问题当中，杰克·韦尔奇没有谈及市场和客户以及他们的需求——这些难道不应该是战略中最基础的、最应该被思考的问题吗？

彼时 GE 公司的战略更多是围绕着强化自身竞争力和打败对手展开的，而杰克·韦尔奇非常著名的"数一数二"战略，就是在这一套战略框架下产生的。它的完整表述是："每个事业部都要在行业里做到'数一数二'，否则将面临合并、关闭或被出售的命运。"

不过当我在 2010 年加入 GE 公司的时候，曾经的"数一数二"战略在 GE 公司已经没人再提及了。我怀着好奇心向许多 GE 公司的老员工和其他同事询问这个问题，最后得到了一个让我吃惊的答案。

这个答案，韦尔奇在他的回忆录《赢》中实际上已经说明了。他写道："GE 公司曾发起跻身每个行业前两名的运动，这个计划在不经意间也发挥了消极的作用。十多年以后，我们突然认识到，各个部门的主管对于自己市场的定义越来越狭窄，以使他们所占据的份额显得很大。"

这也正是我在 GE 公司内部得到的答案。各个业务部门的主管为了保住所谓的"数一数二"的市场地位，不断定义新的市场边界，其结果就是 GE 公司所占据的市场越来越碎片化。如果你展开一张产业蓝图，你会发现，在整个工业领域里面，GE 公司的市场份额最终不是在扩大，而是在收缩。

韦尔奇显然也意识到了问题所在，他在书中继续写道："我们立刻提出了改正意见，各个业务部门都必须这样来定义自己的市场——它们在任何市场中所占的份额都不能超过 10%，在这个限定下,人们就必须找到新的增长思路,而发展的机会也就突然变得无处不在了。"

韦尔奇给出的答案似乎是完美的,但现实却不然。每一个业务主管,他们有责任去定义什么是他们的市场,当面对做不到"数一数二"的窘境的时候,他们会怎么做?他们会按照自己的逻辑去重新定义市场,并且为那些被放弃的市场找出合理的解释,即便是高层领导也很难判断是非和真伪。至于韦尔奇所说的,在每一个细分市场里不能超过10%的市场份额,谁会真的在意呢?如果你在那里获得了50%份额的市场霸主地位,公司会让你放弃这个市场吗?

GE公司"数一数二"战略的结果就是大量的工业领域的市场份额严重萎缩了,甚至在很多领域,GE公司都无法拼出一张完整的产业蓝图,这和它的对手西门子公司形成了鲜明的对比。西门子在每个工业领域里都能够构建出一份完整的产业蓝图,所以在交付客户解决方案的能力上,有着强大的竞争力。

战略困局

2010年秋天,我刚刚加入GE公司,正在适应公司的运作。我发现这家以事业部为中心组织起来的公司,虽然在各自的领域都有拿手的技术和产品,但是却无法整合起来,去满足客户对解决方案的需求。解决方案的思维源于我在IBM公司十多年的熏陶,以及为陕西鼓风机(集团)有限公司(以下简称"陕鼓集团")进行的基于解决方案和服务模式转型的经验。我知道满足客户对解决方案的需求是大势所趋，但 GE 公司的现状让我感到困惑。

时任 GE 公司 CEO 杰夫·伊梅尔特来北京，和公司高管举行了一次会议。我向台上的伊梅尔特提出了我的问题："现在越来越多的客户需要解决方案，而我们公司依旧是按照产品组织起来的，对此您怎么看？"

这句话似乎戳中了伊梅尔特，他的眉头顿时紧锁起来，抱着双臂反复踱步，最后他转向我说："这是一件非常非常困难的事情。"然后他话锋一转："不过我们也有做得好的时候，比如在 2008 年北京奥运会的时候。"

我知道他指的是 2008 年 GE 公司作为北京奥运会赞助商，曾经帮助"鸟巢"等体育场馆进行电气和净水设备的系统集成，但那是一个特殊的赞助项目，不代表公司的战略和能力已经转向那个方面。

从公司战略的角度来看，解决方案模式需要有很强的客户价值的视角，这和传统的竞争战略有着某种内在的冲突。相信能够通过竞争取胜的公司，通过打败对手赢得市场；而解决方案类的公司，通过赢得客户来战胜对手。这两者的区别，既微妙又明显。

让伊梅尔特眉头紧锁的，不仅是 GE 公司的事业部组织模式难以整合，还有深入骨髓的竞争性的绩效文化。每一个部门最优先关注的是自身的绩效和产品的销售，如果转向解决方案模式，势必会削弱部门在整个项目中的发言权，甚至失去对利润的主导。显然，"数一数二"的战略口号在 GE 公司虽然不再出现，但是那种竞争性的精神依旧无处不在。

20 世纪末开始，越来越多的企业开始意识到竞争战略理论的局限，尤其是当以互联网为核心的新经济出现的时候，大家发现仅仅聚焦于打败对手，并不能够赢得持续的成功。这时需要转换到新的视角，关于客户价值的理论和探索开始出现，蓝海战略是其中最突出的一个。

客户价值

第一次接触蓝海战略的理论，是我在 2005 年前往欧洲工商管理学院（INSEAD）新加坡校区，参加 IBM 公司高级经理人课程的时候。一开始接触蓝海战略的概念，我就被其创新的战略理论，以及简洁有效的工具迷住了。蓝海战略的理论是由 INSEAD 的两位学者在 2005 年正式提出的，他们分别是韩裔学者 W. 钱·金教授和美裔学者勒妮·莫博涅教授。

重塑价值

蓝海战略的目标很简单，就是要避开那些充满着血腥竞争的红海市场，去寻找没有竞争的蓝海市场。如何做到？依靠关键的三点。

第一点就是寻找"非市场",也就是从我们惯常的市场细分中跳出来,去寻找那些没有被满足的客户需求和细分市场。怎样找到非市场呢?这要靠第二点,运用对现有市场的客户价值要素的重新组合,来创造出新的独特的客户价值。怎样做到价值要素的重新组合?那就依靠第三点,运用四个步骤来处理这些价值要素的组合,分别是降低、增强、剔除和创新,这四个步骤展现出一种典型的对拉模式,我们如果降低了某些要素就需要增强另一些要素,我们如果想剔除一些要素,那就势必要引进一些新的创新要素。这四个步骤结合第二点的价值要素组合,就会创造出新的蓝海市场。

很多企业的创新成功暗合了蓝海战略的理论,其中很典型的就是 GE 公司在医疗市场的创新。

当我们看到这样一张医疗市场价值折线图的时候(见图 2-2),该进行怎样的取舍来创造一个新的蓝海市场?为了进入以印度为代表的新兴市场,GE 医疗采用蓝海战略的思路,重新梳理了心电图仪的客户价值要素——降低高端客户价值要素,如"海量存储、高端显示屏"等,增强"可携带、易用性"等要素以满足客户需求,同时加强设备的耐用性设计,并为客户提供融资服务和专门的培训。最终 GE 医疗开发出了一款售价 1500 美元的新产品,该售价仅为高端产品的 1/10,并借此成功地敲开了新兴市场的大门。

可见,对市场上的价值要素进行四个步骤的重新组合,就能创造出一个新的"非市场"。这正是客户价值创造的新思维,也是对波特的差异化基本竞争战略的最佳诠释。

GE医疗市场创新

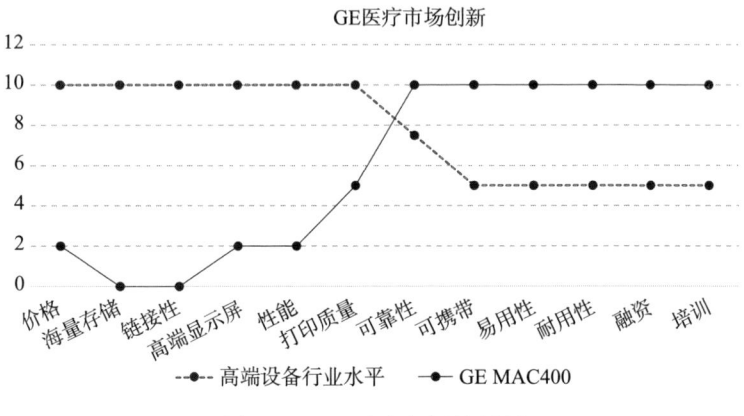

[图表：横轴为价格、海量存储、链接性、高端显示屏、性能、打印质量、可靠性、可携带、易用性、耐用性、融资、培训；曲线为"高端设备行业水平"与"GE MAC400"]

图 2-2　GE 医疗市场的创新

蓝海战略的贡献

不要小看蓝海战略，它在理论和实操上带来了两个重要的贡献。

我们先来回忆一下波特的竞争战略，差异化战略通常意味着更高的成本，至少波特没能在理论和方法上提供低成本差异化的解决方案，但是蓝海战略做到了。对价值要素的重新组合，能够实现低成本的差异化，就如 GE 医疗的例子那样，这可是一个了不起的突破。虽然竞争战略学派的捍卫者们，一直试图证明自己也很早看到了这个角度，但是真正从理论和实操上提供方案的，还是蓝海战略。这是蓝海战略的第一个贡献。

第二个贡献是在市场营销领域。我们过去的市场细分都是通过一些标准化的要素,用"打格子"的方式完成的,例如按照年龄、性别、地域、收入等来进行市场的细分。而蓝海战略的方式是通过价值要素的重新组合来创造新的市场,就像 GE 医疗的例子,这让我们的市场创新活动更加灵活和多样。

东方思维模式

更深层地,我看到了东西方学者在思维方式上的根本差异。波特教授的思维方式非常美国化,那就是崇尚竞争,崇尚打败对手。而 W. 钱·金教授的东方思维方式,崇尚用创新的方式找到新的市场,通过客户价值创造,开辟新领域。这是否和孙子的"不战而屈人之兵",有异曲同工之处呢?

W. 钱·金教授的降低、增强、剔除、创新四个步骤,更像中国人的阴阳思维:阴和阳是同时存在的,是对立统一的,缺一不可。当我们要降低一些要素的时候,就一定要增强一些要素,当我们准备剔除一些要素的时候,就必须引进一些创新的要素,这四个步骤的基本原则,简直就是阴阳理论的绝妙呈现。

而价值要素的重新组合,是否很像中药材的配伍成方呢?按照"君臣佐使"的搭配原则,不同的中药材可以组合在一起,形成不同的药效,治疗不同的疾病。这种用千变万化的药材组合来治病的思维,和近代的化学药物和生物药物的思维方式迥然不同。前者这种非常东方的思考方式,是否也是教授们理论创新的灵感来源呢?

至此，我们已经清楚地看到蓝海战略和竞争战略的内在差异和关联。蓝海战略更加关注创造新的客户价值，并且实现低成本的差异化，这是一种客户价值导向的方式。而竞争战略关注的是实现自身的差异化，并且最终打败对手。不管是哪种方式，要在市场竞争中获胜，就要创造出独特的客户价值，通过这个方式避开竞争。然而任何一个有机遇的市场都会引来众多竞争者，所以与对手竞争也是不得已的商业常态。因此客户价值创造和竞争取胜会成为一个完整的闭环，是一个无法绕开也不必绕开的经营循环。任何一家具有创新活力的公司，都能够在这个过程中不断地创造新的市场和新的机遇。

持续学习

从 2003 年开始，IBM 公司在全球主要国家推行新的战略模式 BLM（Business Leadership Model，业务领导模式）。这个新方法的应用最初是从战略市场部门开始的，我当时是这个部门的成员，在接受培训的时候，其中的一句话让我眼前一亮，那就是："与市场同步实验。"这个表述既谦卑又睿智，表现出对市场不确定性的尊重，同时也表明战略是一个不断试错和升级的过程。

这和我的市场经验完全吻合。在 IBM 公司职业生涯的前期，我是市场一线的销售人员。虽然 IBM 公司擅长制定战略，但是习惯于在市场一线冲杀的我，对于那些高大上的、"不着边际"的战略，经常嗤之以鼻。我认为很多想法和措施脱离实际，只是高层幕僚部门的闭门造车而已。后来我知道，很多企业的一线人员与我的感受是类似的。

当我进入战略市场部门，开始用另外一个视角看待战略制定过程的时候，发现 IBM 公司也在修正原有的方法论。大家意识到，市场是多重因素互相作用的复杂系统，很多情况下我们只会利用历史数据来预测未来（现在这种行为被讽刺为"看着倒车镜开车"）。我们可以预测的是当前情境下可能发生的情景，但是很多未来的问题是难以被预见的，甚至很多预想的成功因素或者是失败因素，也都是此刻的臆测而已。所以，只有将战略的设计放入市场实践，并且在这个过程中，不断地获得反馈、进行检验，才能够摸索出我们所在的市场和行业的规律，否则所谓的战略只是一种空谈和空洞的想象。

验证假设

"与市场同步实验"，已经成为我这些年来帮助客户，尤其是那些处在快速变化中的科技企业制定战略时的默认的思考原则。事实证明，秉承这个原则的企业总是能在试错和迭代中找到正确的方向。

很多企业领导者是理工科出身，他们已经建立了工程师的基本思维方式：提出假设、试验检验、得出结论，这和"与市场同步实验"的原则完全一致。是的，战略思考和实践，就是对假设不断进行检验的过程。科学之所以能发展，就是因为这个简单的原则，它不是先验论，而是实践检验论。

在这个过程中，急于获得确定性的答案的想法是有害的，我们需要足够的时间去获得信息，并且检验我们的关键战略假设是否正确。有时候一些让人迷惑的现象和趋势让我们举棋不定，那就需要进一步的探索。当我们怀着谦卑和学习的态度来面对不确定的市场时，我们会找到自身的决策节奏，随着时间的推移和洞察的深入，我们会逐渐建立起稳定的战略洞察。这个过程有时会持续三个月或者半年，但是只要有足够的耐心，就能够让战略判断趋于收敛。

战略思维的塑造

随着实践的深入，我们会发现，企业战略不是追求一个结果，而更像是塑造一种思维能力和一种与众不同的组织能力。当我们让这些能力根植于更多的高管团队以及群策群力的组织氛围之中，我们会发现，这个组织的凝聚力和战略能力，会以肉眼可见的速度迅速提升。

很多组织存在一种误解，认为制定战略只是将其和绩效考核挂钩，而与战略相关的绩效考核只出现在每个季度或者半年的工作小结和薪酬调整当中。这显然是违背了企业战略的初衷，大大低估了它应该发挥的作用。正确做法是将战略回顾放到每个季度甚至每个月的经营会议中，让每个人的日常工作围绕战略展开，然后不断回顾工作与战略的关联。这样一来，每一次的经营会议，既围绕经营展开，也进行着战略思维和实践的训练，一段时间下来，高管团队的战略思维能力会大幅提升。

有些公司将战略思维放到领导力素质模型当中，但是如果询问如何开发和培养高管团队的战略思维，它们的回答往往非常模糊。实际上答案很简单，就是运用一套战略框架，让他们去学习制定战略，并且在实践中不断检验成果，改善团队的决策效率，让他们在错误和挫折中学习和成长。这个动态的过程，既是培养也是观察领导者的过程。这种开发高管领导力的方式，既有利于人才培养，也有利于公司的战略管理，一举两得。

在战略落地的过程中可以将一些具体的项目交给高管或者项目团队，让战略实施和团队学习并行不悖。在公司孵化创新业务的时候，甚至是在领导力发展项目中，这种方式经常被使用。

2015年，我曾经建议中国五矿集团在其高管领导力发展项目中采用这样的方式。当时五矿集团面临着产业转型，但是人才结构不合理，以外贸技能为主的人才很难满足产业发展的新要求，所以他们亟须从中高层领导中选拔出未来的领军人才。我给的建议很简单：找出当时产业发展最困难的问题，然后让这些潜在领导者领取任务，我带领这些任务小组，运用轻战略的框架和创新模式，在一年的时间里提出战略并进行市场验证，看哪些业务最终获得了阶段性成功，以此来检验哪些人是未来真正的领军人才。

这一创新的"训战结合"的策略，既能够为五矿集团找出当前问题的解决方案，也能在实战中观察领导者团队，这个名为"2025百人计划"的项目，实施得非常成功，不仅筛选出了未来的产业领导者，也为五矿集团孵化出了新业务。

中国企业在走向海外进行全球扩张的过程中，更需要具有战略思维的领导者。如果企业人才储备雄厚，可以将训练好的领导者派向全球开疆辟土，但现实情况是不少企业业务发展太快，对国外环境不熟悉，需要在边干边学的过程中培养适应当地经营环境的人才。

2022年，我作为主教练参与了极兔速递的全球CEO培养计划。作为中国快递业的一匹黑马，极兔速递起家于印度尼西亚，然后进入中国快速发展，同时，也在东南亚各国、中东地区以及中南美洲开枝散叶。围绕极兔速递拓展出的其他业务，如跨境电商、美妆、母婴产品等业务板块，需要一批能够在各个国家独立开展业务的领导者。

极兔速递是一家企业文化极其鲜明的公司，有着非常强的凝聚力和销售执行力。但是当各位业务领导投身不同的区域，要转变为地区的领导者的时候，他们首先要补上的就是战略思维和领导力的短板。而在这个过程中，将他们的业务发展纳入轻战略这个完整成熟的敏捷战略管理体系，在实战过程中不断积累经验，打磨能力，并且让实战来检验每个领导者战略思维和领导力的成色，就成为这个项目的特色。

经过近两年的集中培训和一对一教练陪伴，将近50名领导者在战略思维和领导力方面都获得了长足的进步。

我的经验是，在今天这样一个全球化的环境里，要培养一群卓越的领军人才，就要让他们面对一个需要开拓的业务。通过掌握竞争优势、客户价值和持续学习三个基本要素，然后将三个要素整合进一套成熟的轻战略体系，锤炼和打造出一个卓越的领导者团队。

战略的新范式

近些年我们经常听说"范式转移"，这个术语最初是由美国科学哲学家托马斯·库恩在其1962年的专著《科学革命的结构》中提出的。

在库恩的理论中，范式是指一个科学群体在某一时期内普遍接受的一套基本假设、理论框架和实践标准。当新的发现或证据挑战了现有范式的基本假设时，可能会引发范式转移。这种转移意味着旧的科学观点被新的观点所取代，通常伴随着科学理论的重大变革和发展。例如，物理学从牛顿力学理论到爱因斯坦开辟的广义相对论的转变。

范式转移不仅限于科学领域，它也可以指任何领域内思维方式的根本性变化，这种变化导致了对现实的新理解和新方法的出现。例如，在技术领域，从桌面计算机到移动设备的转变可以被视为一种范式转移；在商业领域，从传统零售到电子商务的转变也是一种范式转移。

我认为，企业战略领域这些年也在经历着剧烈的范式转移，这是因为环境变化的速度、力度和颠覆性越来越强，所以我们过去固有的战略观念发生了根本性的变化，我将它总结为简易、敏捷、共创三个新要素，这些要素反映了战略范式发展的三个方向：**从复杂到简易，从规划到敏捷，从独想到共创。**

简易

战略的过程能否从复杂向简易转变？

促使我产生这个想法的，是我在职业生涯中，作为战略专业人员经历的一次挑战。

2008年年底，我决定离开工作了十余年的 IBM 公司，加入陕鼓集团，成为负责战略和转型的集团副总。虽然从 IT 行业进入完全陌生的机械制造行业，更何况是负责前途未卜的战略转型，对任何人来说都是一个巨大的充满不确定性的挑战，甚至是押注了职业生涯的冒险。但是当时我有一个基本信念：公司的战略逻辑应该是跨越行业和企业的，应该存在某种基本的普适性的战略法则。我希望挑战一下自己，去寻找并且实践这个法则。

在 IBM 公司工作的时候，我们所用的战略工具都是公司开发好的，我们只要拿来用就行了，可以问"如何"使用，但是很少询问"为何"使用。在陕鼓集团的情况就完全不同,作为主持战略工作的领导者,我需要告诉大家,为什么要用这些战略方法来思考问题。这时我发现,选择战略工具最核心的不是这些工具有多好,而是它们为什么适合我们。甚至更基本的问题会出现在我面前:我们面临的战略问题到底是什么?这些问题是真实的吗?我们应该从哪里开始思考企业战略?

虽然从 IBM 公司和商学院学到了复杂的战略理论,但是我最需要的是从一些基本性的问题开始思考,厘清眼前混沌的现实。同时我还需要尽量简化这个思考过程,以便和同事们沟通,也让大家都容易理解和参与。

马斯克的第一性原理

特斯拉联合创始人埃隆·马斯克推崇的"第一性原理",也是用基本性的思维解决问题的另一种诠释。传统思维方式往往基于现有的解决方案和行业惯例来进行创新。而第一性原理体现在打破思维惯性,回到最基本的事实和原理上,从头开始质疑所有假设,直到达到不可简化的事实,然后根据这些事实重建对问题的理解和解决方案。

马斯克分析了电动汽车电池的成本,他没有接受"电池很昂贵,而且将一直如此"的传统观念,而是深入研究电池的材料成分和它们的市场价值。他发现,如果从原材料的角度来看电池,电池的实际成本远低于市场价格,这是因为生产和发行过程中包含了过多的低效率环节和中间环节的利润。基于这一分析，特斯拉致力于改进电池的制造工艺，提高效率，减少浪费，并且最终实现了成本的大幅下降。

我一直相信，今天的战略思考可以归结为几个简单的基本问题，整个推演过程也可以归纳成简单的几步，然后在这个基础上进一步地展开和推演。这几个基本问题，应该像马斯克的第一性原理诠释的那样，回到最基本的不可推翻的几个要素上面。前文已经说过了我对战略的三个基本要素的思考：

- 竞争优势：我们如何为价值创造过程构建竞争优势？从客户角度看，我们强在哪里？
- 客户价值：我们的客户是谁？他们的需求是什么？我们可以交付的最重要的客户价值应该是什么？
- 持续学习：我们能否让战略过程成为组织学习和成长的动力？我们管理团队是否越来越精于战略的设计和执行？

以上，就是我认为的战略基本要素，这是一切战略思考的原点和基础。一切的战略思考以及相关的战略设计，都离不开这三个基本要素，或者说所有的战略推演乃至战略管理系统的建立，都是从这三个基本要素展开的。

我所开发的轻战略方法，也是基于这三个基本要素。

敏捷

在相对静态或者变化缓慢的时代，我们可以对自己的资源运用和战略发展进行规划，我们掌握的资源越多，规划似乎就可以做得越清晰和细致。但是在巨变时代，规划应该让位于贴近变化的敏捷行为，这一系列的敏捷行动构成了今天战略的基调。

因此，战略的另一个基本范式的变化，应该是一套底层的流程和逻辑，并且适用于极端的市场状况以及激烈的竞争。在人类社会中，这种极端的情况，莫过于人与人之间激烈的搏击，或者群体之间严酷的战争了。所以敏捷战略的构想，一定能从战争及其本质规律中学到些什么。

武者和战争

大概十年前，为了健身，我开始跟随太极拳大师戴炜学习太极拳。戴炜老师功力深厚，不仅在太极拳领域获得无数大赛奖项，而且在武术实战上也经验丰富，曾担任过中国武警总部散打训练基地的总教练。

有一次，我请教戴老师："我们学的这些太极拳到底能不能打？"

戴老师明确告诉我："无论怎样练习太极拳，都很难在搏击中取胜。因为在真正的搏击过程中机会稍纵即逝，重点在于看谁用最快的速度抓住对手的破绽，用最直接的招数击败对方。太极拳的招数和套路，只是一种演练，它可以增强身体素质，可以训练基本功，但是不能用于真正的搏击。"戴老师还说:"搏击的极致是寻求一招制胜。为什么会有南拳北腿之说？因为北方人身高腿长，所以为了强化这个优势，就得练习腿上的功夫。"

这番话让我茅塞顿开。在搏击中，需要将自身的优势发挥到极致，并且用最快捷的方式击败对手，这就是搏击的本质。这其实也是战争的本质，在战争中机会也是稍纵即逝，每位将领都需要在这个过程中洞察机遇，并且不断地调整阶段目标，去攻击敌方的薄弱环节，用最小的代价取得最大的胜利，然后积小胜为大胜，从局部胜利走向全局成功。

在中国文化中，战略还有一个最高境界，那就是《孙子兵法》中提出的"不战而屈人之兵"，也就是用实力和其他方式喝阻对手，取得战略上的成功。如果陷入两军厮杀的局面，那已经是战略的失败，因为任何一场战争都会造成大量伤亡和对国力的重创。

日本战国时代的名将武田信玄，被誉为日本第一兵法家，他是《孙子兵法》战略理论的拥趸。他的战略方式非常奇特，每一次都是从阵法和各种准备上造成不可战胜之势，然后才与敌军对垒，在这个过程中双方互相揣摩对手的破绽，有时甚至对峙数月之久，如果发现没有机会，各自撤兵也是常事。但是一旦看到对方的破绽，就势如破竹、一举突破。

武田信玄所遵循的正是《孙子兵法·形篇》所说的"故善战者，立于不败之地，而不失敌之败也。是故胜兵先胜而后求战，败兵先战而后求胜"。意思是，善于打仗的人，总是使自己立于不败之地，而不放过击败敌人的机会。因此，胜利之军是先具备必胜的条件然后再交战，而失败之军总是先同敌人交战，然后希求在苦战中侥幸取胜。

武田信玄最有名的是"风林火山"兵法，"其疾如风，其徐如林，侵掠如火，不动如山"，这来自《孙子兵法·军争篇》。其强调根据战场形势，非常灵活敏捷地变换状态，从而取得最佳的战略优势。

所以杰出的武者和出色的将帅，在战略本质上是一致的：在做好充分准备之后，敏锐地观察形势，一旦发现机会或者对方的破绽，就果断出击。这种与对手共舞、与机会共舞、与形势共舞的方式，就是敏捷的本意。不战则已，战则快速、敏捷、一招制敌，也是孙子倡导的兵法核心理念。

软件的敏捷开发

今天的市场环境宛如战场一般，要求我们敏锐地洞察市场形势，寻找机会，用贴近客户的方式，及时响应客户的需求，创造客户价值，并且超越对手。

在软件开发领域，为了应对客户需求的频繁变化并保持交付的高质量，敏捷开发模式在近 20 年逐渐成为主流，而且被证明是高度有效的软件开发方式。

敏捷开发作为正式的概念和方法论被提出，可以追溯到

2001年。当时17位软件开发专家在美国犹他州举行了一次会议，在会议上他们共同制定了《敏捷宣言》，其中包含四个核心价值：

1. 个体和互动高于流程和工具。
2. 工作的软件高于详尽的文档。
3. 客户合作高于合同谈判。
4. 响应变化高于遵循计划。

敏捷开发的核心理念在于，通过迭代和增量的方式开发软件来替代传统的瀑布模型开发方式。传统的瀑布模型是一种比较僵化的线性软件开发方式，无法快速响应客户需求的变化，经常带来大量的滞后和交付质量问题，也就是我们常说的计划赶不上变化。

而敏捷开发强调团队协作、快速反馈循环和适应变化的能力，以及持续改进的原则，有助于提高软件开发的效率和质量，同时也能更好地满足快速变化的客户需求。

敏捷开发发端于21世纪初互联网新经济时代，从其宣言中我们可以清楚看到最大限度地满足和响应客户需求是其最高原则。正是新经济的出现，彻底改变了企业战略以及决策的模式，从过去大规模的战略规划，逐渐演变成迭代式的开发。这让企业的身段更加柔软，让企业对市场的反应更加迅速，让反应和决策更加贴近客户需求的变化，并且在这个过程中领先一步，超越对手。这逐渐成为战略的主旨，也是战略敏捷化的核心要义。

拼多多的敏捷战略转型

在竞争激烈的电商市场中，拼多多展现出了独特的战略发展路径，从早期的规划型战略，逐步向灵活反映市场需求的敏捷战略转型，并积极整合 AI 技术以提升竞争力。拼多多在创立初期制定了明确的规划型战略，以低价策略和社交电商模式为核心，瞄准了被传统电商巨头忽视的下沉市场，通过拼团、砍价等创新营销方式，吸引了大量价格敏感型消费者。这种规划型战略使拼多多在短时间内迅速积累了庞大的用户群体，奠定了其在电商市场的地位。例如，拼多多推出的"百亿补贴"活动，就是其早期战略中的重要举措，通过补贴热门商品，提高平台的吸引力和用户黏性。

随着市场环境的变化和消费者需求的多样化，拼多多意识到需要更加敏捷地应对市场。电商市场竞争加剧，消费者不仅关注价格，对商品质量、物流速度、售后服务等方面的要求也越来越高。同时，新兴消费群体的消费习惯和偏好也在不断变化。为了适应这些变化，拼多多开始向敏捷战略转型。

- 快速决策机制：拼多多建立了快速决策机制，能够及时捕捉市场变化并做出相应的决策。例如，当发现某个品类的商品需求增长迅速时，拼多多能够迅速与供应商协商，增加该品类的商品供应，并优化相关的搜索推荐算法，以满足消费者的需求。
- 灵活的供应链管理：拼多多加强了与供应商的合作，

建立了更加灵活的供应链管理体系。通过与供应商共享数据，拼多多能够实时了解商品的库存和生产情况，从而实现对商品供应的精准调控。例如，在一些促销活动期间，拼多多能够确保热门商品的充足供应，避免出现缺货的现象。

- 用户反馈驱动的迭代：拼多多高度重视用户反馈，将用户反馈作为产品迭代的重要依据。通过收集用户的评价和建议，拼多多不断优化平台的功能和服务。例如，根据用户反馈，拼多多优化了搜索算法，提高了搜索结果的准确性和相关性；同时，也对售后服务流程进行了改进，提高了用户满意度。

AI技术的运用也在拼多多敏捷战略中发挥了重要作用。

- 智能推荐系统：拼多多利用AI技术构建了智能推荐系统。该系统通过分析用户的浏览历史、购买行为、收藏偏好等数据，为用户提供个性化的商品推荐。例如，用户在平台上浏览了某类商品后，智能推荐系统会根据用户的行为特征，推荐相关的商品或品牌。这种智能推荐系统不仅提高了用户的购物体验，也增加了商品的曝光率和销售转化率。

- 价格智能监控与调整：AI技术还被应用于价格智能监控与调整。拼多多通过AI算法实时监控市场上同类商品的价格变化，当发现平台上的商品价格高于市场平均水平时，会及时提醒供应商调整价格。同时，拼多多也会根据市场价格动态调整自己的补贴策略，以确保平台上的商品价格具有竞争力。

- 智能客服：拼多多引入了智能客服系统，利用 AI 技术实现对用户咨询的快速响应。智能客服系统能够自动识别用户的问题类型，并提供相应的解决方案。对于一些复杂的问题，智能客服系统会及时转接给人工客服，确保用户的问题得到及时解决。这种智能客服系统提高了用户咨询的处理效率，降低了人工客服的成本。

拼多多通过从规划型战略到敏捷战略的转型，以及整合 AI 技术，取得了显著的效果，其用户数量持续增长，市场份额不断扩大。同时，平台的用户满意度也得到了提高，商品的销售转化率和复购率也有所提升。例如，在一些重要的电商购物节期间，拼多多的销售额屡创新高，展示了其强大的市场竞争力。

共创

战略共创这个概念，正在被越来越多的企业所接受。这是一个相当艰难的过程，因为几乎所有的企业领导者都曾认为，战略智慧来自少数人，来自顶层。但现实情况却是面对越来越快速的变化，信息传递过程中所形成的衰减和变形，往往使得在顶层做出战略决策的人不能够知道事实的真相，这就是集中式战略决策的困境。与集中式战略决策对应的是分布式战略决策，共创就是分布式战略决策的执行方式之一。分布式战略决策需要在一个大的战略框架下，由不同的战略任务团队做出决策。

分布式战略决策的要点在于相信每一个人都是智慧的源泉，每一个人或多或少都能对战略做出有价值的贡献。甚至有时一些不经意的观点，会给整个决策的形成带来决定性的推动作用。在这个过程中，如何整合大家的智慧，不断进行提炼和提升就变得至为重要。

2021年冬季，我曾经参加青岛海发集团（以下简称海发集团）的战略研讨会。海发集团旗下的影视产业制作基地东方影都，拥有中国最大的室内摄影棚，《流浪地球2》和《封神第一部：朝歌风云》都出自这个著名的影视基地。因为所涵盖的内容庞杂而多样，公司内部无法生成一个明确的整体发展战略构想，而且其影视业务板块规模巨大，外围的业务组合也非常复杂，在国内没有成功的先例可循。

它面对的是一个未知的世界，幸运的是高管团队相信战略共创的力量，认为将不同的专家集合在一起，有可能会碰撞出不同的思想火花，帮助他们的战略制定产生积极的成果。于是他们邀请我作为整个战略项目的设计者和现场研讨会的主持者，来带领战略制定的全过程。除了现场参与的高管核心团队，他们还希望邀请一些业内的专家作为智慧的补充，这一点正是我所期待的。

当这些不同的见解、智慧和视角融合在一起的时候，海发集团目前面临的战略困境、存在的机会、需要克服的关键挑战，以及如何用创新的方式加以处理，一系列问题就开始浮现出来。在这个场域里，高管团队被赋予了畅所欲言的机会，他们有些是多年进行影视剧制作的编剧和导演，有些是负责文旅项目开发的市场经理，不同人的不同视角结合在一起，不断有新的想法迸发出来。而他们从北京电影学院请来的影视界专家，总是能够在他们碰撞的思想基础上给予拔高，给出一些更加鲜明的方向性的建议。在此基础上，团队就能够进行进一步的战略的归纳。

研讨会成果非常丰硕，突破了海发集团多年来在战略制定和研讨方面的瓶颈。经过总结后的成果汇报，获得了集团董事会的高度评价，并成为该集团战略项目的标杆。

在我多年的战略共创引导过程中，这样的情景不断发生。当我们开始认同每一个人都是智慧的源泉，让这些智慧在团队讨论的过程中不断迸发，并且引发出下一轮更深刻的智慧洞见的时候，我们会真正地理解战略共创的精髓。它所带来的智慧的深度和裂变的广度，有时甚至超过我们的想象。

比战略共创更重要的是战略执行。战略执行和参与者与战略的拥有感息息相关，有了拥有感才有执行的动力。

这让我产生了哲学层面的思考：到底是什么塑造了战略的成果？这些成果，是由理解战略的人群和有准备的头脑塑造的，还是由各种随机行为塑造的？前者就是战略共创的模式。

我相信这个世界是由一些有意识的主动的头脑塑造的，他们如果知道了战略的价值、产生的原因以及过程，就会全身心投入，更重要的是他们参与战略制定的过程，本身就和他们的行动方式、心智模式和文化认知相一致，所以执行起来不会有违和感。

这和基于自上而下的战略导入和战略分解所产生的结果不同，那些结果是别人的思想，那是由战略顾问和少数高管的认知产生的。即便那些想法非常高明，也可能和执行团队的文化及彼此的合作方式迥然不同，更不要谈执行团队未必接受自上而下的战略，所以执行的成果就会大打折扣。

在各种项目中我也经常被人用这个问题挑战：如果团队共创所形成的战略方案不如那些外部顾问或者领导们制定出来的"高明"或者"科学"，那该怎么办？

我的回答是，经过这么多项目，我深刻地理解了一句话："二流战略加一流执行，远远胜过一流战略加二流执行。"战略制定的参与者，如果也是战略的执行者，就更容易产生卓越的成果，原因就是人类认知塑造现实。何况团队共创的成果往往也是一流的。

在今天，另外一种共创正在浮现，那就是与 AI 共创，随着 AGI（通用人工智能）[⊖] 的出现，我们发现在制定战略的时候，多了 AI 这个强大的助手，我们可以将各种疑问输入 AI 的

⊖ AGI 具有高度通用性和自主性，具备理解、学习、推理、创造等人类般的综合智能能力，可在各种复杂情境中灵活应对并解决问题。

对话框里，包括竞争对手的信息、不成熟的思考框架等，请它给我们初步的解答。你会发现 AI 给出的回答可能中规中矩，但是对于我们获得全面的信息和不断提炼思维会有不小的帮助。

这个过程考验每一个输入者的提问能力，那些能提出关键性的问题，并通过与人工智能互动来校准提纯的人，才能够找到真正信息的金矿。

在这个巨变的时代，不能够用共创的方式应对快速变化的环境的组织和个人，一定会被懂得使用共创方式的组织和个人甩在身后。而在今天不懂得将 AI 纳入共创决策的人，也会被那些可以很好地驾驭人工智能工具的人所超越。单体的智慧、少数精英的头脑，已经无法和强大的人工智能相比，所以共创已经不是一个可选项，而是战略决策中的必选项。

思考题

1. 在客户价值、竞争优势和持续学习中，我们哪一项做得最好？哪一项做得最差？未来三个月准备怎么做？
2. 战略新范式的简易、敏捷和共创中，我们哪一项做得最好？哪一项做得最差？未来三个月准备怎么做？

战略效能公式

很多人关心如何评价战略的好坏，其实答案很简单，就是看是否达成了最初的战略目标，实现了最初的战略意图。

但是这个观测和评价过程会比较漫长，很有可能最终没有实现战略目标，却已经将战略执行了很长一段时间，浪费了机会和已经投入的资源。那该如何做，才能让战略尽可能地高效且有质量呢？我们需要看一些指标性因素，通过这些指标性因素反映战略的有效性。现在让我们把目光回归到战略设计和战略执行的过程里，在大量案例的复盘和审视中，我们会发现哪些关键因素对战略的成败至关重要。

战略评价的新视角

我们已经介绍了关于战略的三个基本要素，以及战略新范式中的三个新要素。它们可以包含在这样一个简单的定义里：**战略，是一组创造客户价值和竞争优势的活动，是团队持续学习的动态过程，在巨变时代，需要以简易、敏捷和共创的方式展开。**

这六个与战略相关的要素，它们的有效配合将使战略效能得以最大化发挥。战略效能，也就是在巨变时代战略的有效性。如果用公式表示，应该是这样的：

$$有效的战略 = \frac{客户价值 \times 竞争优势 \times 持续学习}{简易 \times 敏捷 \times 共创}$$

六种战略要素组合的结果，被用来衡量战略效能，涵盖了战略的制定、执行、修正、提升的全过程，这个公式被称为战略效能公式。

显然，要想战略效能更高，战略效能公式中的分子项越大越好。我将客户价值、竞争优势、持续学习三项称为战略的杠杆要素。任何一个具有高度战略效能的组织，都需要创造出众的客户价值，取得明显的竞争优势，并且在持续学习提升能力方面做得非常卓越，这三个杠杆的长度越长越好。这样三个杠杆要素的乘积就可以获得极大值。

我将分母项的简易、敏捷和共创称为战略效能的支点要素。企业要离客户和市场越近越好，这样企业所采用的战略思考和方法应非常简单易行，要快速地贴近客户和市场的需要，并且予以快速敏捷的反应，在这个过程中需要邀请关键成员一起利用他们的智慧和创造力，让决策更扁平，共创解决方案和战略。当与市场和客户贴得足够近、反应足够敏捷，并且可以团队共创决策的时候，就表明这个支点靠近了目标，也就是说分母项数值越小越好。

当分子项取得极大值，而分母项取得极小值的时候，企业在巨变时代的战略效能就取得了最大值。这一公式，向我们展示了战略效能的核心要素和它们之间的互动关系。

汽车业新玩家

电动汽车和智能汽车的快速发展，最能代表巨变时代企业的战略效能对企业经营的关键影响。我选取特斯拉、比亚迪、小米汽车和华为汽车这四个目前处于行业巅峰的电动智能汽车制造者，看看它们的战略效能到底如何。表 2-1 给出了我的详细分析。

表 2-1 汽车业新玩家的战略效能详细分析

比较项目	特斯拉	比亚迪	小米汽车	华为汽车
客户价值	通过智能驾驶等技术提供独特体验，车辆续航能力强，拥有领先的品牌知名度，但价格波动可能影响消费者预期。部分消费者看重其品牌形象与科技感	提供多种价格区间产品，满足不同消费者需求，重视技术创新，如通过云辇、四驱等技术提升产品性能与安全性，为消费者带来高性价比的产品。售后服务网络较完善	产品具有较高性价比，配置丰富，智能座舱等系统提供便捷和智能化的体验，营销注重用户思维，能与用户保持高频互动，提升用户的参与感和品牌热度	以技术为支撑，为消费者带来更安全、便捷的出行体验，如利用5G技术助力智能驾驶。借助品牌影响力和完善的产品矩阵，满足不同消费群体需求
竞争优势	在电动化和智能化技术方面有优势，品牌知名度高，拥有领先的电池管理技术和自动驾驶技术，且有较高的客户忠诚度	自研与合作双技术路线，全产业链布局，掌握核心技术和成本优势，完善的分销网络，多品牌战略覆盖全产业，品牌矩阵丰富，市场份额不断提升	集团现金流充裕，用户基础广泛且忠诚度高，营销能力强，在智能电动汽车核心技术上采取自研策略，拥有消费电子赋能、渠道广等优势，率先实现"人车家全生态"闭环	拥有领先的5G、人工智能等核心技术，可应用于汽车领域，在智能驾驶、车联网等方面有竞争优势，创新能力强，生态系统庞大，品牌影响力广泛
持续学习	持续投入研发，改进车辆性能和功能，如通过OTA升级提升自动驾驶能力和安全性	重视技术研发，坚持"技术为王、创新为本"，在"三电"技术领域坚持全栈自研，在"三智"技术领域积极开展对外合作，不断提升技术水平①	团队始终保持对新技术、新知识的追求，在新能源汽车领域不断学习和探索，以适应市场变化和满足用户需求	不断加快在智能电动汽车领域的布局和发展，加强技术创新，产品力、生产管理和质量管控等方面的学习，以应对市场竞争

① "三电"技术指的是电池、电机、电控三项核心技术；"三智"技术指的是智能座舱、智能驾驶、智能底盘。

（续）

比较项目	特斯拉	比亚迪	小米汽车	华为汽车
简易	倡导第一性原则，从基本要素思考业务战略和产品战略	建立业界最完备的垂直整合战略，达到最优的成本控制和协同开发，最大限度地减少供应链管理的复杂度	围绕低成本采购和高用户体验，打造客户价值系统，将消费电子产品开发的高效模式引入汽车领域	构建技术底座加品牌成略，聚焦于核心，与制造商形成生态合作关系，缩短自身价值链
敏捷	对市场变化反应较为敏捷，能够快速调整生产和销售策略，如根据需求和竞争情况调整车辆价格	在市场反动方面较为灵活，能根据市场需求快速推出新车型或调整产品策略，如快速完善产品矩阵，覆盖不同价格区间和车型	通过敏捷管理，实现对市场的精准定位和快速响应，在产品规划、设计、营销、生产等环节都能快速调整策略，应对市场变化	积极应对市场变化，凭借自身技术和资源优势，迅速推出新车型和新产品，满足市场需求
共创	通过开放平台方式，与一些第三方开发者合作，共同为用户提供更多应用和服务	与优步等公司达成战略合作，共同推动绿色出行发展，在产业链上与多家供应商合作，共同提升产品质量和创新能力	与供应商、合作伙伴共同研发，打造一站式综合体门店，实现资源共享与协同发展，为用户提供更多元化的服务和体验	与供应商、合作伙伴共同助力汽车发展，提供多样化产品和服务支持，通过合作共建智能汽车生态，实现电动化与智能化协同发展

我们根据下面的问题清单，对四家企业的战略效能进行评估。

客户价值：

1. 从客户视角来看，我们能否带来独特的价值？
2. 我们的价值对客户来说是否具有重要意义？
3. 客户是否愿意为我们的独特价值承受更高价格？

竞争优势：

1. 在客户关注的价值领域，我们是否领先于行业对手？
2. 我们的竞争壁垒的高度和时效性如何？
3. 面对对手的追赶，我们的应对措施的有效性如何？

持续学习：

1. 我们是否建立了阶段性战略反馈和反思机制？
2. 根据市场检验的结果，能否及时更新现有战略，并推进实施？
3. 管理团队能否在战略迭代中持续学习，提升战略思维和战略管理的能力？

简易：

1. 我们是否拥有简单的战略流程和战略工具，来帮助管理层制定战略？
2. 战略方法和工具，是否成为管理层日常的思考和工作工具？
3. 是否有系统的培训和辅导，帮助管理者使用战略工具？

敏捷：

1. 对于市场和客户的变化，我们能否够快速感知？

2. 对于市场和客户的变化，我们能否采取及时和有效的响应？

3. 我们能否接受边干边学的敏捷策略？

共创：

1. 我们是否建立了战略共创的工作方式？

2. 我们是否接受团队共创的战略成果？

3. 我们团队是否拥有团队共创的技能和方法？

结合这个评估过程，我们可以给四家汽车巨头战略效能打分，见表 2-2。

表 2-2 汽车巨头战略效能打分

	客户价值	竞争优势	持续学习	简易	敏捷	共创	总分
特斯拉	3	2.5	2.5	2	1	1	9.375
比亚迪	3	3	3	1.5	1	1	18
小米汽车	2.5	2.5	3	1.5	1	1	12.5
华为汽车	3	3	2	2	1.5	1	6

分子项每一项的最高分是 3 分，最低分是 1 分，分值越高表明这一项越强。所以分子项的最高分是 27 分，最低分是 1 分。

分母项每一项的最高分也是 3 分，最低分是 1 分。分值越低，表明这一项越强，反之表明这一项越弱。例如，简易这一项如果做得非常好，得分是 1 分，如果做得非常不好，得分为 3 分。最后分子项和分母项的得分相除，最高分为 27 分，最低分为 1/27 分。

从结果看，比亚迪处于第一位，这是由它在客户价值、竞争优势和持续学习方面的绝对领先地位所带来的。小米汽车的评分紧追其后，虽然它没有像比亚迪那样出色的客户价值和竞争优势，但是在战略的敏捷和共创方面做得很突出。特斯拉位居第三，它的战略效能已经落后于比亚迪和小米这样的中国企业。华为汽车居第四，这和它目前摇摆的汽车战略有关，华为汽车没有直接下场造车，使得它自身的战略效能打了一些折扣。

以客户价值视角为例，四家企业都创造了独特的客户价值，可以说实现了自身差异化的价值定位。

- 特斯拉突出的是产品和技术的创新，尤其是在先进的自动驾驶技术方面引领着行业发展。
- 比亚迪主打的是全线的丰富的产品线，涵盖了从经济型轿车到高端 SUV 的多个细分市场，可以满足不同消费者的需求。
- 华为汽车在通信技术和人工智能领域有着深厚技术积累，将其应用于汽车领域，为客户带来了更智能、更安全的驾驶体验。
- 小米汽车的客户价值着重在智能生态融合。凭借其在消费电子领域的优势，小米汽车主打的是全方位的智能、生活场景"人车家"。

相较而言，比亚迪和华为汽车保持着更高的竞争优势，若论持续学习，比亚迪和小米汽车略胜一筹，比亚迪在汽车领域有着全产业最高的技术研发投入和最高的专注性，而小米汽车以其快速迭代的能力闻名于业界，尤其是通过线上社区和线下活动的方式，注重收集用户的反馈和意见，从而带来持续的产品改进。

综合而言，这四家企业在分子项（客户价值，竞争优势，持续学习）上都具备了强大的战略要素，它们真正的区别恰恰在分母项（简易，敏捷，共创）上。这四家企业都非常关注战略管理乃至产品开发方面的敏捷性，而比亚迪和小米汽车的管理方式更加简单和扁平。在共创方面，直接投身造车的特斯拉、比亚迪和小米汽车有着同样的水准，而没有自己生产线的华为汽车也和汽车制造商一起形成了高度协同的共创模式。

在这里我专门列出了传统车企一项，这里指的是传统燃油汽车时代的巨头们，它们在这一波汽车电动化和智能化的转型大潮的冲击下，显然已经落伍，而且显得追赶乏力。

如果从战略效能的各要素来看，在客户价值的创造方面，传统车企依靠过去的客户洞察和技术积累尚可一搏，但是汽车业已经从燃油汽车时代进入电动汽车时代，原有的竞争优势无法被再次重复利用，传统车企比起这些汽车新玩家们已经处于劣势，虽然仍有着持续学习的能力，但是在应对市场变化的响应速度和敏捷性方面显然不足。传统车企长达数年由研发惯例所形成的内部流程、质量管理和营销方式，都已经无法和行业新玩家们相媲美，因此最后得分 0.48 分。这虽然让人意外，但是应该不会让我们感到无法理解。

从这个分析中可以看出，电动汽车和智能汽车的竞争已经到了巅峰对决的阶段。其他车企如果不能在这六项战略要素上取得更高的分数，那么其与这几家核心车企的差距一定会越拉越远。尤其要关注的是分母项的三个要素，它们反映的是与市场和客户的距离、应变的速度以及企业内和产业间的协同共创的能力。正是这些要素让企业具备了快速响应市场的能力，能够将分子项的战略要素发挥到极致。

关于这一点，今天在电动汽车和智能汽车领域奋战的各家企业，无论是整车厂还是各级供应商都有非常强烈的感受。一家全球领先的光学镜头供应商的高管跟我说，智能汽车的消费电子化使得产品迭代的速度越来越快。原来以质量和安全为核心特征的汽车产业，正在被消费电子的快速产品发布方式所影响。过去推出一个车型，需要3～5年的时间，而现在几乎每年发布一款新车型，这对它们的战略效能提出了极大的考验。

实际上这一切将成为未来产业的常态，因为这本身也是企业战略的常态，把分子项做到最大，把分母项做到最小，这是巨变时代里企业取得战略效能的关键，也是生存的关键。

思考题

1. 运用战略效能公式和评价标准，评估一下我们企业的战略效能得分是多少？
2. 找到行业里领先的两家企业，评估它们的战略效能得分。
3. 相比行业领先者，我们在战略效能提升方面，需要关注的要素是什么？

PART 2
第二部分

巨变时代　提升战略效能

LIGHT
STRATEGY

CHAPTER 3
第三章

轻战略　提升战略效能

三阶段和六步法

　　轻战略的方法和流程，从诞生至今已经落地实践超过10年了。在这期间，我服务了近200个企业客户，帮助它们用研讨会和咨询的方式重新制定了企业战略，有的企业还因此建立了简洁高效的战略流程。在这个过程中，我经常被问到的一个问题是：和传统战略模式相比，轻战略的优势到底在哪里？

　　从客户价值角度来看，轻战略是非常独特的，它用一套非常简洁的方法即轻战略六步法，就能够涵盖战略制定的三个阶段：战略定位、战略创新和战略执行，并实现完整的闭环。轻战略六步法的步骤都是环环相扣的,也就是每一个步骤的产出,是下一个步骤的输入,见图 3-1。

战略定位,包含第一步洞察变化和第二步明确意图

在战略定位阶段,我们要从市场的变化入手,找到新的机遇,并且和自身的核心能力结合起来,创造新的竞技场。在这个基础上明确企业的战略意图,将客户价值、战略愿景和战略目标浓缩在战略意图当中。洞察变化和明确意图这两个步骤包含了业务定位和产品定位,合并起来被称为战略定位。在这个过程中,轻战略摒弃了那些繁复的分析框架,用最简洁的方式直击根本。同时它又是一个开放的架构,战略分析领域的各种工具都可以根据企业的实际需要灵活为它所用。

战略创新,包含第三步识别障碍和第四步聚焦创新

战略定位完成之后,就到了战略创新的阶段,我们需要依据上一阶段产出的方向和目标,对障碍进行识别和分析。这个过程是团队共创的高光时刻,通过团队的视野能够探寻到核心问题的共同根源性障碍,进而经过优先级排序进入创新阶段,也就是用什么样的新办法来解决当前阻碍企业的核心问题,从而实现战略上的突破。这个过程可以采用的战略方法和工具也是非常多的,因此过去的战略制定者们经常迷失在这些工具里,而忘记了为什么进行创新。

第一步 洞察变化
- 变化中寻找机会
- 重新定义竞技场
- 明确优势和核心能力
- 机会地图

第二步 明确意图
- 审视企业使命和价值观
- 差异化的价值主张
- 企业愿景
- 战略目标

第三步 识别障碍
- 内部障碍和外部障碍
- 障碍的深层原因
- 建立全局视野
- 房间里的大象

第四步 聚焦创新
- 运用创新思维
- 战略创新和战略地图
- 战略主题和KPI
- 运营破局

第五步 激发能量
- 解锁组织能量
- 支撑战略的组织能力
- 领导者心智模式
- 组织变革三阶段

第六步 持续行动
- 敏捷运营系统
- 战略解码
- 试错和迭代
- 群策群力的例会

战略定位 / 战略创新 / 战略执行

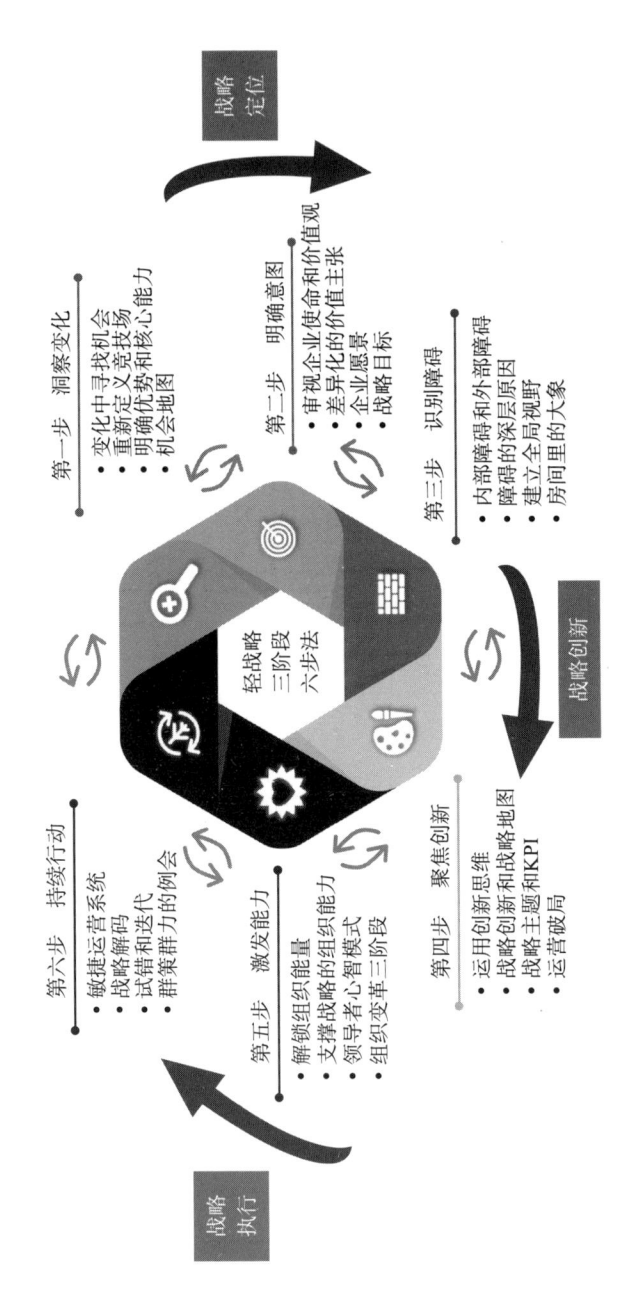

图 3-1 轻战略三阶段六步法

与之不同的是,轻战略在战略创新阶段的目标非常明确:针对那些关键障碍的核心问题加以解决。识别障碍、聚焦创新这两个步骤统称战略创新,战略创新的成果会通过一张可视化的战略地图进行总结性的呈现。

对照着清晰的战略地图,先别着急庆贺成果,这时我们可以返回去做一些战略校验,问一些关键问题:

- 这些措施能否解决那些最核心的障碍或问题?
- 这些问题的解决能否回应我们对战略意图的关注?
- 执行这些战略举措的结果,能否帮助我们收获那些关键的市场机遇?

这里就体现了轻战略逻辑闭环的强大功能,让战略不再是天马行空的空想,而变成了一个由严谨的逻辑构建的工程。

战略执行,包含第五步激发能力和第六步持续行动

在第三阶段即战略执行阶段,我们需要针对已形成的战略创新,找出那些能支撑战略实现的关键的组织能力。组织能力的构建不是一蹴而就的,因此也无法一下子全面铺开,而是需要找到关键点。

在今天巨变的环境中,能力的构建还需要看到更深层的组织能量的作用。基于组织能量的能力构建,是轻战略的独特方

法,实践证明这是更加根本的方法。在能力构建的基础上,组织要形成一套在短期取得成功的行动方案,去验证所有的战略创新,这是第六步持续行动的要点。

通过不断的小步快跑和迭代,我们一方面能够检验战略创新的有效性,同时也能够获取实战经验,让行动更加贴近现实。通过实践观察发现,大多数企业是可以经过几轮小范围的迭代就打磨出新的战略成果的。这个"实践—检验—迭代"的过程会让我们初步形成的战略更加清晰,并且将宽泛的战略构想逐渐收敛到非常聚焦的方向上。

关于轻战略和传统战略模式的比较,在表3-1中加以说明。

表 3-1 轻战略和传统战略模式的比较

比较项目	轻战略	传统战略模式
战略流程闭环	严格闭环	通常闭环
战略周期	战略周期可以很短	通常需要较长时间
战略制定和执行的过程	环环相扣,无断点	经常有断点,甚至有鸿沟
决策方式	群策群力和共创	自上而下
对战略工具的包容性	战略的顶层思维,包容各种战略工具	通常使用设定好的战略工具
对组织心智模式的影响	通过鼓励参与,激发组织心智模式的改变	不是战略阶段的重点
战略方法的复杂度	简洁易懂,人人可以掌握	通常非常复杂,难以快速掌握
战略敏捷迭代	支持持续快速迭代	不支持快速迭代

轻战略是一个完整的闭环系统，而且它的流程很短，可以帮助企业在巨变的时代，面临动荡的市场环境，用最简洁的方式完成从战略定位到战略执行的闭环，当然它也包含了诸多的战略工具。随着对轻战略方法的熟悉，我们可以选择适合的战略工具填充进去，这时你会发现你不再被这些工具驾驭，而是在运用工具帮助你完成战略思考，然后产出期望的战略成果。

轻战略主张群策群力，打破传统战略顶层设计向下灌输的僵化模式，并且在此过程中激发组织心智模式的转变。在轻战略系统中，参与者共同参与战略设计与战略共识的过程，获得的卓越成果几乎可以得到每一个项目客户的高度认可。群策群力可以帮助组织发现隐藏的但没有被揭示的核心问题，并且用群体力量加以解决。这个过程本身就可以塑造团队文化，并且让团队正视现实，同时愿意为解决组织的真正问题承担起责任。对于当下处在困顿中的很多企业，这一心智模式的转变无疑是非常有价值的。

轻战略还具有简单易学、容易迭代的特点。它恰恰是在巨变时代企业要获得简易、敏捷和共创的能力所需要的最佳战略模型。

飞贷金融的轻战略

在众多场合中，每当我介绍轻战略六步法，总能得到在场企业家们的共鸣与积极反馈。这套方法是对企业战略底层思维的观察和总结，所以企业家们总有熟悉的感觉，因为这就是我们决策时最常用而且最有效的思考方式。而且这种普适的轻战略思维和方法，能够最大限度地提升企业的战略效能，让我们的战略实践成果最大化。

在一次企业家论坛上，深圳中兴飞贷金融科技有限公司（以下简称飞贷金融）的创始人分享了他的创业故事，他的故事不仅印证了轻战略思维和方法的有效性，而且说明了轻战略是如何有效提升企业的战略效能的。

飞贷金融成立于2012年，是一家小额贷款金融公司。其创始团队最初是看到了一个巨大的市场机会：中国94%的企业是小微企业，但这些企业仅获得了5%的银行贷款。这是一个巨大的不平衡，也意味着一个巨大的机会空间。然而，大银行并不愿意涉足这些高风险、低贷款额的业务。于是，这个创始团队决定从曾经工作的大银行辞职，为大银行提供贷款助贷和风控管理服务，服务于小微企业的信贷业务。这是他们战略的第一阶段。

在这个阶段，飞贷金融发现它面临的最大的挑战是客户覆盖。为了解决这个问题，它开始大规模招聘员工，在全国各地建立办事处和销售团队，在高峰期，它的员工人数达到上千人。然而，经过大约一年的实践，它逐渐意识到，业务的核心在于它开发的风控模型，这个经过大数据锤炼的风控模型是它最宝贵的资产。同时，它还发现，快速扩张带来的成本压力使得不断增加人员的业务模式难以持续。因此，它开始转向线上业务，并重新定位客户群体。它发现，最优的客户群体并不是小微企业，而是个人贷款用户，尤其是那些急需资金的个人客户，例如，那些需要短期资金周转以应对紧急情况的客户。

随着新的风控模型和客户定位的确立，飞贷金融开始对自己的客户价值进行重新整理，提出了"随时随地，随借随还"的移动互联网服务模式，强调了服务的便利性和灵活性。当这个模式开始运行，标志着它的第二轮战略迭代的完成。

然而，一年后，飞贷金融遇到了新的发展瓶颈：中国人民银行的授信额度限制了它的业务规模。显然，中国市场的巨大潜力与他们的业务规模之间存在巨大的差距。

面对这一挑战，它开始思考如何克服。最终，飞贷金融决定不再单纯地扩大资本金规模，而是转型为一家技术平台公司，赋能全国上万家小额贷款公司，给它们提供风控和助贷服务。这样，它逐渐从一家贷款公司转变为一家软件平台公司。这是它的第三轮战略迭代。

飞贷金融的敏捷迭代，不仅是企业的创新实践，更是轻战略闭环的完美诠释，如图3-2所示，其战略过程和轻战略六步法丝丝入扣。可以说，每一位成功的创业者，都会经历这样的心路历程。我们所做的，是将这个战略过程中的关键点提炼出来，并匹配可以使用的工具，优化方法，使整个过程更加流畅。

战略1　信贷工厂
- 洞察变化、明确意图：小微企业贷
- 识别障碍：大银行服务不足
- 聚焦创新：线下网点、大银行助贷、运用风险评估

战略2　营销、服务、运营全流程互联网化
- 洞察变化：重新定义客户
- 为个人资金需求者
- 明确意图：随时随地、随借随还
- 聚焦创新：线上风控助贷

战略3　类金融专注金融科技
- 洞察变化、识别障碍：客户需求膨胀但授信约束
- 明确意图：向全国性担保公司输出风控技术
- 聚焦创新：成为输出算法的平台企业

洞察变化 → 明确意图 → 识别障碍 → 聚焦创新 → 激发能力 → 持续行动

图 3-2　飞贷金融的战略迭代过程

飞贷金融的战略迭代，不仅契合了轻战略六步法的内在逻辑，更重要的是，这些迭代紧紧围绕战略效能的提升来展开。每一次战略迭代，都聚焦于创造客户价值，并且让自己的竞争优势得以凸显，所有这些都源于飞贷金融快速的学习能力和战略反馈能力。在战略敏捷度方面，它也是非常高的，它所用的战略思维直接简单。从战略效能公式的角度来看，它几乎在每个要素上都做到了极致。所以让战略效能和因此产生的战略成果，得以最大化地呈现。

曹操的智慧

轻战略的流程和方法是战略思维的底层逻辑，因而其具有相当高的普适性。纵观中国的历史，能看到很多实施轻战略的案例，以及因此提升战略效能的精彩故事。

三国当属中国历史上最为动荡的群雄逐鹿的时代之一，而三国时代的关键人物曹操，则是轻战略思维的极好诠释者，他也是能将战略效能最大化的高手。

曹操的人生起点不算低，他从一个官宦子弟到晋升为魏王的人生旅途中，经过了若干次他也不曾设想的人生跨越。可以说是若干次人生的战略迭代，铸就了曹操传奇的一生。他在晚年所写的《让县自明本志令》当中，对自己的人生做了一次完整的回顾。从曹操的人生故事中可以看到，个人战略甚至组织战略，是和环境不断互动的结果，需要在一次次行动中检验和调整，并且和自己的志向和意图结合。这种敏捷迭代的战略思维，正是让曹操成功的与众不同之处。

最初，曹操只是济南的一名地方官，因为得罪了当时的权贵家族，心灰意冷返回家乡，准备放归山野，读书打猎了此余生。后来因为董卓作乱，他为了报效国家，征集士兵加入讨伐董卓的行列中，但是他也没有想过自己会在乱世中做大做强。随着曹操的兵力开始强壮，他发现袁术想称帝，于是决心捍卫东汉朝廷讨伐袁术。之后曹操的人生就仿佛开了外挂，他由弱转强的战略转折，就是历史上著名的官渡之战。

据《三国志》记载，在官渡之战中，曹操面对的是北方最强的势力——袁绍。袁绍家族史称"四世三公"，前后四代都是朝廷最高官员，而且他的队伍兵强马壮，人才济济。曹操仅能聚集不到 2 万的兵马，他们与袁绍号称的 10 万精兵，在长达 20 公里的黄河两岸展开对峙，显然这种阵地战和正规战对曹操极为不利。随着双方拉锯战的展开，曹军的粮草即将消耗殆尽，此时曹操需要一个机会让自己翻身，而曹袁两人在战略上迥异的决策风格，给了曹操一个从天而降的机会。

袁绍的谋臣许攸建议趁着曹操疲惫派奇兵攻打他的后方许都，曹操势必有后顾之忧，必将撤兵。事实证明这正是当时曹操内心最为顾忌的，为此事他还和留在许都的谋士荀彧有书信往来。但是傲慢轻敌的袁绍认为自己兵力充足，不需要这种奇袭手段，用自己的实力就可以完全碾压对方。显然袁绍不懂什么叫作以奇制胜。眼看大势已去，失望至极的许攸转而投奔曹营。

曹操听说许攸来投，大喜过望，立刻向许攸讨教计策。许攸建议他用奇兵突袭袁绍在乌巢的粮草基地，从而扰乱袁绍的阵脚，当袁绍派兵救援之时再进行伏击，从而一举歼灭袁兵。曹操依计行之，亲自率兵偷袭乌巢，果然大败袁绍军马，并且在混乱中斩杀诸多将领。而袁绍依旧坚持派主力攻打曹营，攻打失败加上损失粮草基地使袁绍军队士气大挫，经此一战不得不退回河北。从此曹操开始羽翼丰满，逐渐吞并北方诸侯，建立了北方的霸业。

我们用轻战略六步法审视了官渡之战中曹操和袁绍的关键决策（见表3-2），来看看曹操何以能胜，袁绍因何在占据绝对优势的情况下大败而归。

表3-2 官渡之战中曹操和袁绍的关键决策

轻战略的六个步骤	曹操的成功原因	袁绍的失败原因
洞察变化	1. 敏锐察觉袁绍军队的骄傲情绪和内部矛盾 2. 及时掌握许攸投奔带来的重要情报 3. 关注到战争局势中细微的变化并加以利用	1. 对曹操军队的顽强抵抗和灵活战术缺乏认识 2. 未察觉到军队内部的不和与自身管理问题 3. 对战场形势的变化反应迟缓，不能及时调整策略
明确意图	1. 设立击败袁绍、统一北方的明确目标 2. 结合战局变化，及时调整短期目标，保持灵活性 3. 兼顾多个目标，明确取胜的优先级	1. 目标更多是基于实力优势的碾压，而非动态的战略判断 2. 意图容易受到主观因素干扰 3. 在作战过程中目标僵化，不能根据变化灵活调整

（续）

轻战略的六个步骤	曹操的成功原因	袁绍的失败原因
识别障碍	1. 清楚自身兵力不足，难以正面抗衡袁绍大军 2. 明白粮草储备匮乏，难以支持长期作战 3. 意识到自身在人才数量上与袁绍相比存在差距	1. 未充分认识到内部派系纷争对作战的不利影响 2. 忽视将领指挥能力参差不齐的问题 3. 对粮草运输和保护的重要性认识不足
聚焦创新	1. 采用奇袭乌巢的战术，出其不意 2. 善用谋士许攸等人的创新策略 3. 不拘泥于常规作战方法，灵活应变	1. 战术保守，始终依赖兵力优势进行正面强攻 2. 拒绝采纳谋士提出的创新性建议 3. 作战思路僵化，不能根据战场形势变化采用创新的战术
激发能力	1. 善于倾听谋士的意见，充分发挥他们的智慧 2. 对武将充分信任，激励他们奋勇杀敌 3. 合理调配资源，激发军队的整体战斗力	1. 不能善用许攸等优秀谋士的才能 2. 猜忌下属，导致他们不能全力作战 3. 内部充满权力斗争，无法有效激励将士的斗志
持续行动	1. 在战争中始终保持高度警惕，不放过任何战机 2. 面对不利局面能迅速调整策略，持续改进作战方案 3. 做好坚持长期作战的准备，不轻易放弃	1. 初战不利后，犹豫不决，行动迟缓 2. 不能根据战场变化持续有效地推进作战计划 3. 遭遇挫折后，无法坚定信念来持续组织有力的反击

从官渡之战中我们可以看出，曹袁两军实力悬殊，但是展现出完全不同的战略效能。曹操用他的战略智谋，将组织的战略效能发挥到了极致。

有趣的是，《孙子兵法·势篇》提出了"以正合，以奇胜"的战略原则，实际上是对军事领域中战略效能的一种提纲挈领的总结。战场上的"正合",是指要通过常规的方法保持部队的基本战力和秩序;而"奇胜",就是运用出其不意、灵活多变的战术来获得胜利。简而言之,就是既要保持基本的稳定,又要能够创造和利用不确定性来取得战略成功。这个原则体现在我们的战略效能公式中就是这样的:

$$有效的战略 = \frac{(客户价值 \times 竞争优势 \times 持续学习)(以正合)}{(简易 \times 敏捷 \times 共创)(以奇胜)}$$

如果从军事战略上进一步剖析,所谓"正合"就是建立起一个军事组织的正义价值、优势和学习能力。中国传统思想认为,征战的任何一方需要获得大多数人的价值认可,"得道多助,失道寡助",也就是取得战争的正义性。优势是任何征战必须依赖的基础,如果没有正规的组织和训练,没有强大的军队和后勤,或者不能将民众支持、声望、地利之险等作为优势构建起来,是无法获得基础的战略能力的。而学习就是在一场场战役中不断总结经验,不断提升战略和战术能力。

我们不妨看下在官渡之战中曹操是怎么做的。

先来看曹操立身的价值。他从讨伐董卓开始,就以保护汉室作为号令天下的资本和理由。董卓挟汉献帝入长安后,曹操敏锐地发现了走向衰颓的汉王室的价值。于是当汉献帝逃亡洛阳避难的时候,曹操果断出手将他接往许都,并且从此开始建立"奉天子以命不臣"的战略优势(诸葛亮将其称为"挟天子以令诸侯")。

汉末时期征战连年，流民遍地，为了获取稳定的粮食供应，并且平定动乱的时局，曹操采取屯田制，让百姓耕有其田，从而稳住了北方的后勤供应。同时曹操广泛吸纳人才，并且不拘一格地使用人才，不论其出身如何，唯才是举，在他门下出现了诸如荀彧、许攸、贾诩、郭嘉、钟繇等一众杰出谋士，以及许褚、张辽、徐晃、曹仁、夏侯渊等大批名将。

在曹操的《短歌行》中，他用诗句表达了对吸引人才的渴望："青青子衿，悠悠我心。但为君故，沉吟至今。呦呦鹿鸣，食野之苹。我有嘉宾，鼓瑟吹笙……月明星稀，乌鹊南飞。绕树三匝，何枝可依？山不厌高，海不厌深。周公吐哺，天下归心。"

可见，在"以正合"方面，曹操通过"奉天子以命不臣"，获得了政治主动权和社会影响力；在经济上实行屯田政策解决日益严重的军粮问题，同时让流民的生活得以安定；利用其总揽朝政的优越条件，大力招揽人才，并且做到知人善任，让众多文臣武将特别是智囊团发挥了巨大作用。以上三点，为曹操建立了强大的战略基础。

但是仅有这些是不够的，要取得胜利，还需要以奇制胜。"以奇胜"强调运用出奇制胜的策略，通过出其不意、攻其不备的方式来取得胜利，在这个过程中需要遵循简易、敏捷和共创的原则。

简易就是通过简单易行的作战原则，让军队的战略思路和命令系统简单、明了，这样可以避免造成信息传递的混乱，而且便于发现战场中稍纵即逝的机会，可以用迅速敏捷的决策和行动捕捉机会。同时要及时采纳幕僚和一线将领的建议和计策，结合众人智慧，灵活应对战场上的瞬息万变。

根据《汉书·艺文志》记载，《孙子兵法》原有八十二篇，曹操的注解涉及十三篇。南宋的《郡斋读书志》补充说："杜牧以为'武书数十万言，魏武削其繁剩，笔其精粹，成此书'云。"按照这个观点，今天流行的《孙子兵法十三篇》，或许就是曹操注解的简化版本，主要是为了突出其中的战略精髓，以方便后世作战时使用。这也体现了曹操在战略思想中注重简洁实用的特点。

在战略和战术应用中，曹操的风格务实灵活，刚毅果断，其充满计谋奇变的敏捷战术风格在各个战事中凸显无疑。

在决策机制上，曹操是一个集众人智慧做出决策的典型代表，这和刚愎自用的袁绍有着巨大差别，甚至和后来"鞠躬尽瘁，死而后已"的诸葛亮也形成了鲜明反差。《三国演义》中对此有戏剧化的描述：曹操开会时，通常会问"诸公有何妙计图之？"然后从诸多建议中选取一个最适合的加以采纳。而诸葛亮总是一个人苦思冥想，然后写出锦囊，派发给诸将执行，以致最终殚精竭虑，累死在五丈原。

综合以上，可以看到曹操的战略风格中简易、敏捷和共创的明显特征。在"以正合"和"以奇胜"这两个方面，曹操在三国时期的诸侯当中，应该是做得最为出色的。这也让他将组织的战略效能发挥到了极致,在那个天下大乱的时代,取得了一系列战略主动,成为东汉末年三国分治时期的第一强权。

借着介绍曹操的智慧,可以看出轻战略这套体系的普适性:无论是个人、企业,还是大型组织,无论是在现代还是在古代,轻战略思维都是我们可以实际运用的一套简洁有效的战略思维方式。六个简单但内涵深刻的步骤,贯穿了战略决策和执行的全过程。同时,轻战略强调在保持稳定的基础上,灵活应对各种变化,把握机会,快速做出决策。这种"以正合、以奇胜"的战略思维,强调在稳定与变化之间寻找平衡,通过灵活的策略来取得最大的战略效能。

六步法提升战略效能

下面,我们不妨总结一下,轻战略六步法在帮助企业有效制定战略的同时,如何提升企业的战略效能,见表3-3。

表 3-3　轻战略六步法提升企业的战略效能

	客户价值	竞争优势	持续学习	简易	敏捷	共创
洞察变化	√	√			√	√
明确意图	√		√			√
识别障碍			√	√	√	√
聚焦创新	√	√	√		√	
激发能力	√		√			√
持续行动			√	√	√	√

第一步洞察变化，我们最为关注的是客户价值和竞争优势，通过对市场机会的洞察和自身优势的识别，寻找最佳的战略机遇。市场的情况变化多端，所以我们需要贴近现实，并且敏锐地响应市场的需要，判断是趋势性的变化还是阶段性的波动，同时善用团队共创的力量达成共识。

第二步明确意图，最重要的是形成客户价值主张，从而回应我们所选择的市场机会。客户价值主张要反映客户价值、突出优势，并且区别于竞争对手，需要简单、直接地表达产品和服务的要点，并且在这个基础上提出可以凝聚人心的战略愿景和战略目标体系。这一切当然依旧需要靠团队的共创来完成。

第三步识别障碍是团队共创的高光时刻，这时需要大家直击问题和现象的根本，找到所有问题的最深层的根源。同时也要根据市场的反馈，经常反思：随着环境的变化，这些问题以及深层的原因，是否已经得到有效解决；是否有新的问题出现，需要我们重新调整对障碍和关键问题的假设。这也是持续学习的关键过程。

第四步聚焦创新是对关键问题的创新解决。要围绕客户价值，在内部流程和组织层面展开创新，并且让这些战略举措持续强化组织的竞争优势。战略地图的形成，让我们便于定期进行战略回顾，根据市场的变化，敏捷地予以响应，并且不断反思战略举措是否有效。这一过程看似复杂，实则通过战略地图进行了高度的凝练，是非常简洁有效的战略步骤。同样，这一步骤依赖于持续学习，以及高参与度的团队共创。

第五步激发能力，围绕客户价值展开。激发能力聚焦在强化组织的竞争优势上，通过不断的反思和回顾，检查组织的能力是否在稳步提升。这一过程也是团队改善心智模式的关键，能够让团队共同面对问题，以积极正向的心态面对挑战。

第六步持续行动，简易和敏捷的行动最为重要，用缩短执行周期的方式去进行战略验证，然后运用持续学习进行战略反思和迭代，开始下一轮的战略升级。在这里，团队共创依旧是促进高效执行的关键。

通过以上总结，我们可以看到，轻战略体系不仅是一套完整的战略制定和执行系统，它也能够帮助企业塑造巨变时代的战略效能，这两者本身就是融合在一起的。从这个角度来看，战略管理不再是企业管理中的一个功能，它不仅关乎战略的制定和执行过程，更关乎战略效能的优化和提升，并且可以对战略效能进行检验。

后面的各个章节，我将介绍轻战略六步法的具体内容和实施方式，并且讨论如何提升组织的战略效能。

CHAPTER 4 第四章

洞察变化——创造竞技场

这个世界永远在变,对勇于拥抱变化的组织来说,变化意味着新的机会。洞察变化是企业战略的起点。

我们需要关注市场变化带来的新机遇,对竞争进行分析和思考,重新审视我们的核心能力,通过机会地图[一],明确需要把握哪些关键的机会并将这些机会重塑为新的竞技场。

通过这一过程,我们寻找并创造新的客户价值,塑造竞争优势,学习化繁为简,直击本质,从一开始就塑造卓越的战略效能。

[一] 机会地图是指识别出所有机会,在市场吸引力和企业优势地位两个维度上进行选择。详见参考文献 [3]。

全新的竞技场

大约十年前,我受邀参加一场关于企业战略的论坛,其中一位嘉宾是著名的咨询大师拉姆·查兰,他曾经在杰克·韦尔奇时代为 GE 公司提供咨询服务,他的思维方式直截了当、敏锐,言谈举止充满行动力。

会议茶歇期间,我们聊了起来,我问了他一个我关心的问题:"你认为战略决策的第一步从哪里开始?"查兰略微思考了一下说:"了解变化,因为变化创造新的机会。"这正是查兰从丰富的工作经验中得出的重要总结,和轻战略的思考不谋而合。

道理其实非常简单,这个世界充满了变化,每时每刻都在改变。不管我们喜欢还是不喜欢,在这样一个开放的世界里,变化就意味着新的机会。

在这个过程中,战略思考者会敏锐地发现那些不断涌现的机会,尤其是趋势性的机会,并且和自身所具有的核心能力进行匹配,也就是看看到底我们具有的能力或者希望打造的能力,能否配得上这个机会以及变化中正在涌现的机会趋势。

如果匹配,我们需要做的关键决策不仅仅是投入资源去抓住机会,可能还要在变化的世界里做一番战略创新,那就是创造一个新的竞技场,一个属于自己的、让核心能力和竞争优势得以发挥的新的业务。

轻战略之所以轻，是因为其入手方法非常简洁和直截了当，那就是从变化中洞察并抓住机会。具体由三个关键步骤构成：

- 在变化中寻找机会
- 用核心能力匹配机会
- 创造新的竞技场

我在陕鼓集团前后十多年的工作、观察和服务经历，很能说明这一独特的创新过程。巨变时代的胜出者，都能够洞悉变化中的机遇，并且创造属于自己的竞技场。

对很多人来说，陕鼓集团及其产品是相当陌生的，但是对于大多数中国工业行业的从业者，特别是冶金、钢铁、化工、石化等领域的专业人士，陕鼓集团绝对是一个大名鼎鼎的存在。中国钢铁冶金行业几乎每家企业都在使用陕鼓集团的高炉透平压缩机和能量回收透平装置，在乙烯、石油、炼化、化肥乃至制药等工业领域，陕鼓集团也提供了很多核心装备。

陕鼓集团所制造的透平压缩机被称为工业的"心脏"，足以说明这一产品在工业领域里的核心地位。透平压缩机的工作原理并不复杂，这还是第二次工业革命后的产物，其原理就是将电能通过电动机驱动多级叶片形成高压高速的气体，输送给炼钢、化工的各种工艺过程。而其反向做功的能量回收透平装置，是通过回收剩余的余热和余压，并形成电能或者机械能，然后反向回收和利用。这些技术在 20 世纪 70 年代从西方企业引进到中国之后，经过几番消化吸收，真正沉淀下来的国内巨头只有陕鼓集团和沈鼓集团股份有限公司（简称沈鼓）两家，而在全球也只有 GE 和西门子等少数玩家。

在中国装备制造行业里，设备制造者往往只专注于生产设备本身，如果它跨界进入服务甚至解决方案领域，往往被视为另类，甚至被认为是不务正业。2005 年，陕鼓集团董事长印建安敏锐地洞察到，客户的需求正在从传统的设备向系统性解决方案转变，这一转变能够带来更高、更持久的业务价值。于是他毅然决定，将陕鼓集团带向提供服务和解决方案的转型之路。

今天的陕鼓集团不仅经营成功，而且已经成为向服务和解决方案转型的业界绝对标杆。这一切是怎么发生的？

机会在敲门

陕鼓集团经历过两次漂亮的战略转型，每一次都来自对市场机会的敏锐洞察和持续探索。彼得·德鲁克曾经在他的名著《创新与企业家精神》中提出，有七个机会源让我们发现创新机遇。对照这个非常有洞见的机会清单，我们会发现陕鼓集团在两次战略转型时所面临的情境，每次都与这个清单中的 5 项完全吻合，见表 4-1。

表 4-1 陕鼓集团在两次战略转型时所面临的情境

彼得·德鲁克 七个创新机会源	陕鼓面临的机会情境 （第一次战略转型，2005年）	陕鼓面临的机会情境 （第二次战略转型，2016年）
意外事件——意外成功、意外失败、意外的外部事件	钢铁客户对工程总承包服务的渴望，客户在敲门！而且初期尝试性项目已经取得成功	陕鼓自身的能源互联岛模式试验成功，获得客户的合作意向
不协调事件——现实情况与大家假设的情况或者"应该的"情况不一致	市场中提供的装备产品，和客户希望提供整体解决方案的理想状态之间存在差距	客户需要更多基于绿色减排、低碳、高效的系统解决方案
流程需求	在IT行业，以IBM公司为代表的企业，已经进行了解决方案的创新和实施，并且积累了足够的经验	GE公司的分布式能源模式和微电网模式，代表了未来能源发展的一种方向，陕鼓的能效管理系统方案与此方向一致
行业结构或市场结构的变化	行业结构正在产生集中度的变化，价值链上游企业拥有更多的话语权	
人口统计特征变化（人口变化）		
感知、意义及情绪的变化		绿色发展模式深入人心，政府的管理和激励措施都开始加大
新知识，包括科学知识和非科学知识	IT行业的远程在线故障诊断，对于是否可以移植到工业装备上，产生了具有启发意义的思考	基于互联网和大数据的能效分析模型逐渐成熟

陕鼓集团的第一次战略转型，让其成功地从一家制造型企业变成了以服务和解决方案为基础的服务型制造企业。

那时，国际上来自德国、美国的巨头处于碾压的优势地位，而国内激烈的价格竞争处处可见。

这时一个机会来了。不断有冶金企业客户向做营销出身的印建安提出同一个新需求，询问能否为它们提供一个"交钥匙"的解决方案，即在最短的时间内将包括透平压缩机、电动机、控制系统，甚至厂房在内的外围设施，用工程总承包的方式提供给它们。

这个需求的背景是当时中国钢铁行业正迅速成长，每一家企业都亟须应对井喷似的市场需求，它们不想把精力花在系统建设上，而希望尽快地交付生产。但是对传统的制造型企业来说，它们对这种承包方式是极为陌生的，因此需要设备制造商的帮助。这样的需求不断地传入陕鼓集团人的耳朵里，敏锐的印建安认为这是一个市场需求转向的信号：客户已经不再单纯地需要单机设备，它们需要的是系统和解决方案。而经过几个简单的测算就能发现，只要派出几位项目经理，并且做好供应商的整合，就可以在收入和利润上获得大幅的提高，这绝对是应该尝试的方向。

但制造业出身的同事们对此犹豫不决，印建安力排众议，决定拥抱这个新的变化。而我也在这个时候受邀加入了陕鼓集团，开始以此为契机，重新塑造这家大型装备制造企业的未来战略。

在每个巨变时代，机会总是公平地向所有人招手，甚至不断敲击你的心门。不同之处在于，有人给予积极回应，并借此机会为自己创造全新的竞技场，而有些人选择忽视甚至回避。陕鼓集团就属于前者，它以前瞻性的眼光看待未来趋势，拥抱变化。

这种创造新机遇的精神不断延续，经过十多年基于解决方案模式的发展，陕鼓集团的业务形态已经发生了根本性变化，行业中的竞争者也开始效仿陕鼓集团的做法。此时陕鼓集团开始重新审视产业发展的方向，它发现中国制造企业产能已经饱和，新上马的大型项目数量很少。但是随着提升运营效能需求的激增和绿色环保理念的推广，企业开始关注设备使用效能、排放、低碳等与绿色经济相关的话题。

此时，GE公司在分布式能源领域的战略性投入引起了陕鼓集团的关注。尽管美国的分布式能源做法根植于分布式电力系统特征，但其本质上反映了各企业园区乃至城市需要进行区域能源系统优化的需求趋势。中国是否也存在这样的需求趋势？答案是肯定的。尤其钢铁冶金、石油化工等重资产投入的重能耗行业，面临激烈的竞争和巨大的环保压力，这方面的需求日益明显。为此，陕鼓集团果断进行了第二次战略转型，致力于将绿色、智能化、多级能源利用融入解决方案，提供绿色智能的系统解决方案。当众多企业试图模仿陕鼓集团的解决方案模式时，后者已经向更高端的产业模式发展了。

在这次战略转型中，陕鼓集团提出了能源互联岛的方案，将过去五十多年在压缩机和能量回收透平装置方面积累的技术，以及过去十多年在动力系统解决方案领域积累的知识，和互联网及人工智能技术整合起来，帮助企业园区实施对分布式能源的智能综合利用。这一方案获得了2020年的中国工业大奖，这是分布式能源领域的首个中国工业大奖。

战略选择的逻辑

识别机会虽然很具挑战性，但是如果具备开放思维和群策群力的实践方法，我们会发现这并不是最困难的。真正的挑战在于在洞察变化的阶段，继而决定选取哪些机会，又舍弃哪些机会。

其基本原则也很简单，就是依据自身的能力进行战略机会的取舍。在这里我们需要首先明确能力的三个层次。

能力的三个层次

第一个层次，即基础能力，是指企业在特定领域或任务中所展现的技能和知识，基础能力可能是宽泛的，包括生产、营销、研发等各个方面。能力是企业运作的基础，具备基础能力是企业进入某个行业的前提。以手机行业为例，研发、生产制造是大多数手机 OEM（原始设备制造商）所具有的通行能力，没有这些能力，就没有进入这个行业的资格。

在这个基础上我们需要讨论能力的第二个层次，即核心能力，指的是企业在某一领域所具有的能带来一定优势的关键能力。拥有核心能力的企业通常比竞争对手具有一定的时间领先优势。在手机行业，具有核心能力的是那些具有品牌营销能力，并且在研发上具有原创性的企业。根据 2024 年统计数据，全球手机市场占有率排名前五的企业中，除了三星和苹果，其他各家都是中国企业，包括小米、OPPO 等，这些企业无一例外都在某个特定领域拥有了领先于竞争对手的核心能力。例如，OPPO 在线下渠道拓展方面具有超过对手的核心能力，从而在强手如林的市场中占据着一定的地位。

能力的第三个层次，也就是最高层次，被称为核心竞争力，它是相对于竞争对手所具有的独特能力，能够为企业带来优越的市场地位和持续优势。核心竞争力通常是难以模仿的，并且成为企业在竞争中获胜的决定性因素。

苹果在手机行业具有明显的核心竞争力，包括产品设计和对供应链管理的独特掌控能力。这包括对芯片、屏幕、相机模块、电池和操作系统软件以及应用软件等重要部分的供应链的管理。

有一项指标可以让我们判断企业到底是具有基础能力、核心能力还是核心竞争力，那就是企业的获利状况。具备基础能力的企业，获得的利润通常低于行业平均水平，具有核心能力的企业通常会获得高于行业平均水平的利润，而具有核心竞争力的企业会享有行业的最高利润。

根据 Counterpoint Reasearch[○] 的数据，苹果手机长期占全球手机行业利润的 80% 以上，2024 年第三季度更是高达 85%，同期紧随其后的三星手机占总利润的 12%，国产手机品牌小米、OPPO、vivo 等合计利润占比仅为 3%。

○ 数据综合自 Counterpoint Reasearch。

任何一个行业都是类似的，当行业集中度很高，市场份额集中在少数头部企业的时候，意味着它们有更大的竞争优势，也能够享有更高的利润，而让它们获得这些竞争优势的核心，就是与其他企业不同的核心竞争力。

资源转为能力，能力塑造优势

有人会问，难道企业的战略选择都是依据现有的能力吗？如果现在没有基础的能力，却想进入某个战略领域，又该怎么做呢？在这个阶段，需要决策的是如何将资源转为能力，并且用能力塑造优势。

还是以陕鼓集团为例，在向服务模式转型的时候，它还是一个传统的制造企业，并没有面向未来的服务能力。要构建新的能力，必须从现有资源入手。陕鼓集团能够转化的资源正是在透平压缩机和能量回收透平装置领域的设计、研发制造和营销能力，以及广大的客户资源和供应商资源，还有已经建立起来的品牌和客户信任。

当它向服务模式转型的时候，需要塑造新的能力，就要将所有这些资源整合起来，无论是工程能力、设计和咨询能力，还是服务项目管理和运营能力，都是在此基础上生长出来的，这就是一个典型的将资源转化成能力的过程。不仅如此，在能力生成的过程中，还要让这些能力变得越来越突出，将其转化成相对于对手的优势，甚至是核心竞争力。

基于轻战略的战略管理，就是将捕获的市场机会和自身已经具有的资源匹配起来，并在此基础上不断地提升能力，最终形成核心能力的过程。进而如果能够在持续的战略演进中，不断地优化和提升核心能力，就有望将其打造成企业的核心竞争力。因此，机会的选择和能力的打造，应该成为一个持续的完整的闭环。

掌握以上战略决策的关键，将使企业的战略选择简单而易行，否则就容易陷入战略的迷思而不自知。

陕鼓集团两轮成功的战略转型，无疑都是抓住了企业的核心资源，那就是在透平压缩机和能量回收透平装置领域的深厚积累和客户信誉。最初向解决方案模式的转型，就是以在客户那里建立的信任作为基础，以产品和技术资源作为承载，不断提升能力，成就的工业服务乃至运营服务的辉煌。

在第二阶段的绿色转型中，陕鼓集团的分布式能源系统依据的依旧是自身在透平压缩机和能量回收透平装置领域的技术优势，以及在第一轮转型时形成的系统解决方案的设计和交付能力。这两种能力的组合，形成了改善客户能效这个核心能力，陕鼓集团再次将技术、客户和解决方案能力的资源，转化成了核心能力。

当前所处的巨变时代下，全球市场遭遇地缘政治冲击而被割裂，国内市场又逐渐饱和，下一步发展的新机遇在哪里？如何将自身在产品和解决方案方面积累的能力再次结合？这将是陕鼓集团未来战略转型的新课题。

随着 AGI 的快速发展，算力和能源将成为未来发展的基石和核心。中国正在大力发展的太阳能和风能等绿色能源，如何对其进行有效储存和使用，以平衡对电网的冲击成为重要话题。另外，如果能够通过高效地储能，平衡日间和夜晚的电价差，也就是利用晚间电价低时储存电能，然后在白天电价高时释放电能，做到削峰填谷，也将有巨大的产业空间。可见，储能将是能源产业发展的一个重要机遇。

陕鼓集团的透平压缩机技术和系统服务能力，可以在其中扮演重要角色。2023 年年底，全球首套 300 兆瓦压缩空气储能电站，在湖北应城并网发电成功。这一当时世界上单机功率最大、系统效率最高、储能规模最大的空气储能项目，核心设备是陕鼓集团的大型透平压缩机组。此后，各地新建的各种空气储能项目不断出现。在能源发展的新机遇下，陕鼓集团的未来战略又有了新的可能。

用一张图说清自己的战略

在战略设计方面，我有一个深刻的经验：任何企业的战略，无论其规模大小，无论其战略复杂程度怎样，如果用一张图说不清楚的，就不是一个好战略。

原因很简单，从战略的顶层设计角度出发，先要谈清楚这个战略和外部市场的关系,以及和内部资源的关系,而这些顶层的概念用大的逻辑是可以说清的,越是能用简单的语言、简单的图示和大的逻辑讲明白的事情才越可信,才能够进行有效的沟通。陷入细节和数据分析的战略陈述,不仅没有价值,而且很有可能是战略误导。

陕鼓集团的战略转型,归结起来就是这样一张图,被称为三大业务板块战略设计,见图4-1。

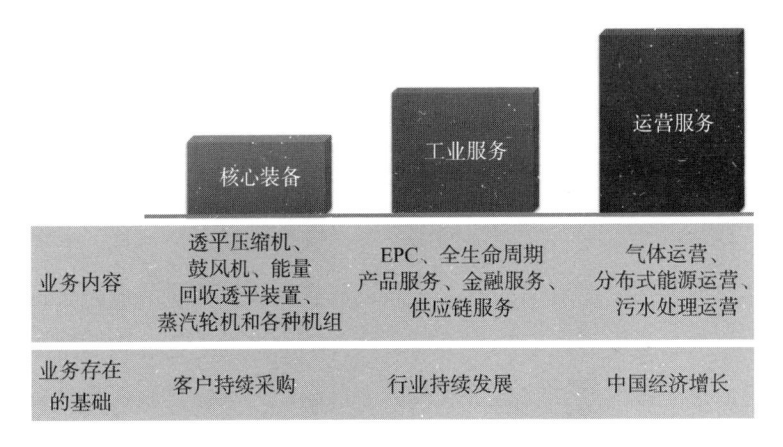

	核心装备	工业服务	运营服务
业务内容	透平压缩机、鼓风机、能量回收透平装置、蒸汽轮机和各种机组	EPC、全生命周期产品服务、金融服务、供应链服务	气体运营、分布式能源运营、污水处理运营
业务存在的基础	客户持续采购	行业持续发展	中国经济增长

图4-1　陕鼓集团三大业务板块战略设计

这张图的第一板块是核心装备,是陕鼓集团当时所擅长的所有的装备制造业务,包括透平压缩机、鼓风机、能量回收透平装置、蒸汽轮机和它们组合起来的各种机组等。

第二板块是工业服务,除了传统的EPC(工程总承包),还有新开发的创新业务——全生命周期产品服务,即设备销售之后的长期服务,——这个概念今天虽然已经被很多企业接受,但对僵化的头脑来说依旧是一个挑战。此外还有金融服务和供应链服务。

制造业的思考方式是围绕产品制造的：产品销售出去了，业务就算完成了。但是从服务业务的视角来看，产品销售出去，恰恰是服务业务的开始。对陕鼓集团这种制造大型装备的企业来说，服务业务往往会延续十年以上，其中的业务价值累积起来甚至大于装备制造的价值。这个业务包含关键零部件维修、产品维护巡检、控制系统更新升级，以及系统能耗管理。这些业务都是紧紧围绕设备和装备展开的，这正是"皮之不存，毛将焉附"的表现。

第三块业务为运营服务，也就是管理和运营最终的产品，包括气体运营、分布式能源运营和污水处理运营。例如，我们从电网购买随时可用的电力，而不需要购买发电机，电力公司提供的就是电力运营服务。对陕鼓集团生产的空气分离装置来说，这个最终产品就是工业气体，这是经过了装备制造和工程总承包之后，为客户交付产品的最终阶段。在陕鼓集团的能源互联岛方案中，更是对园区的冷、热、电、风、水、废进行综合管理，交付最终的运营结果。从生产设备产品，到管理这些设备制造的最终产品，这种转型对传统制造企业来说是个巨大挑战。

这三个业务板块是完全相关的业务发展模式，都是围绕陕鼓集团的透平压缩机和能量回收透平装置业务展开的。换句话说，透平压缩机和能量回收透平装置的技术是服务业务发展的基石。透平压缩机和能量回收透平装置的技术改进会不断支持服务业务的升级、扩大订单的规模。反过来,服务业务中所收集的客户一手信息,也会帮助产品提升质量、提高性能。这一闭环设计,形成了"皮"和"毛"之间的充分互动和持续滋养。

所以,在这样一个战略思维的逻辑中,装备业务和服务业务之间一定要形成一种互相激励的闭环,其运作模式才有可能持久,并且构建出足够高的竞争壁垒。而这正是帮助陕鼓集团三大业务板块战略不断推进并且取得成功的基础。

熨平产业周期

当年陕鼓集团进行三大板块业务战略设计的时候,还面临着一个重大的战略挑战:在经济高速波动的环境下,怎样熨平产业周期波动对企业的冲击?所有的上市公司都明白这一痛苦:投资者希望一个企业的经营是可以被预期的,但是企业面对的市场却往往有着巨大的波动和不确定性。

因为全球金融危机引发的经济危机,2009年陕鼓集团的订单锐减一半,可以说是断崖式下跌。陕鼓集团当时正计划在上海证券交易所上市,其敏锐地意识到时代变了。单纯依靠制造业务,并且通过募投资金去强化制造能力的最初计划,在这样一个产业形势巨幅波动,同时产能也逐渐饱和的环境下,绝对不再是明智之选。考虑到正在进行的向服务和解决方案转型的方向，我们该如何应对？这时我提出了熨平业务周期的三个波形的理论，见图 4-2。

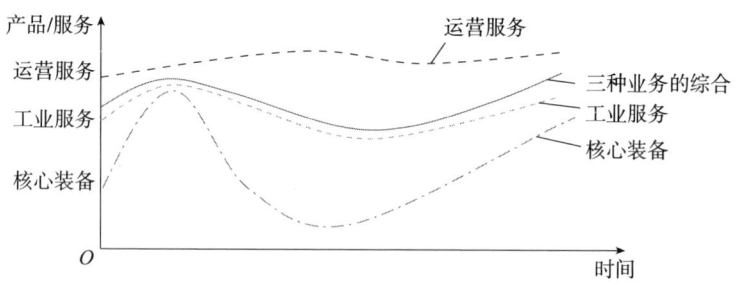

图 4-2　熨平业务周期的三个波形的理论

对于核心装备销售，我们的生存维系于几百家客户：它们购买设备我们就活下来；他们缩减预算，甚至倒闭，我们就和它们一样遭受厄运。这是一条波动剧烈的曲线。

但是如果我们为这些装备提供后续的工业服务，尤其是全生命周期产品服务，只要这些企业还在运行，即便不再购买装备，我们的服务收入依旧是可以持续不断的，所以工业服务业务相比设备销售要更加持久稳定，这在一定程度上可以对冲装备销售波动带来的风险。工业服务的命运是押注这些企业不会垮掉，只要企业存续，行业继续发展，工业服务需求就会持续存在。这是一条相对平缓的曲线。

如果更进一步，我们用压缩机空分装置来生产和销售工业气体这种必不可少的基础工业品，并且和冶金行业、化工行业甚至医院系统的最终客户签订长期合同，那我们押注的就是宏观市场。这些气体总会有销路，而且中国整体经济的波动一定比某几个部分产业的波动要更加稳定。所以运营业务是一条更加平缓的曲线。

这样三种业务综合起来就会形成一个非常好的周期熨平机制。同时我们也能看到，工业服务和运营服务的市场空间和增长潜力，是远远大于"卖一台少一台"的核心装备销售的。

这个理论一经提出，陕鼓集团就获得了投资者的一致认可和超额募资。这个理论不仅讲对了方向，也让后续陕鼓集团的转型有了一个正确的切入角度。2021年我在陕鼓集团任外部董事的时候，又遇到了当年的老同事们。大家回顾这十几年陕鼓集团转型的历程，其中不变的就是基本的三大业务板块的逻辑。陕鼓人靠着持续坚韧的执行，把当年设计的战略模式做出了实际的成果，而且做得非常出色。

从图4-3[一]能看出，陕鼓集团自开启战略转型后的十年间，经过持续不断的努力，其业务构成和利润来源已经发生了结构性的变化，核心装备板块（又称能量转换设备）的收入占比逐步下降，而运营服务的收入和利润占比持续增加。今天的陕鼓集团，已经是一个制造业和服务业完美结合的新型企业，其业务的韧性和发展的持续性，已经和过去完全不同。

[一] 图4-3的数据基于对陕鼓动力公开信息的分析。陕鼓动力是陕鼓集团控股的上市企业和核心资产，其业务构成在陕鼓集团中具有代表性。

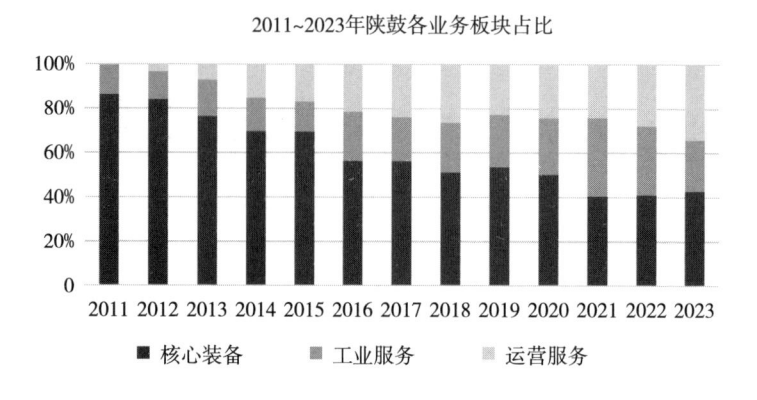

2011~2023年陕鼓各业务板块占比

公司各业务板块毛利率

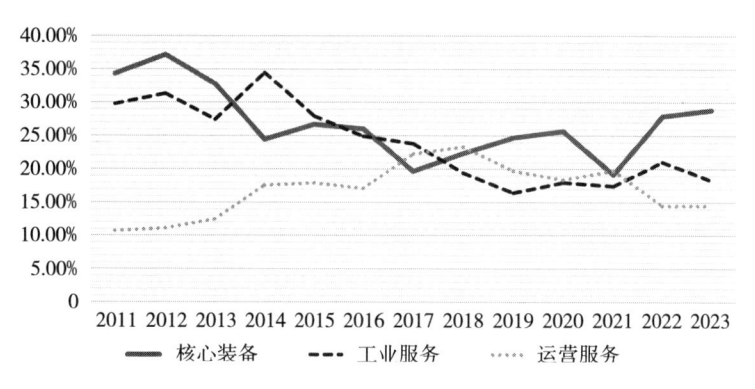

图 4-3　陕鼓集团业务构成和利润来源的结构性改变

服务创新的新模式

陕鼓集团的战略转型，从根本上说是走了一条高质量发展的道路，也就是从单纯的机械制造业走向了高附加值的服务产业和智能产业。今天的服务产业的核心在于技术、知识和信息化的融合，本质上属于高附加值业务。

根据中欧国际工商学院盛松成教授的研究，2024年5月，美国服务业也就是第三产业在GDP中的占比高达81.6%，而生产性服务业也就是与制造业相关的全社会服务产值占整个GDP的47.7%。2023年，中国第三产业增长值占GDP的比重是54.6%，而生产性服务业的占比是31.4%，这与15年前相比已经发生了很大的提升，但是具体到企业微观层面，差距还是很明显的。

以手机行业为例，苹果公司2023年的3832亿美元营收中，有852亿美元来自服务业，占总营收的22%，其中包括Apple TV、iCloud云存储服务、Apple fitness健身课程服务、Apple music音乐流媒体、App Store应用商店等。小米公司2023年全球销量排名第三，营业收入2710亿元人民币，服务业务301亿元，在其总收入中占比约为11%。[一]

有人会说，服务业务真的那么重要吗？做好核心制造业难道不可以吗？从战略上讲，服务业务对企业持续经营和稳定增长的意义非同小可，简单讲有三个重大的战略价值。

第一，就是我们前文谈到的业务周期的三个波形理论。服务业务具有对抗经济波动的明显特征，我们称其为弱周期特性。无论从苹果公司还是小米公司的业务发展都能看到，虽然过去几年手机销量时常波动，但是服务业务的增长稳定。陕鼓集团和众多装备制造型企业的服务发展历程也印证了这一点，

[一] 数据来源于苹果公司和小米公司2023年公司年报。

服务业务对企业稳定经营的价值不言而喻。

第二，服务业务具有持续的强客户黏性。在企业经营中，随着强大的生态整合者的出现，例如各种平台、集成商、总承包商的出现，很多设备供应商会逐渐脱离与最终客户的接触，这种趋势发展下去将是灾难性的。因为企业一旦不能准确了解客户的需求，获得客户对产品的真实反馈，其产品的改进和创新以及其与客户的关系一定会被逐步弱化，沦为他人的代工者。这对希望在战略上占据主动的企业来说，绝对不是好消息。与客户直接握手的服务业务，可以强有力地弥补这一短板。

第三，服务业务具有巨大的产业纵深度和发展潜力。即便今天中国的制造业发展得很充分，但是与制造业相关的服务业还有可挖掘的巨大潜力。这对中国制造企业来说，不失为一个战略方向。尤其是当整个产业进入产能饱和，甚至产能过剩的情况时，与其过度关注细微的产品改进，甚至陷入价格混战，不如仔细研究如何从当前的产品和技术出发，寻找服务业务上的突破，让自身的业务更有韧性和持续增长性。

服务创新矩阵

发展生产性服务业，即与自身制造业务相关的服务业，是在巨变的时代里应对环境变化以及经济波动的最有效的手段之一。我将制造业向服务业转型的经验，总结成了这个服务创新矩阵（见图4-4），根据这张矩阵图就能找到企业从自身的核心产品和技术向两个方向出发进行服务业创新的具体路径。

	价值链		价值网络
AI融合	基于AI的新功能服务 特斯拉	基于AI的系统融合服务 三一重工	基于AI的运营平台服务 抖音
产品技术	产品生命周期服务 陕鼓	解决方案集成服务 华为	外包和运营服务 中化环境
	售后服务 很多企业	系统集成服务 浪潮集团	协作网络服务 极兔速递

技术创新的复杂度 ↑

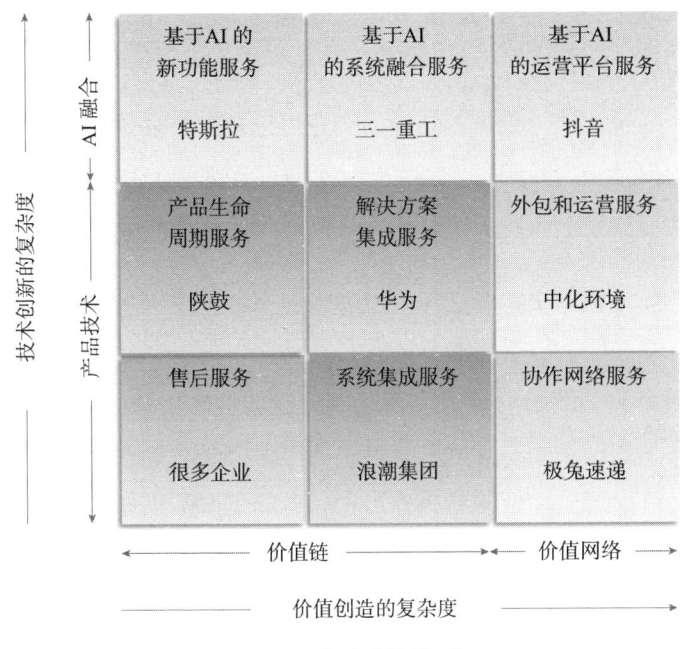

价值创造的复杂度 →

图 4-4　服务创新矩阵

服务创新矩阵图由两个坐标系构成，横坐标显示的是价值创造的复杂度，属于市场和客户维度。借助这一维度，我们可以洞察到客户没有被满足的需求，这些需求可能存在于产品使用的客户端价值链里，或者是客户所存在的价值网络里，也就是今天我们所谓的生态系统。通过挖掘这其中没有被满足的价值，我们可以找到服务创新需求方面的缝隙。

同时我们可以从另外一个维度，也就是纵坐标显示的技术创新的复杂度来看，通过提升产品的创新层次，找到新的产品和服务的种类，在技术升级这个角度，最终要实现产品和 AI 等信息技术的融合。这样的例子非常多，现在几乎所有的硬件产品都会和软件以及 AI 结合起来，并且开发出新的服务形式。

通过这两个维度的拓展，企业可以提升产品价值、价值链价值以及平台价值。图 4-4 展示了服务创新矩阵中的具体操作方式，从左下向右上按服务业务展开的难易程度编排。

在这幅图中，处于左下角的售后服务是指安装、调试和免费维修的服务，这些服务通常是产品交付的一部分，不能给客户和企业创造新的价值，因此以免费的形式出现。更进一步，很多企业都希望尽量减少这类不能增值的售后服务，而将重点放在可以产生增值的新服务当中，也就是服务创新矩阵中的其他八种创新服务。

1. 系统集成服务，是指从关注产品延伸到关注客户的价值链，分析产品在客户价值链中是如何创造价值的，找到没有被满足的客户需求，也就是价值链上的价值缝隙，然后围绕自身的核心产品提供系统价值。其关键在于帮助客户优化价值链，提升价值链效率。

最为典型的服务方式就是为客户提供系统集成，也就是按照系统配置最优的方式，围绕自身产品给客户提供一个打包的方案，这个方案的核心是效率提升。例如，浪潮集团为数据中心建设提供服务器、存储设备整合和网络设备布局的集成方案，并负责方案实施。

2. 产品生命周期服务，同样是围绕核心产品展开，但是要提升产品在生命周期中的价值，这可以通过增加可用价值以及优化和提升自身产品效率来实现服务的不断升级。

例如，陕鼓集团的全生命周期产品服务包含产品维修、维护保养、提供零备件、远程监测和预防性维护等。

3. 解决方案集成服务与系统集成服务完全不同，它从理解和探寻客户的需求开始，着眼于为客户创造额外的商业价值和技术价值，它的核心是价值创造和知识增值。打个比方，解决方案集成服务就像是医院的医生诊断病情并开处方，而系统集成服务就像拿着处方去药店里抓药，哪一个价值更大呢？当然是知识密集型的解决方案集成服务，这种基于知识的增值更具有市场价值。

例如，华为为企业提供数字化转型咨询服务和整体解决方案，对企业的业务流程、组织架构和信息系统进行全面的诊断和分析，然后根据企业的具体情况制定个性化的数字化转型方案。

4. 协作网络服务，是跳出客户的价值链，进入其所在的价值网络（即生态系统）。该服务要求分析在客户的生态系统中，各个生态参与者彼此之间有什么样的需求，从我们服务客户的强项入手，然后将具有优势的服务提供给生态参与者。

例如，成功出海的OPPO手机，在印度尼西亚获得了领先的市场地位，其发现当地的物流体系非常落后，于是创立极兔速递，进行手机和其他电子产品的快递配送。这就是看到了手机生态系统中的缝隙和机会而进行的服务业务创新。

5. 外包和运营服务，是指理解客户价值网络的各个要素，通过技术的提升和融合，提高运营价值，甚至提供全生命周期运营的服务。

中化环境受客户委托，对已建成的工业污水处理设施或危险废物处理中心进行日常管理和维护，确保设施稳定运行并达到预定的处理效果。在这种委托运营模式下，中化环境负责人员培训、设备保养、工艺优化等核心环节，以保证系统的高效运作。这种模式下，运营服务商为客户出售的不再是产品或服务，而是产品或者服务的成果。

6. 基于 AI 的新功能服务，是指在现有产品和技术中完整地融入信息技术和人工智能的元素，提升产品和客户服务的价值。

典型的例子是特斯拉的 OTA 服务，其完美诠释了软件定义汽车，通过远程软件更新实现电动汽车功能升级服务。

7. 基于 AI 的系统融合服务，是指通过与 AI 的融合，释放系统的力量，催生出巨大的产业机会。系统融合服务将对系统的成本降低和价值提升做出巨大的贡献。

到 2023 年年底，全球共有 153 家 "灯塔工厂"，这些工厂由达沃斯世界经济论坛和麦肯锡公司遴选，被誉为世界上最先进的工厂，其中中国有 62 家，在全世界首屈一指。这些 "灯塔工厂" 的首要特征，就是智能化与自动化，尤其是利用机器人、自动化生产线和智能物流系统等先进技术，实现生产过程的高度自动化；同时它们又是数字化与互联的，大量使用工业互联网、物联网技术连接设备和系统，实现数据的实时采集与传输；此外，它们运用数据驱动决策，通过实时监测设备状态、生产进度、质量参数等关键指标，基于数据分析进行预测性维护和流程优化，并且利用人工智能和机器学习算法，提高决策的准确性和效率。三一重工北京桩机工厂是全球重工行业的首家"灯塔工厂"，该工厂利用重载机器人和其他自动化设备，实现了高度的自动化生产，2020年该工厂人均产值达到了惊人的1072.8万元人民币，体现了高度自动化的生产模式带来的显著效益。

8.基于AI的运营平台服务，这是提供服务的最高阶段。处于这个阶段的企业将成为数智融合的先驱，成为处于产业链最高端的平台级企业。当前很多处于这个阶段的中国企业正居行业潮头。

例如，字节跳动旗下的抖音App通过算法，将内容推荐给有兴趣的目标受众，同时打造了一个千万创作者参与的平台，并且逐渐将商品交易融入其中，构成了对传统电商业务的巨大颠覆。可以想见，各行各业将来都会出现这种整合性的龙头企业。汽车业竞争的终点，便是人工智能生产平台和车辆制造的完美融合，谁都知道，在这个因为信息统治力而造成的赢者通吃的时代，只有掌握了基于人工智能的运营平台的企业才能够笑到最后。

布局服务业务

图 4-5 和表 4-2，展示了陕鼓集团在两次战略转型时所进行的服务创新布局，在八种创新模式范畴内，陕鼓集团在第一次转型中已经开发出五种服务模式组合，这为它在未来的服务转型中顺利成长奠定了基础。在第二次转型中，陕鼓集团已经实现了八种服务创新模式的全覆盖，这不仅是服务内容的扩充，更是服务质量和深度的进阶。

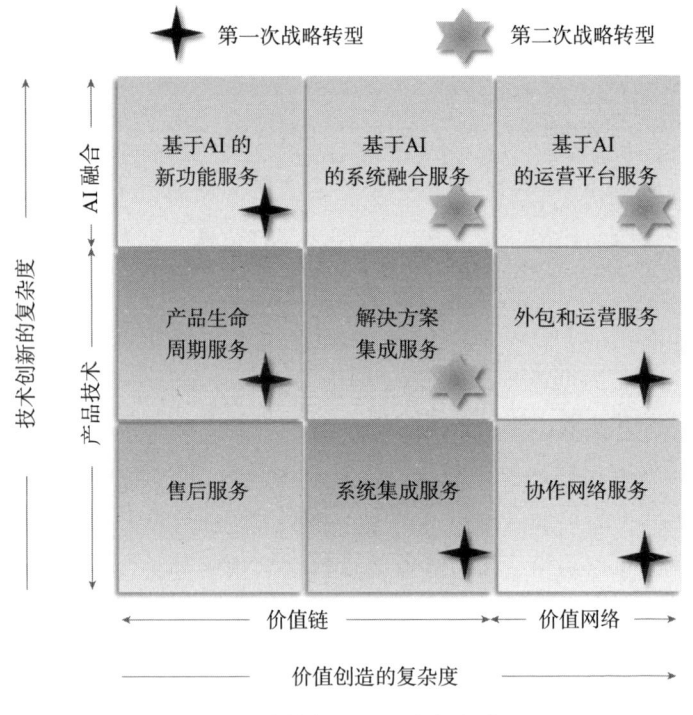

图 4-5　陕鼓集团的服务创新布局

表 4-2　陕鼓集团的服务创新布局

服务创新模式	第一次转型的选择	第二次转型的选择
系统集成服务	工程总承包	工程总承包
产品生命周期服务	系统维护、备件零库存等	系统维护、备件零库存等
协作网络服务	融资和租赁	融资和租赁服务、产业基金、产业增值链
解决方案集成服务		系统解决方案的安全、高效、长周期、低成本运行设计
外包和运营服务	气体工厂运营	气体工厂运营、热电/新能源工厂运营、水务运营
基于 AI 的新功能服务	设备的远程在线诊断	设备的远程在线诊断和预防性维护、服务智能化
基于 AI 的系统融合服务		机组和系统远程控制和能效优化
基于 AI 的运营平台服务		能源互联岛运营

对今天的大多数企业来说，进行服务业务创新和布局的难度，其实要小于从核心业务中裂变出新产品或者新市场的难度。原因很简单，服务业务首先是从原有的产品服务中扩展出去的，它是有基础业务作为承载的，而进行一个新的产品开发，往往要冒很大的风险，产品、技术和服务都存在更大的不确定性。

但是服务业务的八条创新路径其难度各不相同，需要有层次地进行布局和设计（见图 4-6）。

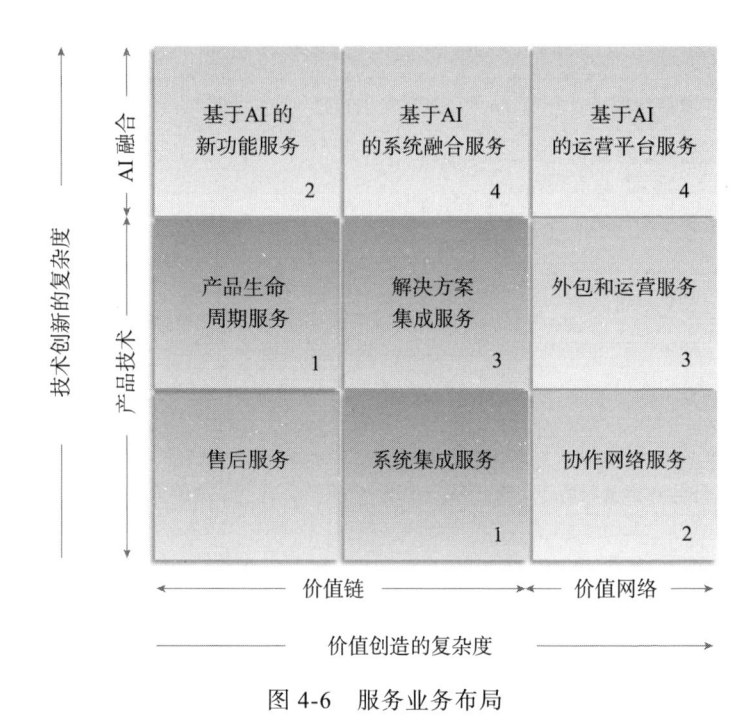

	价值链		价值网络
AI融合	基于AI的新功能服务 2	基于AI的系统融合服务 4	基于AI的运营平台服务 4
产品技术	产品生命周期服务 1	解决方案集成服务 3	外包和运营服务 3
	售后服务	系统集成服务 1	协作网络服务 2

纵轴：技术创新的复杂度　横轴：价值创造的复杂度

图 4-6　服务业务布局

1.第一阶段，是产品生命周期服务和系统集成服务。从图 4-6 可以看到，它们距离原有的产品最近。产品生命周期服务是对原有产品功能的延展，所以它是可以自然产生的，尤其是对生产各种设备和装备的企业来说，这个业务属于自然拓展。而且这些业务带来的现金流和潜在利润是非常可观的。这往往是我给咨询服务项目客户的第一个直接建议。

系统集成服务不见得所有公司都愿意尝试，因为它需要整合不同的产品，包括其他公司的产品，服务交付也和产品的交付方式不太一样。但是如果市场和客户有这个需求，提供这样的业务也是很顺理成章的，而且可以依托原有的产品优势将这个业务顺利地推出去。

2. 第二阶段，是基于 AI 的新功能服务和协作网络服务。数字技术和人工智能技术与原有产品的结合，在今天几乎是每个企业都会考虑的。既然技术上具有顺势而为的可行性，它自然成为企业讨论服务业务的必然之选。

协作网络服务更多取决于企业能否将自己开发的某种服务，分享给整个生态系统。例如我们前面提到的 OPPO 手机衍生出来的极兔速递业务，就是这样一种方式。

3. 第三阶段，才可以考虑解决方案集成服务以及外包和运营服务。因为这两块服务提供的是价值，而非前两阶段的效率优先。在价值创造方面要依托企业所具有的知识储备，将知识转化成产品。例如，IBM 公司和华为公司都能够给客户提供基于业务和技术的咨询方案，并且在这个基础上提供方案的落地实施，这完全是知识化的服务模式。而外包和运营服务更是如此，它需要对客户的运营流程有深厚的知识储备，才能够产生运营的成果。

4. 第四阶段，基于 AI 的系统融合服务和基于 AI 的运营平台服务，其既是高附加值的业务，同时提供这些服务也要系统化地整合数字技术。如果没有前三个阶段的服务基础的话，做好这个阶段的服务是很难的，我的一些客户曾经尝试过"大跃进式"地进入这个领域，结果发现基础不牢，最后以失败告终。

在今天，对于很多技术创新类的企业，服务业务创新是很好的业务补充，将服务产业的布局作为创造竞技场的重要手段，是一个重要的战略选项。在这个领域，服务创新矩阵可以为有志于此的企业提供参考和路线图。

思考题

1. 未来三年，我们最重要的三个机会是什么？
2. 面对新机遇，我们可以依赖的核心能力或者关键资源是什么？
3. 在服务创新领域，我们有可以开创的新布局吗？
4. 我们如何通过战略机遇的选择，提升我们的战略效能？

CHAPTER 5 第五章

明确意图——价值的因果

对于变化的洞察和机会的选择,有助于我们重新审视企业的使命和价值观,以及我们的业务本质。

企业的存在,在于为客户和市场创造价值,并在此基础上实现企业的愿景。对于愿景的阶段性陈述就是战略目标。这三者(客户价值主张、企业愿景、战略目标)构成了战略意图的三个层次。

明确客户价值主张,是提升战略效能的关键。

业务本质

当我们明确了选择什么样的市场、什么样的客户,甚至在什么样的新的竞技场经营之后，下一个问题自然会浮现，那就是我们应该做什么，并且做成什么样子是可以接受的。这些问题就是轻战略第二步"明确意图"的核心，它关乎做什么（客户价值主张）、做成什么（企业愿景），以及怎样衡量成果（战略目标）。但是在回答这一切看似表象的问题之前，需要有一个更具洞察力的讨论：我们到底是做什么的？这就关乎企业的业务本质。

在战略意图的三个层次里面，最重要的是客户价值主张，也就是我们要为客户带来什么。很多人搞不清楚客户价值和企业愿景的因果关系，搞不清楚到底是我们先有想做成什么的愿景，再去决定做什么，还是我们先去创造客户价值，再看我们到底能够做成什么样。

这种混乱的现象在企业界的战略实践中非常普遍。很多企业讨论战略的起点，就是企业愿景和战略目标，并且把目标驱动当成战略制定的默认原则。但实际上这恰恰令很多战略讨论陷入死局。

如果我们相信企业的生存是以创造客户价值为根本，那么企业的战略就应该从为客户带来什么样的价值（客户价值主张）开始，然后才会有企业愿景的实现，这就是一个正常的因果关系。如果将愿景放在前面，客户价值放在后面，就是颠倒了因果关系，让战略成为满足自己愿景和意愿的工具，在执行过程中就一定会出问题。

客户价值主张往往和企业愿景联系在一起，这一切需要从一个更根本的问题开始，那就是我们到底是做什么的，我们的业务本质是什么。

关于业务本质的讨论，是所有客户价值主张、愿景和战略目标的基础。

可能很多人听说过这个故事。在欧洲的一个国家，有一座教堂正在修建之中。一天，有人分别问工地上的三个石匠在做什么。

第一个石匠回答说："我是一个石匠，我每天的工作就是凿石头，把它们变成合适的形状，用于建造教堂。"第二个石匠说："我在建设一座漂亮的教堂，这座教堂将会是这个地区的标志性建筑，人们会来这里祈祷和敬拜。"第三个石匠则充满激情地说："我在修建神的殿堂，这是一项神圣的工作。每一块石头、每一次敲击，都是为了荣耀上帝，为了给人们提供一个与神灵沟通的地方。"

这三个石匠对自己工作的理解截然不同。第一个石匠只把自己的工作看作一种谋生的手段，他关注的是眼前的任务和技术。第二个石匠看到了建筑的美观和实用性，他认为自己在参与建造一个重要的场所。而第三个石匠则赋予了工作更深层次的意义，他认为自己在为神圣的使命而工作，他的工作不仅仅是建造一座建筑，更是在为人们的精神需求提供一个寄托之所。

这个故事不仅是在告诉我们发现工作的意义，更引导我们要通过表象看到工作的本质，由于对本质的理解不同，我们的视角和视野自然也就不同。

我在陕鼓集团负责战略工作的时候，也曾就业务本质的问题发起过多次讨论，一次一位客户的反馈和建议给了我很大的启发，他认为，陕鼓集团的事业和能量的系统转换有关。的确，对于一般机械制造业的从业者，制造设备就如同第一个石匠所说的，仅仅是制造一个产品。但是深入本质会发现，陕鼓集团的透平压缩机和能量回收透平装置可不简单，不同于一般的机械设备仅提供动力源，透平压缩机将电能转化成气体的压力能，而能量回收透平装置将余热和余压重新回收转化成电能或者下一级能源的驱动系统。

所以在本质上，陕鼓集团做的是能量转换。当有了这样一个对业务本质的新的理解，你会突然发现陕鼓集团业务的空间和内涵发生了质的飞跃。

我们除了关注自身的机械设备，还要关注如何提供更好的能量转换系统。从能量转换系统的角度来看，所有与之相关的设备都应该在考察和工作范围之内，无论是电动机、控制装置，还是做能量回收的蒸汽轮机、电网系统，都应成为能量转换系统中不可缺少的一环。因此，视角自然就从机械装置扩大到了整个系统，提供系统解决方案自然成为题中之义。

更进一步去思考业务本质，就会想到陕鼓集团既然做能量转换，能量转换的效率自然就是关键。帮助客户提升能量转换的效率，进而成为在能效、排放、绿色方面的领先者，也是陕鼓集团的追求方向。于是，绿色环保和节能自然就成为陕鼓集团的另一个业务本质。

对这些业务本质的洞察，直接促成了陕鼓集团确立高效、节能、环保和可持续的价值主张，而且经过自身的实践，证实了这些价值主张是完全真实的。

- 高效：陕鼓集团的核心装备在全球同行中是效率最高的。
- 节能：截至 2024 年 12 月，陕鼓集团的能量回收透平装置遍布众多行业，能量回收及输出总功率为 2500 万千瓦，是三峡工程总装机容量的 110%[一]。
- 环保：2022 年，陕鼓集团生产基地的每万元产值能耗仅为 3.71 千克，是全球同行中最低的。
- 可持续：能源互联岛方案，采用综合能源优化方案，实现综合能源多级利用和可持续发展。

对业务本质的洞察，帮助陕鼓集团完成了两次关键的转型，也就是从机械设备制造商到服务和解决方案的提供者，再到绿色智能的系统解决方案的提供者的角色转变。如今，陕鼓集团的企业使命也被定义为"为人类文明创造智慧绿色能源"。

[一] 三峡工程的装机容量为 2250 万千瓦，是世界上最大的水力发电站之一，年发电量约为 1000 亿千瓦时。

同样的事情发生在汽车业。汽车的本质到底是什么？一般人会认为它是出行工具，将人或物从这个点运到那个点。吉利汽车董事长李书福早些年曾经将汽车简化为"两个沙发加四个轮子"，这一表述体现了他要挑战汽车制造业的雄心壮志，同时他也用这种简化比喻激发团队的信心。但是这一简化比喻仍然是从制造业的角度入手的，它可以导出制造环节里面的成本节约，就如同马斯克的第一性原理一样。

随后，很多汽车制造商将汽车的本质定义为"第四空间"，也就是除家庭（第一空间）、办公场所（第二空间）、咖啡馆（第三空间）之外的第四空间。

例如，创始于中国南京的拜腾汽车，就特别在其 M-Byte 车型的宣传中，强调了"第四空间"的概念，其将车内环境设计成一个高度个性化的数字生活空间，配备大屏幕和其他智能互联功能，如智能语音助手等，将车内打造成一个多功能的生活空间。"第四空间"的概念无疑给电动化和智能化的汽车业带来了新的想象空间，同时也为擅长汽车电子化的企业巨头们开辟了新的市场通道。

在我所从事的企业顾问工作中，当有客户向我询问如何进行使命和愿景设计的时候，我往往会反问他们一个问题：请问你们的业务本质是什么？这一问题所引发的深度思考和讨论，就像上面所举的机械制造业和汽车业的例子一样，会让企业处于完全不同的思维层面，并且塑造出全然不同的客户价值主张和企业愿景。元气森林就是其中一个特别有趣的例子。

元气森林的故事

这些年,元气森林作为传统饮料行业的挑战者横空出世,它的创业过程和到目前取得的阶段性成功,非常符合轻战略六步法的洞察变化的完整逻辑,即识别机会,再利用自身优势创造新的竞技场。我们不妨先回顾一下元气森林的创业故事。

元气森林的创始人唐彬森,是一个货真价实的80后。这家公司的员工大多是20多岁的年轻人,比他还年轻,于是大家都称他为老唐。老唐早年做网络游戏的出海业务,《开心农场》就是他旗下公司开发的一款网游,曾经火爆全球20多个国家,覆盖5亿多用户。在游戏行业大获成功之后,他希望进入一个更有益大众的行业。

战略闭环

经过深入研究,唐彬森选中了饮料行业。我曾经问过老唐,他为什么选饮料行业作为自己创新的下一站。

他说,首先饮料行业市场庞大,只要有人就需要饮料,这是一个不会消失的行业。

其次,他发现中国的饮料行业被少数巨头所把持,例如可口可乐,其代表产品是含高糖分的碳酸饮料,这显然不够健康。作为年轻一代的他敏锐地发觉这里有一个巨大的市场变量：随着中国社会的发展和生活水平的提高，更加健康的饮料一定更有市场，在国外逐渐兴起的代糖饮料给了他很大启发。他认为追求健康将是饮料市场的一个巨大机遇。

再次，新生代对新品牌充满了渴望，无论是可口可乐还是农夫山泉，这类中国饮料行业的霸主，都代表着老一代的品牌认知，而新生代渴望有属于自己的品牌。而且新一代年轻人对国货品牌有着更强烈的认同感，所以如果能够建立一个属于他们的本土品牌，就能把握住这一新机会和未来趋势。于是老唐决定不走寻常路，专注于服务未来发展趋势的健康饮品和服务年轻人的饮料市场。

发现这样的机会之后，老唐团队可以依靠的资源和优势是什么？老唐当年的游戏团队几乎完整地加入他的饮料团队当中，这个曾经打造过《开心农场》爆款游戏产品的团队，具有的最强的优势和核心能力是洞察客户需求与做好产品开发。虽然行业不同，但是强烈的用户思维和极致的产品思维已经刻在了团队的骨子里，这是他们进入新市场时自带的资源和优势。

当时的咨询公司给老唐提出了与可口可乐对标的低价产品策略，老唐对此很不满，他觉得中国的消费者有消费潜力，而且中国消费者值得拥有更好的产品。就是这一句响当当的市场判断，让他决定起用自己的软件产品团队，按照开发极致产品的逻辑，开发一个爆款产品，这就是后来一炮而红的元气森林气泡水。因为运用了健康的原料，以及追求极致的口味和外观设计，这款产品在市场的零售价需要高达 6 元才能覆盖成本。但是优质的产品最终获得了市场的积极反馈。元气森林深挖了团队自带的强大产品开发能力，并且将这一能力从游戏行业转移到了饮料行业，最终获得了市场的认可。

此时，唐彬森和他的团队已经借助"0 糖""0 脂""0 卡"的健康理念，开辟出一个新的竞技场。这个健康理念也开始引爆整个市场，仿效者们、竞争者们开始纷纷模仿他们的产品策略。

这时老唐团队面临一个重要的决策，他们需要创造匹配未来发展的新优势。在创业之初，元气森林的饮料生产靠代工，但屡遭受制于人的痛苦。这促使他们开始利用自身在资本圈的优势，筹集资金建造自己的罐装厂，让产能和产量更加稳定。元气森林的自建工厂全部采用成本更高的无菌碳酸生产线，从而创造了关键优势，即供应链优势和产品品质优势。同时，从 2021 年开始，他们从互联网营销这一优势领域下探到线下分销领域，通过线下网络的构建和贩卖机的构建，打造新的线下网络优势。

至此，我们已经看到元气森林创业之初的战略思维，完整演绎了轻战略闭环：从对新机会的洞察到借用自身优势的创业起飞，再到在新竞技场中对新优势和新能力的重新打造。

2019 年，元气森林的销售收入从上一年的不到 3 亿元增长到超过 8 亿元，而 2020 年则突破了 20 亿元，实现了惊人的增长。此时的元气森林已经经历了 5 年的快速发展期，和所有高速成长的企业一样，充满活力但略显混乱。企业在高速增长，人才济济一堂，唐彬森曾设定的企业使命需要重新凝聚共识。2022 年年初，元气森林的一位高管找到我，希望我能为企业高速成长的业务提供帮助，梳理客户价值主张、企业愿景和企业战略目标。

饮料的业务本质

元气森林有一个很专业的战略研究和产品团队，初步接触，我就将这个核心问题提给了他们：元气森林的业务本质到底是什么？

从产品角度，团队很快讨论出了一个敏锐的洞察：饮料的业务本质要围绕人性的基本需求展开。例如，人们追求快乐，同时想克服焦虑，所以会通过食用脂肪、可可等来追求快乐，或者通过摄入糖、咖啡因、酒精来克服焦虑，这些行为会刺激大脑的多个区域，帮助分泌多巴胺、内源性大麻素、内啡肽等。

同时，我们还要关注环境的变化，包括自然环境和社会环境的变化。当变化的环境加在不变的人性之上，需求会呈现新的推动力。这意味着尽管人们的基本需求和欲望保持不变，但外部环境的变化会影响这些需求的满足方式，以及饮料企业业务的运作方式。

随着讨论的深入，饮料行业的三种业务本质逐渐浮现出来。

第一种，满足人类的基本生理需求。在这一领域已经有很多巨头占据了市场，例如，农夫山泉的广告语已经让很多人耳熟能详，"我们不生产水，我们只是大自然的搬运工"，主打天然。日本企业三得利也提出了"与水共生"的企业理念。

但即便如此，对于水的基本需求，依旧有很多方面没有被满足。例如人们需要更优品质的水产品来替代普通的水，或者让饮用水这件事变得更加便捷，例如用大包装水来替代传统的白开水。

第二种，带来快乐，包括减少焦虑。实际上，市场上提供的各种含有糖分的饮料，无论是果汁还是奶茶，都是抓住了含糖饮料能够带来多巴胺分泌的客户需要，但是含糖饮料所带来的健康隐患也是显而易见的，在产生快乐的同时也会产生对于肥胖的焦虑。如何在追求快乐的时候降低欲望带来的额外负担？元气森林推出的0糖0脂气泡水，就成功地缓解了这一焦虑。那么，进一步对糖脂等成分进行替代，会成为让人们追求快乐时减少身心焦虑的另一个重大探索方向。

第三种，增益健康。在功能饮料方面，元气森林也是做得很早的，例如早期推出的燃茶。我本人就是通过对燃茶的品尝产生了对元气森林的喜爱，那种天然的茶叶原料所产生的自然口感，不是其他的代茶饮料可以比的。除此之外，日韩等国的功能性饮料也给了元气森林很大启发，如日本的益生菌饮料，还有韩国的红参浓缩液，在养生文化逐渐下沉到年轻一代的新背景下，各种带有中药元素的功能性饮料会在未来形成消费趋势。

清楚地洞察业务本质，可以帮助企业明确自身的使命，有时候也可以帮它们校准自身的使命。

唐彬森本人对企业使命和愿景极其着迷，他很早的时候就提出要将元气森林打造成一个"三爱组织"：一群有爱的人在一个有爱的组织中做出有爱的产品。这个独特的使命陈述虽然感人，但从使命的表达方式来说并不规范。我理解他的初衷，他希望企业充满爱，组织充满爱，产品充满爱。

在第一次研讨会上，我帮元气森林重新诠释了"三爱组织"：一个充满热爱的团队，在一个互相关爱的组织中，创造出被客户喜爱的产品。这一新的诠释赢得了大家的掌声，让他们把"爱"的内涵界定得更加清晰。但我知道，这还不是元气森林企业使命的最终答案。

研讨会结束以后，我回到酒店休息，虽然脱离了研讨的场域，但是感觉依旧与这个卓尔不群的团队联系在一起。那是一个阳光明媚的早晨，我透过玻璃看向窗外的蓝天，忽然灵感涌现，我确信我找到了元气森林真正的企业使命，或者说是这个企业使命闯进了我的头脑："用好产品爱这个世界——Love the World with the Goods。"我把这段信息发给了唐彬森，他也兴奋不已，表达了内心强烈的共鸣。直到今天，这依旧是元气森林的企业使命陈述,它的愿景也陈述为:"整合全球资源,为全球用户创造有爱的好产品"。

在 2022 年推出的纤茶系列产品中,元气森林发布了首款无糖无咖啡因的植物茶饮,他们的广告宣传是这样的:"纤茶无糖无咖啡因,药食同源的汉方养生茶。"这种健康的功能性饮料,为元气森林打开了一个新的增长空间。上市之后,该产品连续 8 周蝉联天猫无糖茶饮榜单第一名。

元气森林的另一款功能性饮料是外星人电解质水。第一次品尝这款电解质水,是在这款产品的内测现场,我瞬间就被它的外观设计和创意迷住了。而这款产品的真正热销是在新冠疫情期间,人体修复健康需要大量电解质水的帮助。在那期间,外星人电解质水卖断了货。上市仅一年,外星人电解质水就成为元气森林集团旗下增速排名第二快的明星品牌,而且稳居电商功能饮料类目的第一名。

元气森林因为有着清楚的企业使命,也有着对业务本质的深刻认知,所以形成了独特的客户价值主张,它知道要做什么,不做什么。在此基础上再去规划未来的业务发展路线、业务的规模目标等,就顺理成章不会偏离。

从价值主张到实现自身的业务目标,把握准确这一因果关系,企业在战略意图上就不会迷失。

价值创造的因与果

这些年企业界的起伏跌宕，让更多人开始将创造客户价值作为首要目标，将服务客户放在企业获利之前。只有服务好客户，才会有企业的未来，这一理念正在被更多人认同和推行。

胖东来们的另类成功

在中国的北方大地上有两家区域性的百货零售企业，它们虽然相隔千里，却不约而同地践行了这一理念。它们就是地处河北的信誉楼百货集团（简称信誉楼）和地处河南的胖东来商贸集团（简称胖东来）。

第一次接触信誉楼的高管，是几年前在中国人民大学商学院的课堂上，当时我为一个高管项目讲授企业战略管理的课程。在几十人的课堂上有一群人让我感到他们与众不同，他们眼睛有光，充满着热情，讨论发言时既有自信，又显得谦虚内敛。这些高管就来自信誉楼。

信誉楼从 1984 年河北省黄骅市的一家小卖场起步创业，到现在拥有超过 40 家门店、约 4 万名员工，2024 年的销售额达到 201 亿元，这些年里，无论是电商冲击还是疫情突发，都没有阻挡它的发展。

它的成功源于对企业定位的准确把握和对一些基本原则的实践：

- 以百货零售业为主、向连锁经营方向发展、决不涉足高风险投资领域。
- 坚持夯实基础、把握规律、顺其自然、留有余地的发展原则,这些原则至今未变。
- 保持着稳健的开店节奏,平均每年不到两家新店,避免了盲目扩张带来的风险。
- 注重留有余地,反对满负荷工作,不提倡加班,让员工能够在张弛有度的工作环境中高效工作。春节假日关门停业,让员工享受与家人团聚的快乐。
- 通过构建教学型组织,确立多形式的终身学习体系,鼓励员工在试错中成长,用人用其长,让员工在适合自己的岗位上充分发挥价值。

信誉楼信奉"追求价值最大化,而不是利润最大化"。为了实现这一目标,它在多个方面为利益相关者创造价值。在员工方面,创始人张洪瑞创办企业的初衷是让员工体现自身价值,享有成功人生。企业实行人力资本股权化制度,将利润合理分配给员工,让他们共享企业发展的成果。张洪瑞退休之后,按照之前的约定退回所有股份,这个做法在企业界可谓极为少见。

信誉楼推行"视客为友"的营销法,把顾客当成自己最亲近的朋友、同学或者亲人。商品销售与导购员的收入无关,重点是满足顾客购买合适商品的需求。导购员尊重顾客意愿,不强行推销,同时主动热情,在顾客拿不定主意时主动推荐,甚至帮顾客做出决策。此外，信誉楼还有一个不成文的规矩：哪怕责任在顾客，也必须把理让给顾客。这种做法虽然可能会在短期内吃点小亏，但长期来看，坚持将心比心的做法赢得了顾客的信任和口碑，树立了真正的信誉。

对于供应商，信誉楼始终坚持不搞代销、不拖欠供应商货款、不向供应商转嫁风险、不接受供应商回扣、不接受供应商宴请的原则，与供应商建立了纯洁的合作关系，成为供方心目中值得信赖的长期合作伙伴。

对于同行，张洪瑞强调真正的强大不是消灭对手，而是练好内功，与对手共同发展壮大。信誉楼不搞恶性竞争，不参与商战，倡导与众多商家取长补短、互相学习、合作双赢，共同培育潜在市场，做大商业"蛋糕"。

地处河南许昌的胖东来，和信誉楼几乎秉承相同的价值理念，演绎了另一出商业传奇。

胖东来成立于 1995 年，从最初仅有 40 平方米、4 名员工的烟酒小店，发展成为拥有十几家店面、一万多名员工、2024 年营业额超过 169 亿元的区域性零售龙头企业。如今，胖东来已成为许昌人的骄傲，甚至是河南人的骄傲。在许昌，胖东来堪称当地零售商业的标杆，"买东西不到别处，就到胖东来"成为许昌老百姓的口头禅。

胖东来认为业务本质是提供服务，满足客户需求。因此，它在各个方面都以客户为中心进行精心打造。

在员工方面，胖东来舍得"高投入"，它给员工的薪水是当地同行业平均水平的两倍，让员工过上体面的生活。同时，对员工的健康关怀备至，上班时间允许员工坐着休息以避免患上静脉曲张的职业病，每周二闭店让员工充分获得休息。这种对员工的关爱，使得员工们能够以饱满的热情和专业的态度为客户提供服务。

在顾客方面，胖东来把顾客看成一家人，宁可自己吃亏，也要让每一位顾客都满意。胖东来规定自己没有的商品可以代顾客订购，顾客不满意的商品可以无条件退货，而且顾客可以享受胖东来的各种免费服务，如免费修理电器、免费修鞋、免费熨烫等。这些贴心的服务让顾客在购物过程中感受到了无微不至的关怀，增强了顾客的忠诚度。

在文化方面，胖东来把商业当作文化经营，把商品当作展品看待。它不仅销售商品，还传播商品知识和商业文化。创始人于东来希望把商店做成商品的博物馆和商业的卢浮宫，让顾客享受商业之美。这种对文化的追求，提升了购物体验，使胖东来成了一个独特的购物场所。

信誉楼和胖东来的成功经验告诉我们，企业要想实现长期的发展，需要明确业务本质，据此建立自己的使命和愿景，找准自己的定位，坚持为利益相关者创造价值。只有这样，企业才能赢得员工的忠诚、顾客的信任、供应商的支持和商界同仁的尊重，从而在市场竞争中立于不败之地。

在当今社会，许多企业过于追求短期利益，忽视了企业的长远发展。它们往往只关注利润最大化，而忽略了价值最大化的重要性。这种短视的行为可能会在短期内带来一定的收益，但从长期来看，会损害企业的声誉和形象，最终导致企业的失败。

一个好的战略意图

通过以上讨论，我们已经知道，战略意图的基本构成是客户价值主张，无论是企业愿景还是战略目标，其核心都是客户价值主张，这源自对业务本质的深刻洞察。无论是陕鼓集团发现自己的业务本质是能量转换的系统，还是元气森林认识到它的业务本质是超越饮用水范畴的健康、快乐和爱，这些都让企业回到业务本质，聚焦消费者和客户的需求。

如果能从业务本质层面进行更进一步的思考，会看得更加深远和透彻。就如同信誉楼和胖东来那样，可以说它们已将零售业的做法发挥到了极致，它们将满足消费者和所有利益相关者的需求作为第一要务，而且在满足客户、照顾员工、兼顾供应商、营造好的营商环境方面，常年累月地付出，一旦它们的模式被认同，其竞争优势将是同行对手难以超越，甚至难以企及的。

洞悉了业务本质的企业本身就是无敌的，因为它们没想着和别人争夺，只想着做好自己，并且将最好的产品和服务回馈给消费者和客户，而成功便是这些行为的自然结果。

当有了这样一个战略意图的起点的时候，企业愿景和战略目标的实现会变得自然而然，企业不再会被短期财务目标所束缚，甚至有时候企业要摆脱对短期商业目标的追求，因为商业有自身的规律和发展的周期特征，顺应规律、伴随周期才能获得长期健康和自然的增长。

在轻战略六步法中，我们生成客户价值主张的时候运用了价值折线图的工具，这一工具的有效性前提是对业务本质的洞察。就如同前文第二章介绍的例子，GE公司之所以能够为心电图仪找到大众产品这一细分市场，并且通过价值要素的重新组合，产生差异化的价值主张，是因为其洞悉到医疗设备的业务本质，是提供性价比高的大众产品，而价值要素的重新组合，让其找到了一群没有被满足的客户：边远地区和新兴市场的用户。GE公司以这个洞见作为切入点，找到了一个新的细分市场，也重塑了心电图仪的价值主张。

在很多场合，当我和客户们讨论他们独特的差异化价值主张的时候，我总是把这个问题放在最前面：我们的业务本质到底是什么？

对这个问题的深刻思索和洞见，可以帮助企业找到它们的战略意图，也就是在业务本质之上的客户价值主张、企业愿景和战略目标。

战略意图的时间序列

当我们有了基于业务本质的客户价值主张，并且对企业的使命和愿景进行更长时间维度的展望之后，在这个巨变的时代，一个问题将变得非常突出：使命、愿景和战略的时间长度在过去的战略架构中是基本一致的，现在是否还能保持一致呢？

例如，通常企业有一个 5 年或者 10 年愿景，并且为了这个愿景去配套生成企业的战略。但是今天的情况已经完全改变，可能我们依旧有一个相对长远的愿景，但是要应对快速变化的环境，我们战略的时间长度要变得很短。图 5-1 给出了对这个问题的思考，企业的使命可以很长远，这甚至可以是其存在的终生意义，而愿景会短一些，通常以 3～5 年作为时间线，战略则更短，需要以 1 年作为一个迭代周期。对于有些处在快速成长中的企业，战略的周期可能更短，例如半年。

	1年	3～5年	长年
	战略	愿景	使命
成果	达成年度目标	达成阶段战略目标	完成企业使命
资源	• 年度预算 • 营销 • 技术支持	• 技术和研发 • 人力资源开发	• 价值观 • 企业文化 • 品牌

图 5-1　战略、愿景、使命的时间序列

在这样的时间框架下，不同的时间长度所匹配的资源和投入是不同的。与长期的使命相配合的是企业的文化和价值观，这些和企业的使命紧密相关，具有长期性。在相当长的时间里，它们是让企业完成使命的最关键的支撑和保障。所有在长期时间范围里成功的企业，都有一套可行且可信的价值观，以及由此而形成的企业文化。

与中期的愿景相配合的是价值主张。价值主张所需要的是研发、技术、人力资源这些中长期的基本资源。对于确定要在某个领域取得成就的企业，这些资源的投入具有长期性，而且所有投入都围绕着构建企业差异化的竞争优势来展开。可以说价值主张来自对优势的发挥，而愿景的实现反过来会强化自身的优势。

至于战略，需要以年度来计算，有人可能认为这让战略具有了战术性质。之所以在这里还称其为战略，是因为它依旧是围绕着企业的竞争优势来，并且以强化竞争优势为目的而展开的。所有有损企业优势的活动都不是战略性的，因为它们只是取得一时一地的成功，不具有长期性。所以，即便在巨变时代，战略的时间周期被压缩了，但是从战略维度上来看依旧具有长期性。

以华为为例，华为的愿景是"把数字世界带入每个人、每个家庭、每个组织，构建万物互联的智能世界"。这一愿景具有长期性，旨在引领华为在科技领域的长期发展。

为了完成这样的愿景，华为在技术资源和组织资源方面做了长期安排。

在技术研发方面,华为长期投入大量的资源,每年将10%以上的销售收入用于研发活动,是全球研发投入最大的企业之一。在组织方面,华为采用了矩阵式的组织架构,既保证了公司在研发等核心领域的稳定投入和长期发展,又能满足不同项目和市场的需求。在人才培养和激励方面,华为有完善的培训体系和职业发展通道以及激励体系,可以帮助员工不断学习和提升技能,并且通过业务成果的达成取得更多的发展机会。

而在战略上,近年来华为体现出越来越明确的短期特征,调整自身的业务构成,将更多业务回撤中国,并且进入此前不熟悉的工业企业行业,希望短期内取得业务突破。

消费终端业务这一随着市场激烈变化的业务,其战略短期性表现得更为明显。手机需要每年推出两个新机型,需要紧跟技术的迭代和消费潮流的变化。在智能汽车领域,华为通过与诸多国内汽车厂商的合作,开始逐渐退回到技术平台,不造车,造平台,这是对"造车战略"的重大调整,也是为应对智能电动汽车的高度激烈竞争所采取的更加稳固的对策。这一策略,可以让华为在技术领域的投入产出效率得以提高,构建更强的技术优势,而避免在制造和销售等市场终端耗费过多资源,尤其是避免了与其他行业合作者的竞争关系。

强化自身的核心竞争优势,是华为这一切战略举措的落脚点。

价值创造与战略效能

无论是陕鼓集团、元气森林，还是信誉楼、胖东来，它们都非常重视价值创造，也就是围绕客户和市场创造独特的价值，它们在各自的行业里都是价值创造的佼佼者。

不仅如此，根据市场的变化，这些企业不断更新价值创造的方式，从而保持着相对于同行的竞争优势。在这个过程中，与同行对标、持续学习和改进，是这些领先企业的共同特点。如果我们用战略效能的公式审视它们，会发现在分子"以正和"的领域，它们都做得相当出色，在客户价值、竞争优势和持续学习上，都堪称所在行业的标杆。

这些企业的另一个共同特点，体现在战略效能公式分母"以奇胜"的三个要素上。虽然各有千秋，但它们的管理方式都简单易行，可以及时看到成果。

陕鼓集团运用全员归零赛马体系，激活了全集团各层级的业务和职能团队。这个面向全员的月度赛马制度，让所有参赛"马队"的业绩以月度频次排队和公示，优劣一目了然，并且在各业务团队实行"摘标和对赌"，让能者上庸者让，从而形成了一种快速的反馈和修正机制。

这让我想起战国时期老秦人的治国管理方式。秦孝公时期的商鞅变法，采用的正是这种按军功晋升的动态体系，打破了贵族的世袭体系。这一系列的变革，让秦国在十年内，从一个边陲落后国家，成为"战国七雄"之一的强国。起步于陕西临潼的陕鼓集团，可能真是在精神中继承了老秦人的这种勇猛作风。虽然很多企业慕名而来想要学习，很难直接照搬这种"刀子向内"的工作方式，但是学习这种简单明快的管理作风，依然能够帮助企业大大提升战略效能。

信誉楼和胖东来在对市场的敏捷响应和客户的服务上，也几乎做到了极致。将客户看成家人，为解决客户的难题不遗余力，并且关注员工的身心健康，让他们精神愉悦、主动热情地服务每一个客户。能够做到如此地与客户融为一体，这两家企业在战略效能的各个要素上都已经做到了几近完美。这也就不难理解，为何它们的经营成果和战略效能会如此卓越。

思考题

1. 你是否找到了你们企业的业务本质？
2. 基于这个业务本质，你们独特的客户价值主张是什么？
3. 以这个客户价值主张为基点，你们的企业愿景是什么？未来一年的战略目标是什么？

CHAPTER 6
第六章

识别障碍——寻找关键

为实现已达成共识的战略意图,我们要知道将会面临哪些障碍。

这些障碍既包括组织内外存在的挑战和困难,也包括存在于我们心智中的隐性的障碍。我们既要知道障碍的表象,也要找到障碍存在的根本原因。

有时,我们甚至会发现"房间里的大象",即那些显而易见但总被回避的事物,这时要有勇气去进行关键的战略突破和战略变革。

此时,运用好团队的群策群力来常常检视,可以让我们对所面临的关键问题,产生前所未有的新观点。

SpaceX如何创造奇迹

北京时间 2018 年 2 月 7 日,全球的航天爱好者都在关注着美国肯尼迪航天中心。在那里,美国太空探索技术公司 SpaceX 的"猎鹰重型"运载火箭(Falcon Heavy)正准备发射。它将携带一辆红色特斯拉跑车 Roadster 进入地球—火星转移轨道,并尝试把一级发射火箭重新回收。这将是人类商业太空探索的重大突破。

"猎鹰重型"运载火箭高 70 米,直径 12.2 米,重达 1420.8 吨,是现役推力最大的运载火箭。其近地轨道运载能力达到 63.8 吨,相当于把一架满载的波音 747 客机送进太空,地火转移轨道运载能力为 16.8 吨,相当于一台重型货车。从运力角度来看,这次发射将区区两吨多的特斯拉跑车送入太空,完全没问题。

凌晨 4 点 45 分,伴随着 3 组 27 台默林 1D(Merlin 1D)发动机强烈的轰鸣声,1420.8 吨的庞然大物拔地而起,直刺苍穹。在急速上升 1 分多钟之后,火箭到达最大空气阻力点,然后一级二级火箭分离,二级火箭继续加速到达地球—火星转移轨道。

此时,转播画面上一辆红色特斯拉映入眼帘,这是马斯克的私人座驾,在驾驶舱里坐着一个假人驾驶员 Starman。把汽车送入太空,这真是"钢铁侠"马斯克的独特创意。

两枚一级火箭完成任务后，180度调头返回地球。火箭简单加速便到达地球引力范围后，急速坠落，然后不断地调整姿态做好降落准备。短短几分钟地平线就清晰可见，火箭于是再次点火，依靠剩余的燃料急速刹车，最终稳稳地降落在预定的地点。

地面上的人们见证了这一航天史上的创举，尤其是猎鹰一级火箭的回收再利用，将开启人类航天发射和回收重复使用的新纪元。

单从财务上看，根据2012年的报道，美国航空航天局（NASA）发射重型火箭的成本可能为惊人的5亿美元一次[一]，而SpaceX的报价低至5100万美元，当成功实现火箭的重复回收使用后，SpaceX的单次火箭发射成本计划降到1000万美元级别，如果换算为每磅的载荷，成本只有原来的1/23。立志将人类送上火星的马斯克又一次完成了一个看似不可能的壮举。

马斯克的洞见

这一切源于埃隆·马斯克提出的移民火星的梦想。2001年马斯克曾经去往俄罗斯，想购买一枚俄式的旧火箭，但卖家坐地起价，马斯克对此非常不快，于是他开始研究为什么把有效

[一] 国家航天局.NASA的重型火箭的发射成本可能为5亿美元一次[EB/OL].（2012-09-21）[2025-01-12].https://www.cnsa.gov.cn/n6758823/n6759010/c6774946/content.html.

载荷送入轨道需要花这么多钱。

经过研究，马斯克发现成本居高不下的原因在于火箭不能重复使用，每发射一个有效载荷就需要消耗一枚火箭。

战略专家理查德·鲁梅尔特在他的《好战略，坏战略2》一书中，描述了马斯克当时的思考过程。他写道："马斯克认为，解决成本问题的关键，在于如何使火箭穿过大气层，重返地球。火箭以每小时29 000千米的速度返回大气层，怎样才能避免此速度下气体加速流动而产生火焰甚至爆炸？为了使旧的航天飞机能够重复使用，航天飞机巨大的机翼上安装了3.5万块独立的隔热瓦，每片隔热瓦都必须性能完美，每次飞行后都必须经过仔细检查，然后将它们装回独特的插槽中。航天飞机助推器本可以重复使用，但它们在发射过程中会坠入海洋，导致损坏严重，因此无法翻新再利用。似乎使用一次性火箭比制造可循环使用的火箭成本更低。"

然而在火箭重复使用这个关键障碍上，马斯克有着不同的见解，他认为燃料价格要比航天飞机的造价低得多，所以如果可以让火箭携带更多的燃料，用来减缓火箭返回地球的速度，例如设计一种能掉头返回的火箭，返回过程中点燃引擎，火箭就能减速实现软着陆。这样一来就对火箭发动机的性能提出了极高的要求。

此时马斯克开始发挥他的工程天赋，从几个方面重新设计火箭发动机。尤其在发动机控制技术和冗余设计方面，马斯克采用的方式是化整为零，他运用 3 组默林发动机，每 1 组由 9 台发动机组成，形成发动机矩阵，其中任何少数几台的点火失败，可以运用性能控制系统加以负载平衡，而不会影响整体的发动机性能。

经过多次的实验，他终于成功了。从此以后，SpaceX 公司的可重复使用的火箭，以极低的发射成本，开始在商业航天领域异军突起。SpaceX 已经使用猎鹰 9 号成功发射了多次星链卫星，每次发射通常携带数十颗卫星。截至 2024 年 8 月底，SpaceX 已经发射了超过 6000 颗星链卫星。这里的关键，是马斯克创造性地解决了火箭重复使用的难题，可以用极低的成本快速将卫星送入轨道。

反观这一辉煌的成就，我们能看到，马斯克在解决这一战略性难题时所采用的思维方式清晰明了。马斯克先明确他的目标就是要将人类送向太空，完成大规模的火星移民计划。因此，设计简单、可重复使用，以及低成本的载荷系统，是完成这一目标的关键价值主张，但是实现这一价值主张的障碍又是非常明确的。鲁梅尔特将这一类关键障碍命名为 crux，也就是症结问题。对症结问题的分析，才是战略突破的关键。

返回式航天飞机已经被证实造价极其昂贵，核心焦点在于隔热系统隔热瓦的成本居高不下。而不得不大量使用隔热瓦的根本原因就在于返回大气层的速度过快。那么，如果能够降低返回火箭进入大气层的速度，就有可能解决这一难题。于是马斯克发挥他工程师的创想，让返回火箭的多台发动机发挥强大动力，减低返回速度；通过简化设计和优化制造流程，限制分包商的数量；并且使用通用的以太网数据架构，同时让自己公司内部的机械制造车间制造特殊形状的火箭，成功突破了火箭的低成本回收难题。

怎么样，看到马斯克的这一番操作是不是有眼熟的感觉？这一过程再次印证了轻战略的思维框架：

- 第一步和第二步，要实现人类移民火星的愿景，并以此提出独特的价值主张。
- 第三步，围绕着价值主张的实现，找到核心的障碍和挑战，并且不断分析、挖掘挑战背后的深层原因。
- 第四步，运用创新的思维对这些深层的问题进行突破，实现革命性的解决方案。

马斯克的 SpaceX 完美地诠释了轻战略的前四个步骤。

从"为什么"到"为什么不"

在识别障碍这一过程里，我们最常用的工具，是通过不断地问"为什么"，探寻事情如此的本质原因。这些探寻深层原因的契机，可能来自一次战略研讨会上的严肃对话；可能是一次偶然的事故，让我们重新检视企业系统里的某些问题；也可能像马斯克一样，是来自某次行动中的挫败。马斯克的这次挫败是俄罗斯人带给他的，他本想买一枚旧火箭，但是却发现价格极为高昂，于是他开始跳出原有的假设框架去深入思考：为什么把有效载荷送入轨道，需要如此高昂的成本？

我们通常的方式，就是不断地去问为什么。为什么成本如此高昂？原因在于火箭不能重复使用。为什么不能重复使用？因为解决火箭返回大气层时的高温问题成本极高，而且容易出现故障。一般人到这里就会停下了，因为似乎找到了问题的根源。

战略的现实工作告诉我们这还不够，因为我们打破的是一个假设框架，但是并没有构建一个新的框架，这就是从轻战略的第三步迈向第四步的关键。

新的方式是从问"为什么"到问"为什么不"。马斯克为我们演示了这一关键步骤。当他发现火箭返回大气层的高温问题，是因为成本极高且难以解决的时候，他开始问为什么不寻找新的解决方案？为什么不考虑从燃料角度来调整火箭进入大气层的速度？燃料价格要比航天飞机的造价低得多，如果可以设计一种能调头返回的火箭，让火箭携带更多的燃料，返回过程中点燃引擎，以减缓火箭返回地球的速度，火箭就能减速实现软着陆。

这一个"为什么不"点燃了后续的创新，让我们从僵化思考的盒子里跳了出来。

在我经历的众多战略项目中，去不断地追问客户"为什么"已经是非常有挑战性的过程，因为大多数人很少去思考

"为什么"。但是要突破战略思考的盲点，打破战略的关键阻碍，仅仅问"为什么"还不够，最终需要通过问"为什么不"来激活创新的智慧。

有时，一个外行人有可能问出很有洞察力的"为什么不"，帮助我们跳出思维的框架。马斯克是航空领域的外来者，他的开放视角让他从燃料价格的角度思考问题，而不是局限在隔热瓦这类经年累月无法解决的技术难题上。

马斯克提出的第一性原理，让他从设备的材料成本的角度进一步思考：为什么电动汽车电池的价格不能够更低一些呢？这一个"为什么不"的问题击穿了传统产业界的认知假设，让大家揭开繁杂供应链的面纱，发现那些没有价值的环节侵蚀了多少价值和利润。有时，这样的问题看似很得罪人，但是它的确可以突破战略的局限，让我们看到识别障碍的一线曙光。

识别关键障碍

识别关键障碍是战略创新的前奏，也是战略突破的关键一步。这一步要做得好，需要从开放性的思维入手，避免任何封闭的假设性思考。不幸的是，很多战略思考者，包括一些专业人士，往往在这一步走错了路。

破除战略傲慢

要避免走错路,我们需要开放性思考,就是在识别障碍的时候,抛弃任何预先的假设,去识别真正的障碍,就像马斯克为我们示范的那样。

我经历过这样一个项目,一位客户希望我带领他的团队就目前企业存在的战略问题进行一次专业研讨。他告诉我,这是公司要实现的战略目标,有5个方向是他认为存在的关键问题和障碍,希望团队分成5个小组,分门别类进行讨论,最终形成一个完整的方案。

我问他:"为什么讨论这5个方面的问题?"他说:"这是基于我的经验,我们高管团队也是按照5个方面分工的。"

我于是接着追问:"有可能存在第6个方面的问题吗?"他愣住了,并问我这第6个问题可能是什么。我回答说:"此时我不能给出答案,但我相信这个答案在团队当中。我们只需要用一种开放性的思维,就可能找到这个答案。"

研讨会的结果出乎他的意料,团队果然提出了6大类战略问题,只有3类与他原先的假设一致,另外3类他根本没有想到,这3类都是关于跨部门协作和企业文化的问题。而且大家一致认为,这6类问题是实现战略目标的关键障碍。

很多领导者和战略专业人士,经常先入为主地认为自己知道问题在哪里,而将战略制定工作界定为对这些战略问题的解答和任务细化。我将这种态度称为"战略傲慢"。这种傲慢耗费了资源，无法发现真正的问题，最终也消耗了团队对管理层和战略工作的信心。

现实情况是，当我做完深度的客户访谈和调研后，经常发现真正的问题不在于最初提出的那些假设上，而可能有更深层的问题。甚至有时我们在战略研讨会上，就能研讨出那些早已存在却被无视的根本问题，这在企业管理中被称为"房间里的大象"。

作为具有开放性思维的战略顾问，我们还要避免仅仅运用差距分析法替代战略思考，去分析问题和问题的深层原因。

什么是差距分析法？请看这个例子。2025年我们要实现四个目标，分别是业务收入、利润、市场占有率和品牌价值。根据这四个目标，我们将上一年度的成果和目标进行差距分析，根据差距分析的结果，找到问题的根源，然后给出建议和解决方案。

这种常规的差距分析法，并不是战略思考。前者已经界定了分析的维度。虽然在每一个维度下，我们可以做头脑风暴和进行广泛的信息收集，但是这种限定性思维，让战略的思考、分析以及信息收集陷入了某种框架的束缚之中。

更聚焦本质的做法是将差距分析法作为基本资料，然后问一个开放性的问题：为了实现2025年目标，结合上一年的经验和教训，我们应该克服什么样的障碍？

这个问题有两层广泛的含义：第一，我们是面向未来的，不是在过去的问题中识别障碍、分析原因；第二，面向未来，我们看到多种可能性，关于战略障碍的思考是一种对可能性的接纳。建立了这种开放性的思维之后，才有可能去进行真正意义上的障碍识别。而障碍识别的工作，运用团队的共创方式来开展是非常高效的。尤其是在有限的时间内，运用团队的智慧将问题深挖出来，效能将非常突出。

4D 创新模型

企业寻找战略障碍的复杂度，堪比马斯克寻找产品障碍的复杂度，因为无论什么样的企业，都是一个复杂的组织系统，它牵扯到的问题及其深度，需要我们有一个更广阔的视角和思维。而准确识别真正的障碍，需要管理技能和管理工具的支持。

先从一个案例说起。这几年在"芯片国产替代"的趋势下，半导体芯片市场出现了井喷式发展，我服务的一家半导体芯片企业，迎来了非常好的市场机遇。但随着业务的高速发展，问题总是层出不穷，几个高管每天忙着救火，对于蜂拥而至的客户订单疲于应对。在业务高速发展的背景下，这些麻烦看起来是"甜蜜的负担"，但日积月累还是会让团队身心疲惫，无法招架，企业的健康增长就更是无法顾及了。

于是他们找到我，希望用轻战略的系统方法，帮助他们解决企业的战略和经营问题。在两个月的项目时间里，一次群策群力的问题诊断会议带给了他们真正的突破。

在那次全体高管和骨干参加的会议上,他们发现有 5 大类障碍性问题,分别是:管理技能不足,对管理创新的重视不够,研发人才短缺,流程体系效率低下,企业规章制度不健全。敏锐的人可能已经发现了,他们提出的这些问题都发生在企业内部,都跟企业的运营体系有关系。在他们所梳理的 5 大类问题里,3 个问题都落在了组织层面,2 个问题落在了流程层面。那么,问题来了,为什么他们的视角都在内部?真的是内部出了问题吗?

为了诊断和解决这个问题,在这里需要给大家介绍一个工具——4D 创新模型。这个工具由两部分组成,一个是业务创新(价值),另一个是运营创新(效率)。业务创新可以分成产品创新和模式创新两个维度。运营创新包含组织创新和流程创新两个维度(见图 6-1)。

图 6-1　4D 创新模型

在业务创新部分，任何一家企业只要在产品或者模式的某一方面做得很好，就奠定了成功的基础。以手机行业为例，当我们说起产品创新的时候，大家会公认华为是典范，而我们说模式创新的时候，很多人会认为小米的生态模式创新值得学习。业务创新是推动企业发展的外部力量，但是企业的成功需要运营体系的支撑，将所有业务创新的想法落到实处，这就需要依靠运营侧的流程创新和组织创新。

在运营创新部分，流程就是创造客户价值的流程，通过这个流程产生更多的附加价值，最终交付给市场，兑现客户承诺，并且产生收益。而所有流程都是构建在组织体系之上的，需要相关的人才、组织体系、领导力发展的支持。说到底事情是人干的，流程再好，如果没有一个高效进取的组织，一切都白搭。

在今天的数字化时代，无论是在业务创新方面，还是在运营创新方面，数据都是企业真正的宝藏，通过人工智能分析企业数据而产生的洞察，例如下一代产品的开发方向，将是企业持续发展的动力和源泉。

看懂了 4D 创新模型，我们就拿到了识别障碍的金钥匙。

再回到这家企业的案例上，你会发现他们的问题散落在运营这一侧的流程和组织层面，那么产品和模式没有问题吗？为什么所有讨论都没有谈到外部，也就是与客户相关的产品和模式呢？我们可以直观地洞察到，他们的组织是非常内向性的。

这家以研发和技术起家的企业，一直被动地应付市场的需求，并没有主动地去设计自身的产品和业务模式。事实是否真的如此呢？

当我把这个问题提给他们的时候，全体管理层陷入了沉默。最后，还是一位负责营销的高管站出来打破了沉默，他说："我认为公司的问题，就出在业务这一侧，具体说就是产品没有规划。我们习惯于根据客户的需要不断地开发产品，但是客户的需要变化很快，而且客户数量不断增加，我们产品的标准化和系列化做得不好，前线的人员忙着接单，但是订单到了后台以后，发现供应链还有研发、生产体系都跟不上，所以造成了一系列的混乱。"

他的这番话，可以说是一石激起千层浪，大家似乎突然打开了视野，开始了激烈的讨论，最终他们发现问题的根源，真的就是出在产品上，他们的营销体系、业务模式也有很大的问题。

于是我开始带领他们详细梳理产品，对庞杂的产品线进行了不断的收缩和整理，最终决定砍掉一些低利润、消耗大量资源的产品和研发投入，聚焦于核心产品线。同时我们也讨论了新的营销模式，将大客户模式和渠道模式完整切分，一方面聚焦于大客户的重点需求，另一方面将标准化的产品通过分销和零售渠道推广到市场，去满足中小企业的标准化需求。这样一来，他们后台的研发、运营和支持活动就有了决策的根本，提纲挈领，立刻显得清晰了。

4D 创新模型为我们提供了一个全面的视角,在进行障碍诊断的时候,每次使用它都让我和团队有种眼前一亮的感觉,它让我们跳出狭窄的思维框架,用一个更广阔的视野,看待问题的根源。

房间里的大象

企业会面临两种障碍,一种是外在的障碍,通常包括市场、技术、竞争对手、政策变化等,这些是我们可以识别并且量化的障碍;还有一些是内在的隐性障碍,包括企业的文化、管理者的领导力乃至心智模式。

在我所经历的项目中,多数企业遇到的真正的战略障碍,通常不是外在的,而是内在的。但可惜的是,大多数企业不能够正视内在障碍的存在,也不愿意坦诚地去解决,尤其当这些障碍发生在领导层和企业文化层面的时候,解决起来就更是难上加难。

被誉为企业文化之父的埃德加·沙因,认为企业文化是组织在解决外部适应和内部整合问题中形成的基本假设模式,这些假设因有效而被传授给新成员,成为其感知、思考和行动的正确方式。

具体来说,沙因将企业文化分为三个层次:

- 人工饰物——可见的结构和流程，可观察到的行为。
- 价值观念——理念、目标、抱负，意识形态和合理化。
- 基本假设——被视为理所当然的、未察觉的信念和价值观。从对企业文化的分析中可以知道，当面对这些基本假设的时候，团队或者领导者通常会采取一种自然的抵抗态度，而这恰恰是组织实施战略变革中最隐秘的障碍。

企业文化一旦形成，就会有一个明显特性，即作为一种强制的力量授予外来者，所以新加入企业的人往往会对这家企业的文化有一种自然的敏感性。因为它具有强制性和排斥性，所以此时产生的文化冲撞往往最为激烈。换一个角度说，有新人加入的时候，正是企业进行战略变革的最佳时机，因为这是形成新的文化的新契机。

所以当企业不断扩张，不断有新人加入的时候，企业团队大体上都会知道这个企业最大的问题是什么。而当这些问题被发现是内在障碍的时候，我们就将它们称为"房间里的大象"，即那些明显存在的不可说之事——它们明明在那里，但是我们不敢承认，任凭它们在里面横冲直撞。这时就需要领导者有勇气正视现实，项目顾问和战略引导师也更应该利用这个契机揭示事情的真相，让企业抓住真正改变的契机。

我的一家企业客户就经历了这个过程。这是一家综合性的产业集团，业务范围非常广泛，包含石化能源、新材料、特种化学品等，并且已经在深交所挂牌上市，其业务和客户遍及全球,年收入超过 100 亿美元。

这家企业的领导者以锐意创新著称。在企业发展历程中,几乎用遍了所有的顶级咨询机构,从它们那里学习各种方法、知识和最新的理念,在人才招聘和培养方面也是很舍得投入。但是近几年,创始人团队发现企业的执行力大幅下降,尤其是中高层领导者的责任感不如过去,这令他们对企业的发展后劲感到忧心忡忡。为此,公司董事长决定邀请我对企业的战略落地和执行做一次研讨和诊断。

在交流中,董事长谈到了自己的担忧,并且希望有机会让大家袒露心声,将真实的问题呈现出来。他甚至告诉我,如果能够看到真实的问题,他愿意重奖参加的同事。看到了他正视现实的决心,我觉得这家企业变革的时机到了。

我一直认为执行力是一个伪命题。并不存在所谓的执行力,执行力差反映的是执行的结果不如预期而已。但是到底是什么导致执行的结果不尽如人意呢?如果我们回到一个卓越执行模型的分析框架(见图 6-2),就会发现执行的结果往往与 3 个方面有关,分别是战略、组织和运营,而组织包含了文化、领导力以及人才、组织模式等软性但是又充满张力的关键因素。

在这场研讨会开始的时候,我让与会者填写一个在线问卷,对这 3 个方面的 12 个问题进行一次内部的现状自评。从显示的结果看,整个高管团队对公司的战略还是基本满意的。

在运营方面，除了个别问题，总体反馈良好。但是组织层面的 4 个问题打分都很低，我们已经可以判断这家公司在组织文化方面可能出了问题。

战略
- 共识的愿景
- 清晰的路径
- 可行的举措
- 阶段性的务实评价

运营
- 端到端的运营体系
- 有效的绩效管理系统
- 问题导向的日常管理
- 持续改进的工作习惯

组织
- 与战略一致的组织模式
- 支撑战略的组织能力
- 成果导向的组织文化
- 充足的人才体系

图 6-2　卓越执行模型的分析框架

于是我把"实现战略愿景的关键障碍和根本原因"这个话题抛给大家，团队开始按照我的要求，列出所有他们认为存在的障碍。经过一番基于根本原因分析的归纳，我找到了所有这些障碍的深层原因，并且按照深层原因的重要程度，让每个人参与投票，最终将结果呈现在了众人面前（见表 6-1）。

从表中，我们可以看到该公司那些障碍的根本原因，的确都与组织相关。投票最高的 4 项分别是：

- 风险和利益没有共担

- 领导者没有充分践行企业价值观
- 高层领导不重视对人才发展机制的落地执行
- 对不同业务没有进行差异化管理

表 6-1　实现战略愿景的关键障碍和根本原因

对不同业务没有进行差异化管理（22票）	风险和利益没有共担（29票）	领导者没有充分践行企业价值观（25票）	缺少制定和执行合理战略措施的能力（8票）	绩效管理的跟进/落实不到位（8票）	高层领导不重视对人才发展机制的落地执行（24票）
管控模式单一，缺少差异化	没有真正做到"以客户为中心"	缺乏奉献、包容的企业文化	缺乏达成战略的有效措施	卓越绩效管理机制不完善	缺乏内部人才培养机制
缺乏差异化管理模式	存在部门墙，部门之间严重缺乏协同	管理者未发挥垂范作用	与新业务战略目标匹配的组织能力不足	绩效管理执行不到位	缺乏培养专业人才的土壤
集团组织架构与多元战略的冲突	转型项目全流程管理不科学	缺乏直面问题的勇气			缺乏内部资源整合型人才
管控模式缺乏差异性		缺乏奉献、包容的团队文化			缺乏打开新市场的领导人才
业务考核评价方式单一		缺乏讲真话的氛围			缺乏关键岗位核心人才

可以说这几条刀刀向内，所有人都将问题的核心指向了管理层在组织和文化上的短板与弱项。

此时一直坐在座位上安静聆听的董事长站了起来。他说，没有想到真正的问题不是出在企业的硬性资源配置，而是出在这些软性问题上。但他认为这些讨论很有价值。这表明该公司这些年在硬性资源的配置、管理方法的学习方面已经达到了一定的程度,而真正需要克服的问题已经出现了。董事长明白了问题所在,并且对于团队的坦诚直言,给予深深的感谢。

像这样坦诚地面对房间里的大象,愿意去承认并力图改变的组织,在我的管理顾问生涯中并不多见,但是这些问题又是极为普遍的。可以这么说,任何一个组织在每一次制定战略的时候,如果不能够直面这些内在的软性问题,并且愿意加以解决,再好的战略方法、工具、流程以及引进的管理理念,其效果都会大打折扣。

"房间里的大象"会将这些东西打得东倒西歪,而要承认这一切,领导者需要战略眼光,也需要心胸,更需要突破现状的勇气。

在对立的观点中学习

在识别障碍的战略共创过程中,团队成员往往会有一些对立的观点,对于哪些是真正的障碍哪些不是,经常激烈讨论,相持不下。这时候作为讨论的引导者和团队的领导者,该采取怎样的态度,是调和两方观点,还是将自己的观点强加进去呢?这时,有一种更加明智的做法,就是从对立的观点中学习,甚至可以刻意激化双方的对立观点,并且让团队最大限度地从中获得洞察力。

这种做法在做一些关键决策时往往有奇效。

2021年，当零束科技进行第一次战略设计的时候，团队对是否从软件领域进入硬件域控制器领域，相持不下，各执己见，不同的人从自己的专业角度表达的观点似乎都有道理，但是都无法说服对方。

这时我建议组织一场辩论，正反方按照辩论的规则来讨论，到底是否应该进入域控制器业务领域。这个建议得到了CEO李君的大力支持。于是在场高管们分成了两组，一组为赞同进入该市场的正方，另一组为反对进入该市场的反方。

为了辩论，他们自然要寻找捍卫自己立场的观点，这个讨论和发言的过程也是对自己立场重新思考的过程。当看到双方唇枪舌剑，已经相持不下的时候，我及时按了暂停键，并且让他们互换角色。

正方变反方，反方变正方，这样一个脑筋大转弯，着实让有些人反应不过来。但是这样极端的做法，让他们立刻转换角度，以子之矛攻子之盾。两轮辩论下来，每一个人对于进入新领域的弊端和优点都有了全新的认识。

这时大家再进行头脑风暴，就发现观点变得清晰而客观，特别是对于进入该市场的失败因素和成功因素都有了全面且高度聚合的认识。

我现在还记得大家认为进入域控制器领域的关键成功因素，包含了开发速度、迭代速度以及硬件设计能力，而这正是后来在战略推进中，零束科技特别予以关注的核心工作。对于可能失败的原因，他们归纳为技术、成本和商业模式，在现在看来这个观点依旧非常有洞见。这场讨论不仅统一了大家的共识，更重要的是让每个人的思想火花极大地迸发出来，为有效决策提供了丰富的信息。

有人会问：为什么不考虑关键成功要素，而要讨论关键障碍因素？其实这两者所考虑的方向略有不同。从战略思考上，关键障碍因素的识别，恰如《孙子兵法》里的力图"立于不败"的思想，而关键成功要素是在这个基础上探寻制胜的方法。所以当时间允许的时候，这两个讨论可以结合起来。

从对立的观点中学习恰如阴和阳的两面，单方面的观点只是反映了事物的一方面，将正反两方的观点综合打磨所形成的洞见，一定远远优于某一个单独视角。

思考题

1. 在实现客户价值或者企业愿景的道路上，我们面临的最大障碍是什么？
2. 这些障碍的深层原因是什么？可以列举 1～2 个吗？
3. 我们组织中有"房间里的大象"吗？那是什么？

CHAPTER 7 第七章

聚焦创新——战略创新的突破

在识别了障碍及其深层原因之后,我们要寻找解决关键障碍的办法,这时需要运用创新思维,从突破的角度而非常规的角度,去思考创新性的解决方案。

业务创新和运营创新同样重要,但是这两项很难同时展开。既定业务模式下的运营创新,突出的是效率,而效率优化之后,需要的则是业务创新。

所有这些创新性的措施,我们都要放进可视化的战略地图中,去展现战略的全貌,形成战略主题,并且和战略行动及评价体系 KPI 衔接起来。

战略创新的突破,特别是凸显客户价值和竞争优势的战略设计，将有效提升战略效能。这一过程不是一蹴而就的，需要持续的市场检验，需要借助团队学习、反思和迭代。

创新的新视野

从 2021 年开始，我以顾问和教练的身份参与了平安租赁多项业务的创新和战略讨论。平安租赁是中国平安保险（集团）股份有限公司旗下专注融资租赁业务的公司，在中国蓬勃发展的融资租赁市场中一直位居前列。自 2013 年成立以来，平安租赁伴随着中国经济的高歌猛进，在服务实体经济、助力产业升级的过程中快速发展。其业务从早期的工程建设、制造加工领域逐渐扩展到新型基础设施、城市发展以及城市运营等领域，并且在汽车融资租赁、小微融资租赁等新兴领域里不断开拓。

经济波动和市场环境的变化，对租赁企业的经营冲击巨大。在过去几年中，随着经济调整，企业客户的经营压力增大，所有的大型租赁公司都面临着一系列挑战，甚至是风险。

- 在经济波动调整期，企业客户的经营压力增大，可能出现还款困难的情况，这对租赁公司的风险管理提出了挑战。
- 租赁行业竞争日趋激烈，不仅有银行系统的租赁公司凭借资金优势和客户资源参与竞争，其他大型金融机构和专业租赁公司也在利用资本方面的优势，以较低的利率提供租赁融资，行业内的价格战已经是常态。
- 新进入者不断涌现，尤其是一些新兴的金融科技公司开始涉足租赁业务，利用创新的技术和商业模式争夺市场份额。

面对这一系列战略性的挑战，平安租赁需要对各项业务提出战略创新的构想并加以落实。但战略创新不是凭空而来的，它是急需突破的关键障碍的解决方案。

在这个过程中，我们运用最多的就是上一章介绍的4D创新模型，通过这个模型可以有效地界定战略障碍的位置，并且从系统视角界定问题的内在关联，让参与者和决策者拥有全局观和系统化的视野，并且找到关键障碍所在。

4D创新模型不仅对诊断企业战略障碍有用，在进行战略创新的时候也是一个强有力的工具。在与平安租赁的高管团队讨论的时候，我经常提出一个问题：我们这些经营活动，从根本上可以归结为几种？虽然不同人的回答角度各异，但是最终所有人都会达成共识：企业经营活动无外乎两种，即创造客户价值和提升运营效率。

价值创造是企业面向客户的最关键的活动。对于租赁行业，面对环境的巨变和竞争的白热化，能否找到创新的产品和创新的模式，是发展乃至生存的关键。这些年，平安租赁在城市新型基础设施和城市发展以及运营方面找到了很多创新的突破点，4D 创新模型中的工具和框架，为这一过程拓展了新的战略视野。

对一家传统上服务于大型头部企业的融资租赁机构来说，下沉到基础设施乃至小微企业和商用车领域，不仅是业务模式的变化，也是运营模式的重大革新。这时如何改变原有的流程，提升效率，也就是 4D 创新模型中运营侧的创新，就变得非常关键。

例如，随着平安租赁越发强调市场导向和客户导向，就要强化其前置的客户服务和组织模式，并且将此作为一家深耕中国市场的头部企业的优势加以发挥，以规模化的客户服务产生更大的规模效益。而市场的动态发展和客户的需求变化，要求快速做出敏捷决策和响应，那么就要求组织结构和决策更加扁平化，业务流程也要变得相对简洁。

从企业经营的视角来看，价值和效率是不断循环迭代的两个核心，仅有价值创造是不够的，需要在一定的价值创造的模式下实现更快、更好，也就是效率更高。当效率提升到一定阶段后，行业内出现了内卷趋势，就需要不断地创造新的市场和新的模式，提供新的产品，也就是通过新的价值创造摆脱行业的过度竞争。如果企业能够在每一个周期里不断地去获得高价值和高效率，就意味着它可以创造更高的企业收益。在这里不妨用一个简单的公式加以描述：

$$效益 = 价值 \times 效率$$

平安租赁的创新业务实践，就是围绕这个公式不断地提升企业的经营价值，并且让效率持续提高。同时面对技术变革的冲击，平安租赁开始加快数字化应用，提升租赁业务的便捷性和智能化水平。今天的所有企业，都在寻找数字时代的创新密码。

数字时代的创新密码

数字经济时代，企业的创新需求更加迫切，面对环境的动态变化立刻决策采取应对措施的要求也越来越紧迫，这时企业就需要一个完整的架构，从系统角度和快速行动角度，尽快切入。

这里我们所用的 4D 创新模型的展开版，就可以帮助企业在进行基于关键障碍的战略突破的时候，找到路径。我将这个模型的展开版，称为 1248 模型，也就是数字时代的创新模型（见图 7-1）。

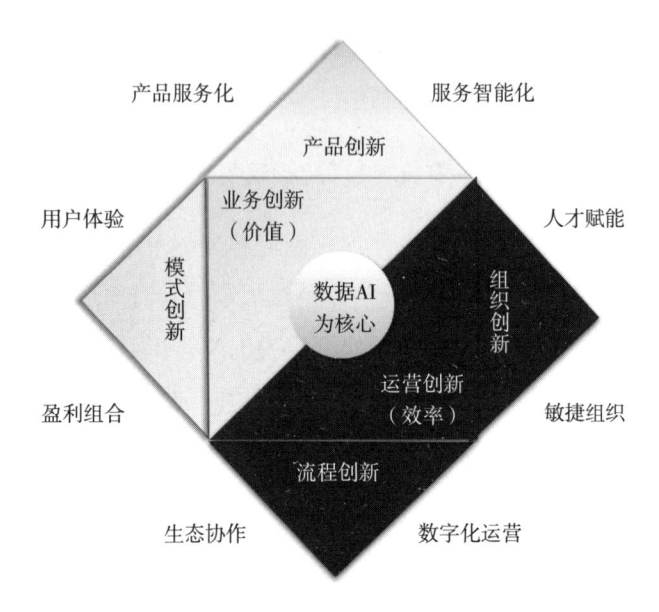

图 7-1　数字时代的创新模型（1248 模型）

三生万物

你可能好奇 1248 代表什么？如果你理解了老子在《道德经》中所说的"道生一，一生二，二生三，三生万物"，可能会对此产生共鸣。我们不妨把这句话借用过来，解释一下 1248 模型的衍生过程。

所谓"道生一"，道的本质是阴阳和合。4D 创新模型中的两个核心业务创新和运营创新，它们分别代表了企业经营的阴阳两面，即价值创造和效率提升。"道生一"是第一次展开，用二进制表示就是 2 的一次方，结果为 2。

"一生二"是第二次展开，2的二次方，结果为4。可以理解为业务创新（价值）下的产品和模式，以及运营创新（效率）下的流程和组织。

在业务创新方面，就是要聚焦于产品和模式的创新。对于这两个维度，我们应该不陌生。

在过去十年的互联网创新时代中，中国的企业在模式创新上高歌猛进，阿里巴巴、小米等公司都是因此迅速崛起。但随着科技博弈，越来越多的人意识到仅靠模式创新，已经无法构建坚固的产业基石。于是基于技术导向的产品创新越发活跃，以技术投入和拥有自主知识产权为特征的产品创新，唤醒了政府和企业的关注。

不过我们也不用厚此薄彼。在今天，基于产品和模式的创新同样重要。对大多数科技型创新企业来说，模式的创新也是绝对不能忽视的，因为即使赢得了技术，但没有好的模式设计，那也将使企业的经营难以为继。

关于运营侧的组织和流程，多数人都有体会，组织和流程是两个融合在一起的系统，任何组织都是建立在流程运作之上的，任何流程也是依附于某种组织搭建起来的。在数字时代，信息的快速流动和决策的扁平化，使得流程和组织越来越倾向于快速、高效和敏捷。传统的金字塔结构逐渐瓦解，而流程优化依靠组织内外的信息高速传递，形成了内外一体的信息系统。

"三生万物"是第三次展开，2的三次方，结果为8。可以理解为在以上四个方面的再次展开，最终形成 8 种数字化创新方向。

因此，这个由 4D 创新模型展开三次而形成的模型被称为 1248 模型。

业务创新

业务创新包含产品和模式两个维度。关于产品，我们有两个新的视角，分别叫作产品服务化和服务智能化。

产品服务化，是指在今天，没有任何一个产品是以独立的产品形式交付的，它一定伴随着相当数量的服务交付，最终以服务形态的整体交付给客户，而且服务在产品中的比重也在逐渐上升。以苹果公司为例，苹果手机在 2023 年的服务收入占比已经占总营收的 22%。更重要的是，这些服务不仅丰富了苹果的产品线，也为其带来了稳定的收益流。从财务角度看，苹果公司的服务业务毛利率高达 70% 以上，远超过硬件产品约 37% 的毛利率水平，反映了服务业务在利润贡献上的优势。关于如何发展服务业务，可以参考本书第四章的相关内容。

近年来，产品服务化的趋势越发明显。硬件产品只是长期服务客户的基本载体，而最终是以客户满意的服务获取作为价值衡量的，所以产品比拼的不再是功能，而是传递给客户的服务价值。

服务智能化，搭建在数字系统之上，现在越来越多的服务是通过互联网人机交互的方式生成的，并且在这个过程中不断地提取服务管理的信息，让服务提供者随时与消费者发生互动。这种服务越来越作用于客户的感知系统，具有越来越智能化的倾向。随着人工智能技术的快速发展，服务智能化是未来的必然趋势。

尤其随着VR（虚拟现实）和AR（增强现实）技术的成熟，一些企业已经开始运用服务智能化的方式延伸自身的服务价值。例如，中国宝武钢铁集团有限公司的设备维护服务，已经通过"AR智能运维系统"实现了关键设备间数字信息可视化，以及精准远程协作与高效过程记录管理，提升了"作业现场"的信息交互能力。现场运维人员佩戴AR眼镜进行设备运营工作，可以实时获得后台专家的指导和支持，提高工作效率和准确性。

关于模式，两个新视角是用户体验和盈利组合。

用户体验之所以重要，是因为单纯的产品价值已经无法满足用户的需要，需要创造更多更优的用户体验来增加产品价值。现在几乎所有的产品和服务都会给客户提供简单易用的手机或者电脑界面，这些界面简洁直观，用户可以轻松上手操作，任何不能够提供流畅的操作和便捷功能的产品或服务，都会很快被用户放弃。进一步地，产品还需要提供更加个性化的服务，通过对消费者行为的数据分析，借助人工智能技术，让客户感知到这个系统是为他们定制的。

抖音（TikTok）之所以在全球火爆，一个重要原因就是其在算法推荐方面走在了所有竞争对手的前面。通过分析手机消费者的阅读习惯、感知消费者的行为特征，为他们推荐相关的内容，并且辅助他们创作更好的内容，成为抖音拓展市场的利器。

盈利组合，这个越来越被企业关注的话题，似乎与创造用户价值无关，实际上正好相反。盈利组合反映的是企业关注在哪些领域创造价值，这些价值获得客户认可之后，才有可能转为企业的收益和利润。忽视盈利组合的设计，往往会开发出没有盈利功能的产品，只叫好不叫座，无法支撑企业的长久发展。

在本章的下一节，我将用相当篇幅向读者介绍如何构建既能创造用户价值，又能创造企业价值的 24 种盈利模式，以及如何将不同的盈利模式组合在一起，构建让企业长期获利的手段。

运营创新

在 4D 创新模型的另一侧运营创新里，流程维度又展开为生态协作和数字化运营两个视角。

生态协作，是指企业利用与之合作的生态体系，进行基于任务的合作和经营风险的分散，但是最终要以整个生态系统获益为目标，从而用生态的力量提升组织的效率，降低经营风险。

在如今中国蒸蒸日上的电动汽车业中，托起了比亚迪、小米汽车等造车新势力的，不仅仅是品牌的成功，更是一个个生态系统的成功。向来以垂直整合为目标的比亚迪公司，也开始将自身的一些业务分包出去，通过生态系统的搭建来分散自身业务的风险，同时，帮助产业链中的分包商一起进行技术和产品的创新。

不过在生态协作中存在一个不良的倾向，即具有龙头地位的企业，往往会对生态系统中的其他企业采取某种压制手段或进行利润盘剥，龙头企业最终获取利润，而生态系统中的各家企业为了搭上这艘快船不得不承受相当长时间的利润亏损。其实每家企业都清楚，这种模式无法持续，一个健康的生态协作体系应该是共赢的，否则最终也会伤及龙头企业自身。

生态协作的一种方式是股权投资，小米"人车家全生态战略"的推出，就是基于小米投资的超过 500 家的小米生态系统企业，这些企业完成了智能家居相关的硬件和软件系统的设计和市场推广，与小米共同实现一个"人车家"生态互联的宏伟愿景。作为投资方，小米当然希望每家企业都能够获利，这种长期的利益捆绑和协作，比单纯的技术供应更具有生态协同的效果。

数字化运营是今天几乎所有企业的立身之本，企业需要通过建立先进的数字化管理系统，实现供应链的高效协同和管理。例如，在供应链环节，企业需要实时监控原材料的采购、生产制造、库存管理和物流配送等各个环节，确保产品的及时供应和库存的合理控制。企业甚至可以通过与供应商的紧密合作，根据对市场需求的预测，进行精准的采购计划，减少库存积压和浪费。同时，数字化运营还需要企业能够响应客户的需求，及时调整生产计划和产品配置。甚至在大量柔性制造和生产的领域，数字化运营已成为这些企业成功的关键秘诀。

电商平台 SHEIN 之所以能够在走出中国后，在北美市场一骑绝尘，就在于它能够实时了解最前端市场的需要，并且将这些需要转化成对供应商订单的指导。SHEIN 先通过小批量的产品来测试，一旦发现产品符合市场的需求，如点击量达到一定数量，就下更多订单。SHEIN 通过这种敏捷的前后互动的数字化运营，让市场和供应链之间形成更快的沟通协作方式。

在 SHEIN 的模式出现之前，快时尚的领军企业是西班牙的 ZARA，其产品从发布到交付至消费者手中，只需要 21 天。但是 SHEIN 通过基于人工智能的数字化运营方式，将这一周期压缩到不到 10 天，这还是在跨境贸易中完成的。这一切都是快速高效的数字化运营带来的结果。在效率提升上，生态协作和数字化运营已经渗透到流程的每一个环节，对企业提效和获得竞争优势至关重要。

在组织维度，分为敏捷组织和人才赋能两个视角。

敏捷组织，是一大特色，它要求企业有灵活的组织架构，能够快速响应市场变化和用户需求。敏捷组织通常决策过程短、速度快，经过少量的决策和判断就可以响应市场变化。同时这类企业鼓励创新和试错，营造了一种开放和包容的企业文化，在这种文化氛围下，员工能够积极提出新的想法和建议，并迅速付诸实践。

人才赋能，是指对人才技能的培养和对变革性心智模式的开发。组织需要前瞻性地看待人才技能发展，将它与未来的技术和新的组织形态结合起来。所有的人才培养都要具有前瞻性思维，企业带给人才的不是过去的技能和知识，而是基于未来的技能和开阔的眼界。在 AI 技术日新月异的今天，对企业而言，人工智能数字化运营、变革思维和创新方法就变得尤为重要。

1248 模型，可以帮助企业快速搭建数字时代的创新架构和运营体系。在这里需要强调的是，企业的核心任务首先是创造价值，其次是将创造价值的效率不断提升。

所以如果我们发现关键障碍只是出现在效率上，也就是只与组织和流程相关，我们要多问一句：我们是在原有的价值模式下提升效率，还是需要寻找更好的价值创新模式，然后再去进行效率的提升。这是两个完全不同的问题，前者是基于现有价值模式的效率提升，后者则是寻找新的价值创新，会触发新的战略变革。

如果说前者是模仿，那么后者才是真正的基于价值创新下的效率提升。在今天的巨变时代，简单的模仿已经难以满足企业生存的需要，因为所有人的模仿速度都越来越快，内卷的压力就是这样产生的。而能够进行有效的价值创新，在产品和模式诸方面进行不断的排列组合，然后再进行最优的效率提升，企业才有可能生存下去，乃至最终胜出。

如果我们将价值创造和效率提升看成"阴"和"阳"的两面，过去的"阴"和"阳"是在缓慢地旋转，而今天它们旋转的速度会越来越快，当我们还在进行"阴"这一面的效率提升的时候，就要想到"阳"那一面的价值创造会发生在何处？同样在进行"阳"的一面的价值创新设计的时候，就要想到如果有人复制这个模式，我的效率提升这一面的下一步该如何应对？所以1248模型提供了一个全面的思维框架，让大家看得清楚想得明白，如何在这个巨变的时代里，立于数字变革的不败之地。

1248模型是以数据为核心，也就是以人工智能为核心。无论是业务创新还是运营创新，所有数据都会进入企业的模型中去进行深度的提炼。各行各业正在涌现的垂直类的大模型，会帮助企业从数据中产生深刻的洞察，寻找价值创造和效率提升的要点。但无论什么样的洞察，最终还是要放到实践中进行检验，这是通用人工智能向专业人工智能转变的必由之路。

24种盈利模式

传统的战略设计普遍重视核心竞争力的打造，也就是胜过对手。后来很多企业也开始重视客户价值的创造，但是一个重要环节往往被遗漏了，那就是如何将客户价值转换成企业价值，并且实现稳定的盈利。

在资本充裕的年代，一个好的项目往往会赢得多轮资本的追捧，只要有好的前景，就有人愿意在估值高涨的推动下，不断地投入资金，尤其对那些曾经创业成功的连续创业者来说，融资不是太大的问题。但是今天我们进入巨变的时代，随着市场的高度变动，投资者和经营者都在思考两个问题：这个项目何时可以赢利？我们何时可以获利退出？

因此，战略创新设计有一个逃不掉的环节，就是设计盈利模式。

所谓盈利，就是企业的收益减去成本，如果能够稳定且持续地增加收益、减少成本，企业自然能够赢利。但是这只是个结果，用什么样的方式让企业持续增加收益，并且有效减少成本或者摊薄成本，我们需要对此进行盈利模式的战略创新设计。

关于这个话题，美国管理顾问斯莱沃斯基在他的《发现利润区》一书中，给出了22种盈利模式。这22种盈利模式比较零散，而且没有数字经济时代的经验总结，我结合多年的工作实践，在此基础上进行了优化和整理，将盈利模式扩充到24种，并分为4个模块（见图7-2）。

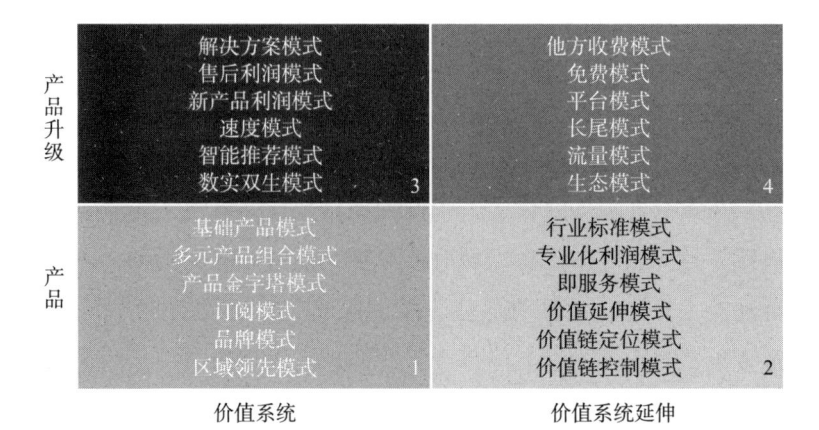

	价值系统	价值系统延伸
产品升级	解决方案模式 售后利润模式 新产品利润模式 速度模式 智能推荐模式 数实双生模式　　3	他方收费模式 免费模式 平台模式 长尾模式 流量模式 生态模式　　4
产品	基础产品模式 多元产品组合模式 产品金字塔模式 订阅模式 品牌模式 区域领先模式　　1	行业标准模式 专业化利润模式 即服务模式 价值延伸模式 价值链定位模式 价值链控制模式　　2

图 7-2　24 种盈利模式

模块 1 是基础盈利模式，它是在企业的基础产品和自身的价值系统当中完成的，是一个企业最基本的盈利模式设计。例如，我们熟知的多元产品组合模式，就是将不同特质的产品或不同生命周期的产品组合在一起，使企业能够在不同的市场和客户群体中获得收益，同时对冲行业发展周期的波动风险（见图 7-3）。

模块 2 称为价值延伸盈利模式。它是在企业原有产品的基础上，跳出内部价值链，延展到企业所在的价值网络或者生态系统，从而获得新的战略性盈利的来源。例如，企业如果采用其中的价值链定位模式，就要让自己在价值系统中找到一个无可替代的优越地位，并且不断强化这样的地位，从而获得更多的优势以及持续的收入来源（见图 7-4）。

模块 3 称为产品升级盈利模式。产品通过自身的技术和数字化智能化的结合来进行升级，从而找到新的盈利方式。例如，速度模式就是通过产品研发的高速度，引领市场的潮流和赢得客户的忠诚度，从而获得战略性的市场优势（见图 7-5）。

模块 4 是复杂交易盈利模式，它跳出了原有的企业价值链，进入价值网络和系统，同时也利用产品升级带来更强的技术优势。例如，平台模式就是通过商业平台或者技术平台，在价值系统高端获得定价权，从而让企业获得盈利（见图 7-6）。

这 24 种盈利模式在企业的战略创新中往往可以组合使用，从而达到很好的设计效果。

我们在第四章曾经介绍过，陕鼓集团利用三大业务板块的设计，拓宽了自身的增长空间，奠定了长达十多年的企业持续发展的战略基础。在每个板块的设计当中，陕鼓集团都采用了至少两种盈利模式的设计，从而指导企业在战略执行过程中，将盈利模式的要点融入企业运营的细节（见图 7-7）。

首先，核心装备板块采用了价值链控制模式，就是进入产业链高端来获利的模式。这是所有掌握核心技术能力的企业，都可以采用的盈利模式，这些企业处于产业链的顶端，而产业生态中的其他企业围绕着它们来提供零组件和配套服务。这种模式让产品的高端集成者拥有定价权以及现金流的管理权，可以主动地进行盈利设计。

盈利模式	说明	案例	业务模型
基础产品模式	• 基础产品是低价甚至免费的，但是在其上的应用部分，可以持续收费 • 客户价值：减少客户的一次性投入和固定资产投入 • 企业价值：降低获客成本和门槛，获得持续稳定的收入	• 吉列刀架+刀片 • 打印机+墨盒、硒鼓等耗材 • 按需打印，打印机免费，按照打印数量收费 • 航空发动机低价，发动机按照飞行使用时间收费	
多元产品组合模式	• 多种产品组合，从低端到高端全覆盖，成为产品线组合 • 客户价值：为客户提供全线产品选择 • 企业价值：处于不同细分市场和不同生命周期的产品，形成收入互补和风险对冲	• 复星投资，投资不同的行业或产业，横跨医药、钢铁、养老、文旅等，获得不同产业不同生命周期产品的风险对冲 • 食品公司雀巢，多年前实现了"1+N"的战略，拥有超过2000个品牌，涉及婴儿营养、饮料水、咖啡、糖果巧克力、宠物食品、专业餐饮解决方案、乳制品、健康科学、冷冻食品、调味品等领域	
产品金字塔模式	• 基础业务提供进入市场的基础产品，高端业务建立在基础业务之上，彼此之间形成支撑和带动效果 • 客户价值：基于基础产品的整体解决方案 • 企业价值：形成市场进入梯度和价值协同	• IBM公司的硬件、软件、集成服务、咨询服务整体解决方案、硬件和软件是基础，集成和咨询服务是在此基础上为客户提供技术整合与业务转型支持 • 某制造业企业的压缩机业务，为其上的工程服务和全生命周期服务提供基础，形成"皮"和"毛"的关系	

第七章 聚焦创新——战略创新的突破

订阅模式	• 向客户提供定期的产品或服务，客户则以定期付费的方式来获取这些产品或服务 • 客户价值：为客户提供便利，稳定甚至个性化的产品或服务，帮助客户更好地进行成本控制 • 企业价值：稳定的收入流，增强的客户黏性，获得数据洞察，降低营销成本	腾讯视频是典型的订阅模式。用户每月支付一定的费用，就可以观看大量电影、电视剧和纪录片。对用户来说，可以随时随地观看自己喜欢的内容，无须购买光盘或担心广告的干扰，享受了极大的便利性和个性化体验。对腾讯视频来说，订阅模式为其带来了稳定的收入，使其能够投入更多资源制作高质量的内容，同时可以通过对用户数据的分析，不断优化推荐算法，提高用户满意度和黏性
品牌模式	• 塑造强势品牌，在某一领域产生独特的客户认同 • 客户价值：为客户提供稳定的品质和服务，并使其产生品牌联想，塑造不同的品牌归属感 • 企业价值：获取品牌溢价带来的超额利润	星巴克咖啡，提供的不是咖啡，而是为白领群体提供家和办公室之外的"第三空间"。在某个细分领域，消费者可以记住的通常是前两个品牌
区域领先模式	• 在某个区域集中投入资源，在业务覆盖和客户服务等方面领先对手，获得区域客户的高度认同 • 客户价值：为区域客户提供更优质、更便利的产品和服务 • 企业价值：因为业务聚焦和区域客户忠诚度，获得长期稳定的收益	总部地处河北省黄骅市的信营楼百货，以卓越的客户服务，在河北、山东一带创四、五线城镇享有盛誉，年收入达200多亿元，有约4万名员工，开店数量达40多家。很多成功的零售业和服务业企业，采用区域领先模式

图 7-3 基础盈利模式

盈利模式	说明	案例	业务模型
行业标准模式	• 以市场领导地位，建立行业标准，包括技术标准和经营标准 • 客户价值：以标准化的产品和服务，满足对质量和成果的期待 • 企业价值：通过建立标准，获得客户对企业领导地位的认同，并获得基于技术标准的先发优势、品牌优势和成本优势	• 华为通过对5G技术的持续投入，成为该领域拥有专利数最多的公司，一举占据该市场的领导地位，并持续获得专利使用费 • 麦当劳凭借餐饮店店面设计和出餐质量，成为快餐行业标准，当众多餐饮业学习麦当劳模式的时候，其已占据了市场领导地位	行业标准
专业化利润模式	• 通过提供专业的服务，创造产品和客服务的更高效率和更好体验 • 客户价值：为特定复杂问题找到专业有效的解决之道 • 企业价值：通过专业化服务和增值服务，创造差异化的价值	• 所有的咨询机构提供的都是专业化服务。但是，每个机构提供的专业化的差异点，才是该模式成功的关键 • 某制造业企业的气体业务，依靠的是气体生产。这一非常细分领域的专业服务。其专业程度，决定了产品的质量和覆盖的广度，以及获利的程度	
即服务模式	• "即服务"（as a Service）模式基于云计算和远程管理，它允许客户通过互联网进行按需访问和使用各种软件，而无须购买和维护本地的硬件和软件，包括软件即服务（SaaS）、平台即服务（PaaS）、基础设施即服务（IaaS）和设备即服务（DaaS） • 客户价值：降低成本、灵活性和可扩展性、便捷性、专业支持 • 企业价值：稳定的收入流，提高效率，拓展市场，数据驱动的决策	• 微软的Azure是一种全面的云计算服务，包括IaaS、PaaS和SaaS等多种子模式。企业可以根据自己的需求选择使用Azure的计算、存储、数据库、人工智能等服务。无须构建和维护自己的基础设施，这使得企业能够更快地部署和扩展应用程序，提高了业务的敏捷性 • 陕故的产品全生命周期服务，远程在线诊断等服务，为客户创造产品购买之后的增值，增加了产品的使用价值	价值链服务 产品 服务

			价值系统
价值延伸模式	• 为客户提供在原有价值链或者价值系统中的价值延伸，例如融资、代销等 • 客户价值：在可能的价值延伸领域获得的支持 • 企业价值：通过提供价值延伸的服务或产品获利	• 汽车业在销售车辆的同时，为客户提供保险和分期付款融资业务，能够促进产品销售，获得价值延伸回报	
价值链定位模式	• 在产业价值链当中，占据独特的定位 • 客户价值：为客户提供高价值和更专业的服务 • 企业价值：通过提供独特价值获利	• 台积电创始人张忠谋设计了独特的Foundry+Fabless模式，拆解了原来的IDM芯片制造模式，为台积电逐渐确立了代工厂龙头地位，找到了价值链中独特的定位，高居全球高端芯片制造市场份额榜首	
价值链控制模式	• 在价值链当中，因为处于上游或者关键位置，可以控制整个价值链 • 客户价值：通过整合、优化或主导产业价值链关键环节，为客户创造更加高效的价值 • 企业价值：获得更高的溢价和定价权	• iPhone价值链由苹果公司主导，所有价值链各环节围绕苹果公司的创意、研发而动。苹果公司获得整个手机利润的60%，而代工生产的富士康所获利润仅为1.6%	

图 7-4　价值延伸盈利模式

盈利模式	说明	案例	业务模型
解决方案模式	• 为客户提供对于业务问题和技术问题的综合性解决方案 • 客户价值：从一个供应商获得解决问题的完整方案 • 企业价值：获得解决问题后的超额价值对价	• IBM公司对客户的技术和业务问题进行咨询和诊断，然后提供整体性的方案，为客户解决系统性的难题	系统解决方案
售后利润模式	• 不仅从初期出售的产品或者服务中获利，而且从售后服务中获利 • 客户价值：可将产品对价或价值对价进行分期支付，减轻客户一次性支付的压力 • 企业价值：可获得长期的现金流和利润	• 提供产品的零部件更换是一种典型的售后服务 • 特斯拉的软件OTA付费服务模式，即顾客付费升级OTA，是其未来的核心商业模式	售后利润 / 产品利润
新产品利润模式	• 通过推出新产品来吸引消费者的购买，同时淘汰老的产品 • 客户价值：总能获得新的产品和新的服务 • 企业价值：不断在新产品上获利，同时也拉开了与竞争对手的差距	• 新的高利润产品推出后，发展很快，产品越成熟，利润下降越快。如手机行业，每一代产品一般半年更换一次、半年后，老产品的价格就会直线下降，企业需要靠新产品的价格去获利	

速度模式	• 运用产品研发的速度，或者市场推广的速度，建立时间优势，让对手难以超越甚至难以追赶。 • 客户价值：为客户提供更快速的产品和服务。 • 企业价值：因为速度优势，获得相对于对手的超额利润。	• 台积电公司在研发上领先于老对手三星和英特尔，总是领先地位，享有高额利润，并投入下一代技术研发。对手疲于追赶，在定价上被台积电压制，缺少持续投入，英特尔已经宣布放弃"Intel 20A"工艺节点。
智能推荐模式	• 利用数据分析技术、算法和人工智能手段，基于用户的行为数据、偏好数据、浏览历史记录等多维度数据，服务或内容推荐个性化的产品，服务或内容推荐。 • 客户价值：节省用户在海量信息中搜索和筛选的时间和精力，提供个性化体验。 • 企业价值：提高销售转化率和客户忠诚度，优化运营和资源配置。	• 拼多多广泛应用智能推荐系统，通过分析用户的购买历史、浏览记录、搜索行为等数据，为用户提供个性化的商品推荐。例如，当用户购买了一台电子产品后，系统会推荐相关的配件。这种智能推荐模式极大地提高了用户的购物体验和购买转化率，为拼多多带来了显著的销售增长。
数实双生模式	• 利用数字技术对现实世界中的物理实体、业务流程、运营环境等进行数字化映射和建模，在数字空间中创建虚拟数字孪生体；同时，基于数字操作、模拟进行分析、优化、高效运营和创新发展。 • 客户价值：个性化定制与体验提升，预防性维护，创新参与和价值共创。 • 企业价值：优化运营管理与降低成本，加速产品研发与创新迭代。	• 西门子在工厂自动化生产中，为生产线创建数字孪生体，通过实时数据采集和分析，实现生产过程的全面监控和优化。在产品研发阶段，工程师可以在数字孪生环境中对新产品进行虚拟设计、测试和验证，提前发现并解决潜在问题，缩短产品上市时间，提高产品质量和生产效率。同时，通过数字孪生技术对设备进行预测性维护，减少设备故障停机时间，降低运维护成本，为客户提供更可靠的产品和服务。

图 7-5 产品升级盈利模式

盈利模式	说明	案例	业务模型
他方收费模式	• 消费者或客户获得消费体验，但不需要为体验付费，由他方承担相应成本 • 客户价值：客户获得需要的体验和服务，同时也可以获取免费或低投入的产品或服务 • 企业价值：将成本转移给其他利益相关方	• 线上视频产品，如爱奇艺，消费者可以用很低的会员价格购买视频服务，但消费过程会被动接受依投入的广告商的广告植入	
免费模式	• 免费模式是将他方收费模式的极端形式，不收取费用 • 客户价值：客户可获得免费的服务或体验 • 企业价值：与相关利益方合作，通过其他形式分配利益	• 如浏览器，在浏览器里输入文字，我们可以查询信息，但查询过程会有广告植入，浏览器是免费的，但广告植入是潜在成本	免费
平台模式	• 为客户提供多方交易和技术共享平台 • 客户价值：为客户提供完整的系统，带来便利及连续性的体验，进入门槛低 • 企业价值：获取持续的流量和客户的忠诚度	• 商业平台，如阿里巴巴，提供多方交易的系统 • 技术平台，如安卓系统、微软的Windows操作系统或office等	
长尾模式	• 为客户提供更多样化的产品或服务，使客户能够找到更符合自己兴趣和偏好的选项，通常在线上实现 • 客户价值：提供更多选择，降低搜索成本，满足个性化需求 • 企业价值：增加销售额和利润，降低成本，提高客户忠诚度，致力企业创新	• 京东是长尾模式的典型代表。它的线上平台提供了数以百万计的商品，包括各种小众和独特的产品。通过强大的搜索和推荐功能，客户可以轻松找到自己想要的商品 • 爱奇艺通过提供大量的电影、电视剧和纪录片等内容，满足了用户多样化的观看需求。除了热门推广一些小众的、独特的内容，爱奇艺还投资制作和推广一些小众的、独特的内容以吸引不同兴趣爱好的用户	长尾 头部 数量 品种 O

第七章 聚焦创新——战略创新的突破 | 195

模式	说明	案例	图示
流量模式	・企业吸引大量的用户流量，并将其转化为商业的模式。在这种模式下，企业的核心目标是获取尽可能多的用户流量，然后通过广告、付费会员、电商等方式实现流量的变现 ・客户价值：提供丰富的内容和服务，以及免费或低价的使用体验，通过个性化推荐、社交互动增加用户的参与感和黏性 ・企业价值：广告收入、付费会员、电商收入和数据价值	・抖音是一款短视频分享平台，拥有庞大的用户流量。用户可以在抖音上观看各种有趣的短视频，同时也可以自己创作和分享短视频。抖音通过广告投放、电商合作等方式实现流量变现 ・腾讯拥有多个知名的产品和平台，如微信、QQ、腾讯视频等，这些产品和平台吸引了大量的用户。腾讯通过广告、游戏、付费会员等方式实现流量变现	
生态模式	・企业通过构建一个相互关联、相互促进的生态系统，整合各种资源和合作伙伴，为客户提供全方位的产品和服务，从而实现商业价值的最大化 ・客户价值：一站式解决方案、丰富的选择、产品和服务的协同效应，以及持续创新 ・企业价值：资源整合与协同、创新与增长、客户黏性和忠诚度、抗风险能力	・阿里巴巴构建了一个庞大的商业生态系统，包括淘宝、天猫、支付宝、阿里云等多个业务板块。通过这个生态系统，阿里巴巴为客户提供了从购物、支付、物流到金融、云计算等全方位的服务 ・苹果构建了一个以iPhone、iPad、Mac等硬件产品为核心，结合iOS操作系统、App Store应用商店、iCloud云服务等软件和服务的生态系统，用户可以在苹果的生态系统中享受到全方位的服务	

图 7-6 复杂交易盈利模式

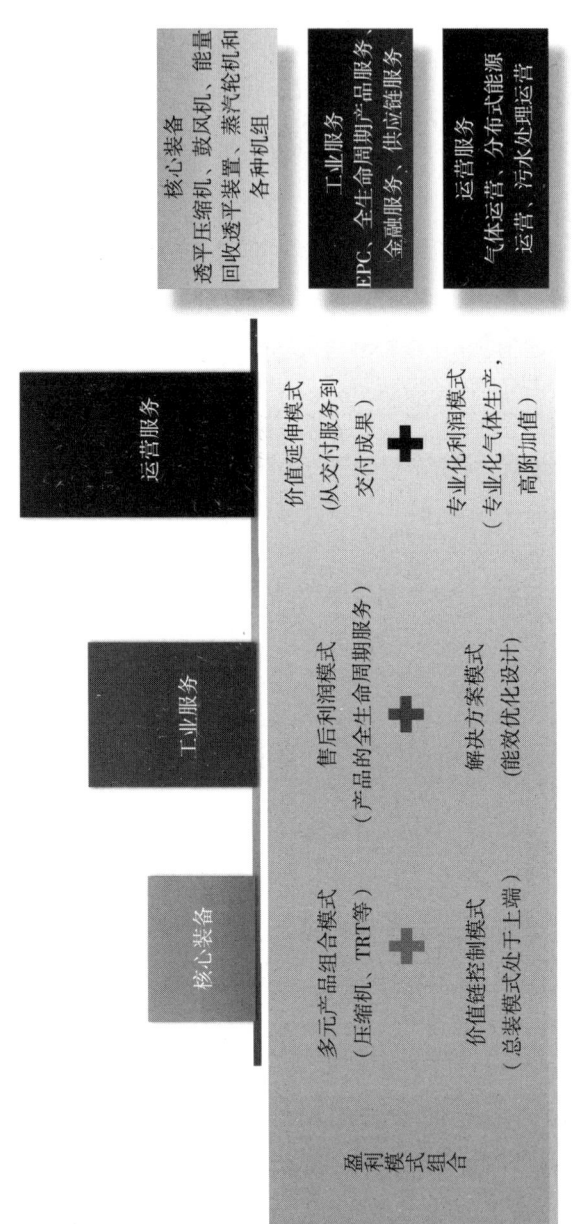

核心装备
透平压缩机、鼓风机、能量回收透平装置、蒸汽轮机和各种机组

工业服务
EPC、全生命周期产品服务、金融服务、供应链服务

运营服务
气(体)运营、分布式能源运营、污水处理运营

盈利模式组合	核心装备	工业服务	运营服务
	多元产品组合模式（压缩机、TRT等） ＋ 价值链控制模式（总装模式处于上端）	售后利润模式（产品的全生命周期服务） ＋ 解决方案模式（能效优化设计）	价值延伸模式（从交付服务到交付成果） ＋ 专业化利润模式（专业化气体生产、高附加值）

图 7-7　陕鼓集团三大业务板块的盈利模式设计

在核心装备板块，陕鼓集团还运用多元产品组合模式，将不同的产品和设备组合运用在不同的行业，利用行业发展的周期规律进行风险对冲。例如，当钢铁冶金行业处于产能饱和的时候，能源化工行业却处于上升阶段，运用多个产品做多个行业的风险对冲，能够获得稳定的盈利。

其次，在工业服务板块，陕鼓集团运用售后利润模式和解决方案模式，将产品交付的外延扩大。售后利润模式专注于产品的全生命周期服务，是产品售后的自然延伸；而解决方案模式是对系统的高附加值服务，例如，陕鼓集团进行了系统的能效优化设计，包括第二次转型时所推出的能源互联岛解决方案设计。

最后，在运营服务板块，陕鼓集团采用价值延伸模式和专业化利润模式，从自身的核心业务出发进入客户的运营环节，不再只关注设备的销售和安装服务，而更多关注设备如何为客户生产产品。从为客户提供技术和设备，转变成为客户带来生产结果，例如，让压缩机生产工业气体，或者为客户经营高效的供应链，并且通过这种方式获得更加多元的收入。

在这里要强调的是，复杂交易盈利模式设计往往意味着多触角的盈利来源，这可以让企业的盈利活动进行风险对冲，但同时也带来了经营活动的复杂性。驾驭一个多收入来源的企业，比驾驭一个单纯收入来源的企业自然要复杂得多，所以复杂系统盈利模式设计是有代价的，那就是提高了管理的复杂度。

但是一个看似复杂的业务系统，如果能够共享一些基本的基础设施或者产业组件的话，依旧可以获得规模效应。陕鼓集团复杂的业务设计背后，仍旧是具有技术领先优势的压缩机设计和制造能力，以及相对成熟的解决方案设计和实施能力。这些就是陕鼓集团进行复杂交易盈利模式设计的基础设施和产业组件。

最终要将复杂的商业模式设计归结到收入和成本管理，而这一切也可以让财务运营系统更加具有战略性，而不只是基于产品的利润管理。

这 24 种盈利模式，为企业找到快速持续的盈利方向提供了一套系统的思维方式和框架。当然每一个模块不仅包含 6 种盈利模式，还可以容纳更多盈利模式到这个框架当中。如果我们的创新思维更打开一些，就能以这 4 个模块框架为基础，找到更多的盈利模式。

寻找运营的关键

有些企业希望非常快速地讨论客户价值以及与之相关的运营模式，这里就给大家推荐一个快速有效的战略创新的方法，这种方法从明确企业的客户价值主张入手，也就是我们在轻战略第二步讨论的核心内容。

在此基础上，运用 4D 创新模型进行产品和模式的设计，然后运用从价值点到运营点展开的方式，通过价值—运营矩阵找到关键的运营突破点，将有限的资源集中在最重要的运营点上，去实现客户价值主张。通过这个方式，能够实现价值创造和运营提升两个方面的快速创新。

帕累托原则

在这里，我们需要明确的基本原理是帕累托原则，俗称 80/20 原则，也被称为关键少数原则。其核心观点是约有 20% 的因素影响了 80% 的结果，也就是说所有变量中最重要的仅有 20%。虽然剩余的 80% 在数量上占了多数，但其对结果影响的幅度却远低于关键的少数。

这一原则在我们解决战略问题的思维中非常重要，它让我们抓住问题的主要矛盾，寻找关键因素，而不是平均分配资源。

这个原则对我们选择核心的运营举措格外实用，它可以避免我们将资源耗费在低产出的运营项目中，但是明白道理和付诸实践是两件事情，这就是科学和工程的区别。轻战略的方法在某种意义上来说也是一种战略的工程学，就是将这些管理的理念最终转化成工程化的行动，以得到有效的结果。

Costco（开市客）的运营重点

我们不妨通过 Costco 的例子，来看一下如何实现从价值主张到关键运营点的突破。

Costco是一家非常成功的会员制仓储超市，1983年在美国华盛顿州西雅图建立之初，就以优质的货品和低廉的价格吸引了消费者。Costco的运营独具特色，例如，它的品类并不多，通常只有3500～4000个SKU（库存单品），约是沃尔玛超市的1/5。而且Costco通常在每一个品类里只有一两个SKU，这种独特的运营方式，可以减少消费者在购买时的犹豫和比较。特别当Costco提供的每个品类的产品，都具有高性价比的时候，消费者往往会毫不犹豫地下单购买。这听起来似乎是很多企业期望的样子，而实际上Costco真的做到了这一点，其商品兼具质优和价廉的特点，非常受消费者欢迎。

Costco还有一个堪称"逆天"的规定：每一款产品的加价如果超过15%，就要获得CEO的特别批准。这简直和通常企业的运营思路完全相反，很多企业是如果加价低于15%，才要获得老板的批准。这一方式就是为了让消费者得到更大的利益，而Costco的盈利，主要来自它独特的会员制度和会员费收入。

只有会员才可以进入Costco购买商品，而且所有会员都可以享受随意退货的待遇。即便是已经喝了半箱的啤酒，也可以随时退货。因此在Costco购物的时候，如果你对某件商品拿不定主意而问旁边的老顾客，你往往会听到一个有趣的回答："那就买下，不合适的话可以退货啊。"这一退货机制让消费者获得了底线保证。实际上，消费者退货的时候通常不会空手而回，而是顺便再采购一批新的商品。所以在 Costco 的门店里往往会看到两条长龙，一条是退货的排队会员，另一条是等待进场的会员，你会发现前脚退货的人，常常后脚就排队入场接着"买买买"。

正是这些独特的运营方式，构成了 Costco 独特的价值主张，包含以下 5 个方面：

- 高品质商品
- 低价格策略
- 会员制度
- 优质顾客服务
- 一站式购物体验

为了让这些独特的客户价值主张得以实现，Costco 设计了支撑它们的组织和流程体系。其中最关键的就是建立了战略性集中采购的供应链管理系统，通过大规模的集中采购来降本保供。Costco 的自营品牌甚至有长期供应商提供优质的有机食品，并且通过限制商品的选择来降低客户选择的难度。通过这样的方式，可以简化库存管理和操作的流程，让超市的效率大大提高。

同时 Costco 还在大量采购和供应链管理、限制商品选择、产品放置和库存周转、员工培训和激励，以及仓库效率和技术创新上不断投入资金。图 7-8 展示了 Costco 的运营重点。

大量采购和供应链管理	限制商品选择	产品放置和库存周转	员工培训和激励	仓库效率和技术创新
Costco大规模采购商品与供应商建立长期合作伙伴关系。这种策略有助于降低采购成本，并确保供应链的稳定性	相比其他零售商，Costco提供的商品种类相对较少，只有3500~4000个SKU。这一做法有助于简化库存管理和供应链操作，并降低成本。此外，Costco通常专注于高品质和高销量的商品	Costco采用了一种经精心设计的仓储布局，以便顾客能够方便地浏览和购买商品。它经常对商品布局进行优化，以提高销售和库存周转率	Costco注重对员工的培训，并提供有竞争力的薪酬和福利。这样做有助于提高员工的工作效率和满意度，确保他们能够为顾客提供优质的服务	Costco致力于提高仓库运营效率，并积极采用技术创新。它用自动化系统和物流技术来提高订单的处理速度和准确性

图 7-8 Costco 的运营重点

这时一个问题出现了。如果你是 Costco 的管理者，你手上可能有 5 个或者更多这样的运营改善的项目，你应该优先做哪个？这时 Costco 的价值—运营矩阵就会帮我们进行分析（见表 7-1）。

表 7-1　Costco 的价值—运营矩阵

价值点	运营点						
	价值重要度	大量采购和供应链管理	限制商品选择	产品放置和库存周转	员工培训和激励	仓库效率和技术创新	价值总分
高品质商品	H	45	45	25	25	5	145
低价格	H	45	45	45	25	45	205
专属会员制度	M	27	27	15	27	15	111
优质客户服务（退货）	H	36	36	20	36	20	148
一站式购物	L	18	18	18	10	18	82
运营总分		171	171	123	123	103	

表 7-1 就是我们矩阵分析的结果，其中行是 Costco 的价值点，列是其运营点。这张表将价值点的重要程度和运营点的关系，经过简单的算法组合得出来两组分值，一组是价值点的价值总分，另一组是运营点的运营总分。从这个分值结果可以清晰地看到，通过这 5 个运营改善项目，价值点最重要的三项，即高品质商品、低价格和优质客户服务（退货），的确获得了更高的价值总分，这意味着运营创新的关键突破点有效地支持了客户价值点的塑造和落实，达到了突出价值主张的目的。

不过更重要的是在运营总分的评估上。我们看到运营得分最高的两项，是大量采购和供应链管理与限制商品选择，这两项对于突出价值点是非常重要的，同时也表明要让价值点得以落实并呈现给客户，这两个运营点需要更多的关注。需要将更多的资源投入在这两个运营点上，才能让所有的价值点的突出成果得以实现。

小结一下，通过价值—运营矩阵，我们可以检验主要运营措施能否有效地突出最重要的价值点。如果不能够突出价值点，就需要重新选择不同的运营创新突破点。同时，我们也能够清晰地判断需要运营创新的突破点，进而将资金、人力投入在这些运营点的改善上，从而使战略创新的落地实施得到有力的保障。

无论是价值—运营矩阵的方式，还是对于关键问题的群策群力，其本质都是为了关键障碍的解决。将运营创新的突破点放进战略地图中，与价值主张以及相关的客户体系进行对应，就会完成一张完整的战略地图。

通过战略地图的要素之间的关联和数据的不断校验，就可以形成完整的战略视角。对关键参数的提炼，也可以让我们形成组织的 KPI 体系。过去极为繁杂、不知如何入手的战略地图，通过这个方式就可以很容易地落地，这也是对轻战略前四步的总结和归纳。

战略地图的独特价值

首先,战略地图是一个可视化、系统化的工具。战略地图将组织内关键的战略举措和活动事项,用可视化的方式呈现出来,让我们看到一个全景,而且可以找到战略事项之间的内在关联。这种系统化的展现方式,使得团队在进行战略决策的时候能够看到不同部门、不同人员和不同战略举措之间的关联,从而产生一种系统感,把组织内原先割裂的各种事项整合在一起,并呈现出来。这样的呈现方式在团队进行战略思考和决策的时候,作用是非常巨大的,往往带来震撼性的效果(见图 7-9)。

其次,一张完整的战略地图,包括内部逻辑结构的嵌套,能够让我们看到战略思考中潜在的漏洞。这些漏洞即便是在团队头脑风暴和共识性讨论中,或是在差异化思考的情境下也是会产生的。

在战略地图的整个框架里,轻战略最看重的是客户层面的客户价值主张。差异化的客户价值主张是战略的立足点,也是产生我们未来所期待的组织愿景、战略目标,或者推导出财务人员所需要的财务目标的基础。因此,它是我们最需要关注的方向。

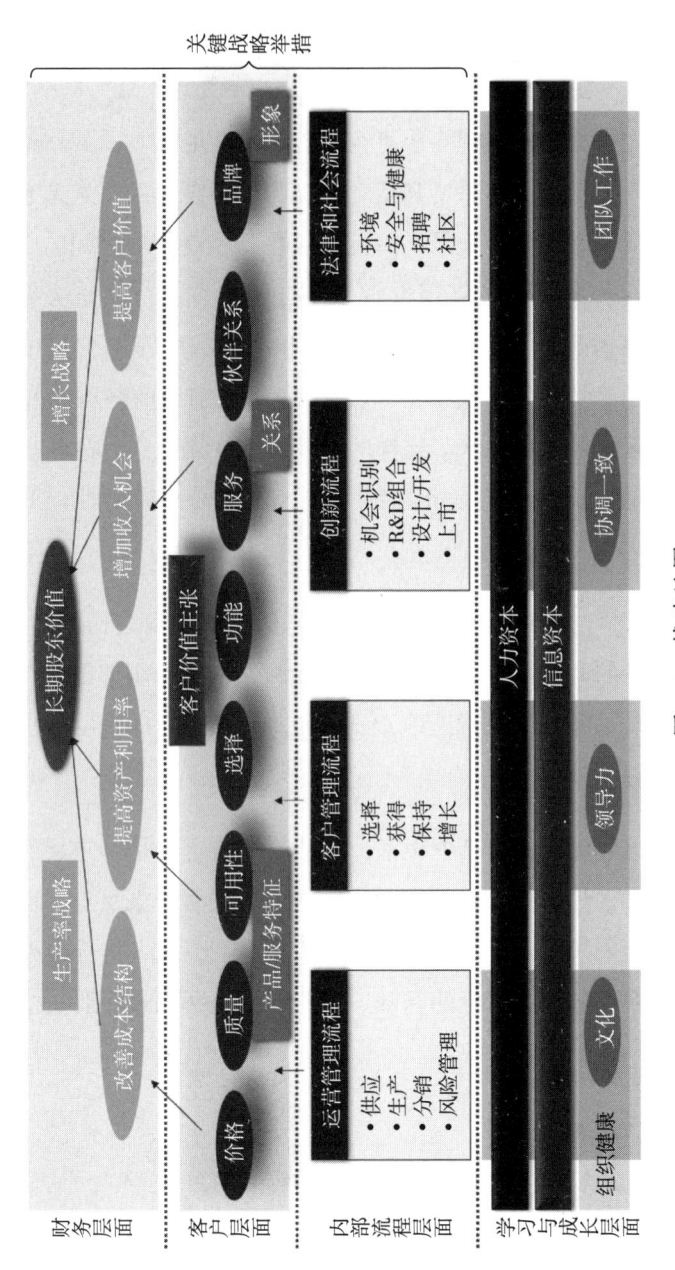

图 7-9 战略地图

要实现我们所设计的差异化价值主张,内部流程层面的内容是非常关键的,它们是创造价值的基础,因此我们需要把这些内容之间的逻辑关系非常清晰地表述出来。在这个过程中所形成的那些关键流程,经过聚类、归纳会形成若干关键类别的事项,我们将这些事项称为战略主题。战略主题指明了在一个战略周期内,我们需要聚焦的关键方向和任务。

提炼战略主题的诀窍

在轻战略的实践中,我建议每一个组织所形成的战略主题在三个左右,过多的战略主题会削弱组织的战略聚焦。这些战略主题直接指向我们要实现的客户价值主张,从而让我们有机会聚焦在最关键的几类大事上。

形成战略主题的团队讨论过程,可以让轻战略的制定充满洞察力,这会让我们看到团队有可能存在的思维盲区和偏差。事实上,不同特质和背景的团队所进行的战略创新,其结果可能是非常不同的。

然后,我们要认真地问自己一个问题:所有的这些战略举措和战略主题,是否足以产出我们所期待的客户价值,并且最终实现我们的战略愿景呢? 如果不能,我们需要把其中可能遗漏的关键战略举措通过进一步的讨论来补足,并更新战略主题,使其成为我们战略实施的聚焦点和着力点。

通过战略地图,我们形成了一系列的战略主题和相关的战略举措。在这些初步形成的战略举措的基础上，我们还需要思考几个关键的问题：

- 这些战略举措能否让我们实现所期待的客户价值主张？
- 在这个过程中，我们是否充分考虑了市场竞争的因素，构筑了差异化的优势？
- 我们所捕捉的市场机会，是否和我们这些战略举措有内在的关联？
- 我们是否强化了自身的优势，而非相反？

这些问题的思考，实际上都指向一个关键的命题——战略举措的设计不仅仅是理性化的推导，更重要的是要符合实际，要能够构建独特的优势，然后，要使组织能够在一系列战略举措的实施过程中，实现那个最终的目标，也就是兑现客户价值主张，最终实现自身的愿景。

生成战略地图的过程，实际上也是在推动企业战略效能的最大化。战略地图可以让我们清晰地看到制定企业战略时需要关注的关键要素，包括客户价值、竞争优势、持续学习以及是否用敏捷的方式直达目的，并且简化战略地图的形成过程。这个过程就是对战略效能的一个最佳诠释。

KPI 和 KPA

战略目标分解的理念到今天为止也不算过时，在轻战略中，它是使得组织间彼此支撑、承诺以及负责的重要基础。即便是在扁平化的组织内，也需要找出这些指标之间的关联。战略地图为我们提供了这样一个绝佳的可视化战略模板，将关键战略举措的描述性目标提炼出来，这就是我们大家所熟知的KPI（Key Performance Indicator，关键绩效指标）。

KPI 需要简化，那些复杂的、不易理解的甚至彼此没有逻辑关系的 KPI 体系，会造成团队的困扰，也会使整个管理体系显得十分荒谬。KPI 的要点在于精炼，在于提炼出重点，而不在于庞杂纷繁。庞杂的 KPI 体系显示出战略思维的混乱、执行的聚焦缺失和责任感的丧失。在轻战略的实践中，我建议每一个人和他所代表的小组织所负担的 KPI 在五项左右。

对应 KPI 的就是图 7-9 中所列示的内部流程层面方框中的关键战略举措，分布在战略地图中的客户、内部流程和学习与成长层面，我把这些关键战略举措称为 KPA（Key Performance Area，关键绩效领域）。任何一项 KPA 都不是孤立存在的。例如，内部流程层面的 KPA，其结果指向客户层面，而学习与成长层面的 KPA 是其在内部流程层面创造价值的组织基础。任何一个 KPA，和周边是有关联支撑及内在逻辑关系的，组织运作本身就是这样一种逻辑的体现。

因此层级化组织的战略地图往往在层级上非常复杂，扁平化的组织则更需要组织内部横向的协同。这些都是可以体现在战略地图里的。对这些指标和举措的提炼过程，可以促进大家互相支持，并且可以看到自身的工作对别人的成果产生什么样的影响，以及自身的工作需要别人提供哪方面的具体支持。这在组织的高效运作中，特别是在扁平化的组织运作中，是极为关键的。

思考题

1. 以 4D 创新模型的业务创新和运营创新为参考，我们的战略创新现在处在哪个阶段？应该在哪个阶段？
2. 4D 创新模型的 8 种数字化创新方向，我们可以选择的 2～3 种是什么？
3. 24 种盈利模式中，我们可以采纳的 2～3 种是什么？
4. 我们的战略设计，是否突出了客户价值主张的实现，并且强化了竞争优势，从而增强了战略效能？

CHAPTER 8 第八章

激发能力——从改变心智开始

任何一个成功的战略都依赖于组织能力的构建。

在巨变的时代里,组织能力不再来自固化的流程和机制,而是来自组织能量,以及由之形成的强大的组织氛围和文化。组织能量是由领导者和组织的心智模式决定的。

无论是组织能力还是组织能量的激发,都是为了完成战略主题下的战略举措,以实现价值主张和竞争优势,并且提升战略效能。

战略变革为何失败

万事万物都有能量,发明家尼古拉·特斯拉曾说:"如果你想知道宇宙的秘密,就用能量、频率与振动来思考。"实际上他所说的三个因子本质是同一件事——不同的频率和振动可以激发不同的能量。爱因斯坦的质能方程向我们揭示了物质世界的一个本质就是能量[⊖],虽然物质转化成能量并非易事,但是我们获得了一个完全不同的理解世界的视角。

今天很多人开始以组织能量的视角来理解组织能力。美国临床心理学家大卫·霍金斯是一位探讨人类意识和心智能量的先驱。他曾经用科学实证的方法,为万事万物包括人类的思想和意识进行了能量标度。他的理论认为,人类心智的勇气状态的能量层级为200,这正是摆脱负向能量、走向正向能量的分界点。正向能量可以带来人类的进步,并且促进合作与和谐相处,而负向能量会产生压力和焦虑,并且造成人类的互相对抗、争夺乃至战争。

就我的观察和实践来看,用这个标准来观察组织的战略变革也非常有效。任何一个组织要实现战略变革的成功,需要其秉持正向的心智模式,那就是勇气、中性、乐意、接纳和理性,如图8-1所示,任何战略变革,如果整个组织的心智能量

⊖ 爱因斯坦的质能方程 $E=mc^2$,E 表示能量,m 表示物体的质量,c 表示真空中的光速。该方程表明质量和能量是等价的,任何有质量的物体都有与之对应的能量。

系统处于勇气状态之下,也就是恐惧、贪婪、愤怒、骄傲等状态,再好的战略变革也如同脉冲一样,开始的时候很好,但很快就回到原地,战略变革就不会成功。相反,如果用有勇气的态度面对现实,敢于去尝试,并且采取中性的立场等一系列正向的心智模式,才有可能让战略变革走向成功的未来。

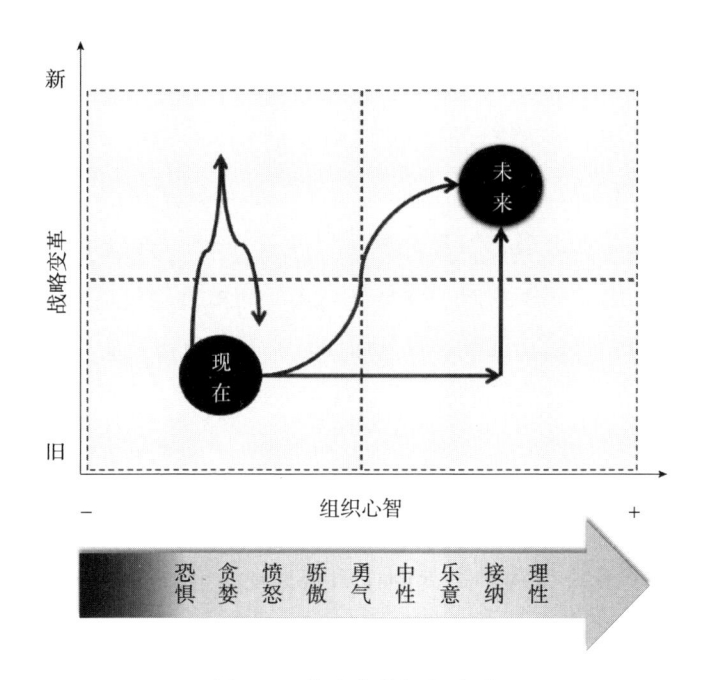

图 8-1 战略变革如何成功

我们来看看正向的心智模式特征:

- 勇气:正视现实,愿意尝试和改变,充分利用各种机遇。
- 中性:立场灵活,看待问题客观实际。

- 乐意：乐于助人，富有同情心，是社会的缔造者和贡献者。
- 接纳：消弭了排斥和对立，尊重彼此，兼容并包。
- 理性：迅速处理大量信息并做出决策，创造抽象概念和科学体系。

负向的心智模式是这样的：

- 恐惧：感觉危机四伏，形成防御性人格，严重缺乏自信。
- 贪婪：上瘾，想要更多。
- 愤怒：导致憎恨，源自欲望无法满足。
- 骄傲：感觉良好，自我膨胀，易招致攻击。

如果组织处于负向的心智模式，或许战略变革的卓越方案在力推和重压之下会带来短暂的脉冲式的跃升，但是组织内弥漫的骄傲和愤怒的情绪，以及恐惧和贪婪的固有心智模式，会将变革过程中遇到的任何挫折视为他人的过失。人们会互相推诿、指责，并且为了保护自己的利益而不惜牺牲整个战略变革的长远价值。甚至决策者会担心失去既得利益，不敢进行大胆的尝试，不敢做出正确的决策，而屈从于目光短浅者的压力。

基于此，我在《光明领导者》一书中，将组织能否实现战略变革的心智模式分为六类。正向的心智模式，包含直面勇气型、贡献分享型和多元包容型；负向的心智模式，包含恐惧焦虑型、欲望驱动型和骄傲自大型。在企业战略变革的过程中，敏锐地识别心智模式的变化，将有可能让我们预见战略变革的成败。

下面是从低到高排列的组织心智模式以及特征：

- 恐惧焦虑型：缺乏安全感，担心失去已有的事物，担心任何改变和行动的不确定性。
- 欲望驱动型：想要更多，既要又要还要，不知道"止步点"。
- 骄傲自大型：停留在成功的记忆中，拒绝改变，自我膨胀，容易和他人产生冲突。
- 直面勇气型：直面现实，不逃避，不推诿，愿意寻找机遇并做出改变。
- 贡献分享型：愿意为他人和社会贡献能力，愿意分享成果。
- 多元包容型：接纳不同，原谅他人的过失，多元文化和行为的包容者。

如果能够很好地驾驭和调整组织的心智模式，做好战略变革的准备，将有可能让组织跨越出战略变革的陷阱。正像大卫·霍金斯提出的一个有洞察力的观点——在人类社会中普遍存在着负向的心智模式，其占总人口的比例高达80%左右。这和企业变革的成功率低于30%的统计规律相当吻合。

我们在实践中观察到了企业战略变革成败的过程，以及其和组织心智模式状态的紧密关联。心智模式的改变，可以帮助企业走出困境，甚至能够再造一家企业的管理内核。

GE公司：明灯的熄灭

2021年11月，GE公司宣布了一项重大战略调整，计划将组织分为三个上市公司，分别专注于航空、医疗保健，以及由电力和可再生能源组成的能源业务。至此，虽然最终航空业务继续保留GE的品牌名称，但是作为全球最成功的多元化企业集团的GE，已经不复存在。

2001年，当杰克·韦尔奇辞去GE公司董事长兼CEO职位的时候，GE公司还是全球市值最高的公司。16年后，继任者杰夫·伊梅尔特宣布退休离任。GE公司的辉煌和衰落，以及企业命运的反转，正是发生在这两位领导者的任期之内。

虽然业界对GE公司有各种各样的分析研究，有关于产业的、关于战略的、关于经营管理的，不过作为一个在GE公司工作过的人看来，我认为正像GE公司一直崇尚的观点所指出的，一家杰出的企业是由领导者塑造的，而它的衰败也和领导者息息相关。领导者影响企业的就是他的心智模式，以及由此展现出来的态度和领导方式。

正向的组织心智

GE 公司的全盛时期，是在 1981 年杰克·韦尔奇上任之后开启的。当韦尔奇开始担任 GE 公司董事长兼 CEO 的时候，没有人想到这位新领导者会将 GE 公司推向巅峰。韦尔奇个子不高，说话音调尖锐，他的管理风格以凌厉、直截了当甚至手段严酷著称。他对裁撤绩效不佳的业务和员工向来不手软，因此获得了"中子杰克"的称号。当我在韦尔奇退休 10 年后加入 GE 公司的时候，依旧能看到这家公司有着韦尔奇塑造的管理印记，尤其是那种直截了当的管理风格。

韦尔奇有一句在 GE 公司内部被广泛使用的名言："直面严酷的现实，而不是你所想看到的现实"。他特别强调各级经理人要讲实话，面对现实做出决策。公司里一直流传着他听完 5 分钟虚假汇报之后，就将一名高管赶出会议室并将其解雇的故事。

在我加入 GE 公司的时候，公司内部依旧能感受到这种直面现实的文化，这和我经历过的企业截然不同，这种说话不拐弯、容易得罪人的文化，也让 GE 的员工在职场上显得相当另类。但正是这种直面现实的作风，让这家公司行事高效且果断。

然而，仅仅直面现实是不够的，领导者还需要有勇气做出抉择。在促使变革成功的心智模式当中，直面勇气型领导者不仅要直面现实，还要有勇气把握机遇，做出改变。

韦尔奇时代的 GE 公司是一家全能型的制造企业，其最大的竞争对手是日本的制造企业。当时的日本企业可以说在各领域都处于全盛时期，它们采取的诸如全面质量管理和精益生产的方式，将制造业的质量管理和效率提升做到了极致。当年美国的制造业受到了极大冲击，包括西屋电气公司在内的一系列传统企业相继衰落。

面对这个现实，承认它并且做出正确的改变，是韦尔奇做出的最重要的选择。他选择让 GE 公司走向制造业服务转型的道路，在此基础上开发出了高附加值服务模式，这一方式直接影响了 10 年后的 IBM 公司的转型。同时他引入六西格玛（Six Sigma）㊀的管理方式，提升公司的运营效率，提高生产率，降低成本，让老旧的制造模式在与日本企业抗衡的时候，重新找回竞争优势。

韦尔奇曾经告诫他的同事："要掌握自己的命运，否则，其他人会来掌握它。"可以说，直面勇气型的心智模式，在韦尔奇身上和他领导的 GE 公司中表现得生动而深刻。

在 GE 公司工作的另外一个深刻感受，是 GE 公司鼓励价值创造和团队的互相学习和支持，推崇贡献分享型文化。

GE 公司位于纽约的克劳顿维尔培训中心，是一处著名的开放式学习的地点，也是后来被全球诸多企业大学研究模

㊀ 六西格玛是一种管理策略，它是由当时在摩托罗拉公司任职的工程师比尔·史密斯于 1986 年提出的。这种策略主要强调制定极高的目标、收集数据以及分析结果，通过这些来减少产品和服务的缺陷。

仿的标杆。GE公司所有的高级经理人经常从全球各地汇聚于此，互相切磋打磨，公司总部的所有高管都经常来此授课。在《赢》那本书中，韦尔奇表达过一个强烈的信念："世界上所有精明的战略和先进的技术都将毫无用处，除非你有优秀的人来实践它。"GE公司当时真的做到了，它不仅有着全球最庞大的多元化业务，而且可以通过企业并购，将管理不善的业务化腐朽为神奇。哈佛大学教授丹尼斯·恩卡纳西翁曾统计过，在全美《财富》500强的企业名单中，有173家公司的CEO曾经在GE公司工作过。可以说，GE公司为世界培养了众多的企业精英，同时也通过培训体系不断输出最新的管理理念，因此，GE公司又被冠以"CEO工厂"的美名。

关于贡献分享型文化，我有一些特别的感触。在我刚加入GE公司，并且负责建立GE全球客户创新中心的时候，我发起了在当地高校的一些公益活动，希望将这种公益的实践带进我工作的GE团队。让我没想到的是，GE公司的员工和管理层对各种公益活动非常热情。公司政策也允许员工在工作之余，参加各种公益或志愿活动。这种愿意贡献和付出的文化，在我工作过的企业中是相当少见的。

因此，当企业碰到各种挑战和困难的时候，GE公司的员工和管理者总是能够积极面对，并且尽量贡献自己的想法和力量。可能正因为这种贡献和分享，催生了GE公司多元包容型的企业文化和心智模式。GE公司对人才，对业务，对自己的未来有更包容的心态。

关于 GE 公司的开放包容还有一件趣事。当年我面试了一位负责航空业务的工程主管，这位头发花白的中年工程师经验丰富，他告诉我他在 GE 公司有很多段工作经历，其间也去过其他公司任职，这次是他第六次返回 GE 工作了。这种开放包容的文化的确让我非常吃惊。相对于那些将离职者视为背叛者且不愿意复用的公司来说，GE 公司的包容为企业带来了行业经验和技能的开放式交流。

错误的决策

在我加入 GE 公司的那段时间，除了看到这些明显的特色，也感受到了 GE 公司企业文化中存在的问题，听到了很多人对 GE 公司管理方式的微词甚至不满，而这一切是在韦尔奇的继任者杰夫·伊梅尔特的管理下产生的。

在他的著作《如坐针毡》里，伊梅尔特对接任韦尔奇之后的 16 年生涯做了详细的记录和反思。在托马斯·格里塔和泰德·曼恩合著的《熄灯》一书中，描写了 GE 公司一系列糟糕的决策和管理失误以及这些与伊梅尔特领导方式的关系。伊梅尔特虽然是一位很好的领导者，但是他没能在大变局的时代里驾驭好 GE 公司这艘商业巨轮，不仅错失了很多机会，同时也酿成了灾难。

我认为伊梅尔特一直活在前任领导者韦尔奇的阴影里，人们总是拿他和这位曾经的世界第一 CEO 相比较。记得一次在纽约克劳顿维尔培训中心的课堂上,伊梅尔特为来自全球的高管团队讲授领导力课程,我问他:"您认为什么是真正的领导力?"他沉吟片刻,对我说:"Leadership is about courage and to be yourself(领导力就是关于勇气和做你自己)。"说实话,这是我听到的关于领导力的最阳刚的表述。但是我当时就觉得,这句话与其说是在回答我,不如说是在说给他自己听。

即便如此,我一直认为伊梅尔特是一位杰出的领导者,韦尔奇之所以选择他,也是希望能够改变自己过往那种过于激进的管理作风,伊梅尔特也的确在诸如创新等方面做出了很多改变。但是在他经历的那个时代,他做错了很多决策,今天看来这些错误决策都和他的领导风格有着密切关联,他的领导风格也造成了高层管理团队心智模式的改变。不幸的是,这些心智模式让 GE 公司在一系列重大的战略变革中掉进了失败的旋涡。

工业互联网:恐惧焦虑型心智模式

GE 公司在 2012 年率先提出了工业互联网的概念,并计划在五年内成为全球十大软件公司之一。为了实现这一目标,GE 公司投入超过 10 亿美元在加州圣拉蒙建立了 GE Digital,并制订了雄心勃勃的增长计划。然而,这种急于求成的心态导致了一系列问题。

首先,GE 公司在没有充分了解市场需求和客户痛点的情况下,就盲目地推出了一系列软件产品和解决方案,声称将开发出工业时代的 iOS 平台，让其他公司都从 GE 购买软件，但实际上市场对这些产品的反响并不热烈。工业企业在采用新技术时通常比较谨慎，它们更关注的是解决方案能否真正解决实际问题，能否提高生产效率和降低成本，而 GE 公司的产品在这些方面并没有明显的优势，因此难以获得客户的认可。

其次，GE 公司原有的产品导向的事业部制组织模式与工业互联网的发展需求不匹配。工业互联网需要跨部门、跨领域的协作和整合，而 GE 公司的各个事业部之间相对独立，缺乏有效的沟通和协作机制。这使得其在推广工业互联网解决方案时遇到了很大的阻力，无法满足客户的个性化需求。

面对数字化转型的浪潮，GE 公司和其他传统的大型工业企业一样，害怕被时代淘汰，急于在新兴领域占据一席之地，因此在业务模式尚未清晰的情况下就投入了大量资源，表现出了典型的恐惧焦虑型心智模式。

GE 金融：欲望驱动型心智模式

GE 金融的发展体现了欲望驱动型心智模式。在杰克·韦尔奇时代，GE 金融业务通过大量的并购交易和进入保险、个人金融业务等领域，为 GE 公司带来了丰厚的利润。然而，这种对利润的过度追求在伊梅尔特时代进一步加剧，最终导致了危机的爆发。

伊梅尔特接任后，不仅没有停止 GE 金融的扩张步伐，反而通过大规模举债的方式进一步扩大了金融业务规模。在2008年金融危机之前，GE金融的利润曾经达到GE公司利润的55%，其涉足了商业地产的股权融资等诸多高风险业务，试图通过这些业务来提升公司的业绩。

在2008年金融危机中，GE金融深深卷入其中，面临着巨大的流动性困境，不得不向投资家沃伦·巴菲特的伯克希尔·哈撒韦公司融资30亿美元，并依靠美国政府提供的1300多亿美元的信贷担保才勉强渡过难关。

金融危机后，美国证监会对金融类公司采取了更加严苛的监管措施，使得GE金融的经营举步维艰。2015年，伊梅尔特果断出售了部分金融业务，但GE金融的幻灭已经给GE公司带来了巨大的损失。

GE金融的失败，可以看作是由于欲望驱动型心智模式导致的过度扩张和对高风险业务的涉足，其只关注短期的利润增长，而忽视了潜在的风险，最终在市场变化时陷入了危机。

GE能源：骄傲自大型心智模式

伊梅尔特为了完善GE电力业务的产品线，增强GE公司在联合循环发电领域的技术优势，于2014年开始领导GE公司收购阿尔斯通集团（简称阿尔斯通）的电力业务，并在2015年11月完成了这一高达106亿美元的收购。然而，GE公司在做出这一决策时，过于自信地认为自己能够把握能源行业的大趋势，没有充分考虑到市场的变化和潜在的风险，最终导致了收购的失败。

在收购之前，GE公司对阿尔斯通的财务状况和内部运作了解不足，没有意识到阿尔斯通已经长期处于盈利低迷状态，并且存在许多潜在的问题。此外，GE公司也没有充分考虑到可再生能源领域成本的急剧下降，以及全球油气行业的持续低迷对收购业务的影响，过于乐观地认为收购后的制造业资产能够产生相关的收益。

在收购完成后，GE公司发现自己面临着许多意想不到的问题。首先，阿尔斯通的业务并没有像预期那样与GE电力业务实现良好的整合，反而出现了许多协同效应不佳的情况。其次，由于全球能源市场的变化，GE公司收购的制造业资产并没有获得预期的收益，反而成为一个巨大负担。此外，收购所带来的全球尤其是欧洲多达四万名的高成本员工，进一步增加了GE公司的成本和管理难度。

GE公司在能源市场上一直占据着重要的地位，因此对自己的技术和产品过于自信，忽视了竞争对手的挑战。例如，在可再生能源领域，其他竞争对手纷纷加大投入，在太阳能光伏和风电领域推出了更具竞争力的产品和解决方案，而GE公司却没有及时调整自己的战略，导致在这个领域逐渐失去了优势。

GE公司在诸多能源项目的决策过程中，经常过于主观和武断，缺乏对市场和技术趋势的深入分析和研究。从而忽视了市场的变化和潜在的风险，最终导致了公司在能源市场上的竞争力下降和业绩的下滑。GE 能源业务的失败，也成为 GE 公司最终进行分拆的直接原因。

回顾 GE 公司在韦尔奇时代和伊梅尔特时代的兴与衰，虽然其过程和原因相当复杂，但是作为在 GE 公司工作过的亲历者，我对两位领导者的领导风格及其带来的直接影响印象深刻。透过他们的行为，我们更能洞悉心智模式和其塑造的组织行为以及文化，对战略变革成败的巨大影响。在某种程度上，这样的影响甚至是决定性的。

组织能力的明天

2021 年 7 月，一家科技公司的核心创始团队走进了我的工作坊。他们原本是找我帮助他们制定企业战略的，听说我有公开课，就直接报名，并从北京赶来参加。从那时到如今的三年多来，我与这家企业的紧密互动，不仅帮助其制定并且迭代了企业战略，更重要的是让核心创始团队重构了组织的文化和心智模式，让他们从根源上重塑了自身，也校准了新的方向。

这家公司是北京国科天迅科技有限公司（以下简称国科天迅），其创始人来自中国科学院系统。在高可靠光纤通信技术和光纤总线解决方案领域，国科天迅有着国内领先的技术。后来通过并购获得的无线技术，让其在汽车电子、工业互联网等领域也获得了领先的技术能力。有线和无线技术的整合，使国科天迅成为极少数拥有高可靠协议通信模块和芯片的中国公司，其技术和方案运用在航空、航天以及国防和民用领域，是解决中国技术自主可控的关键企业。

和多数技术出身的公司类似，国科天迅的高管团队强于技术，弱于管理，这也是他们向外部寻找管理顾问支持的主要原因。更有意思的是，这家企业的核心创始团队，每个人都有着鲜明的个性。董事长兼 CEO 是一个价值观特别明确的科技创业者，他对建立一家美好企业有强烈的理想追求。与他有同样信念的几位高管，也是因为有着很强的价值认同才加入这家公司的。然而，虽然抱有共同的价值观信念，他们却在各种大小问题上存在不同意见和分歧，内部的各种会议往往争执不断。每个人都为此耗费了巨大的能量，但是又不知该如何解决。

解锁组织能量

我当时就意识到，要实现这家优秀科技企业的战略突破，首先要解决的是管理者的心智模式和文化问题。依照心智模式分类，我发现国科天迅的管理者们当时的心智模式大多是骄傲自大型。对于价值观导向的组织来说，骄傲自大型心智模式是常态，其为拥有自己的价值观和价值认同感到自豪，感到与众不同；同时对于违反这些价值观的行为，很容易产生评判和观点冲突，甚至会用愤怒的方式来捍卫自身的价值观，但是这会造成组织内外的沟通障碍，甚至是紧张和矛盾。

对于以价值观为导向的企业来说，这一发现可能超乎了其普通认知，但这一现象在很多以价值观为核心的企业身上普遍存在，甚至它们会被骄傲自大型心智模式困住。一个组织能否跳出这样的心智模式，关键就在于其是否具有正视现实的勇气，并且愿意尝试和改变。

所幸国科天迅的核心创始团队具备正视现实的勇气。当我向他们谈到他们当前的心智模式特征的时候，他们接受并且认可我的发现。随着咨询项目和深度训练的展开，他们开始尝试用更加开放的方式解除组织内部的紧张和能量纠缠。尤其当我谈到他们"科技强国，利国利民"的强烈使命，本身就具有"贡献"的根本特质，需要以"贡献"作为引领，让他们的行为焦点集中在如何更好地创造客户价值上时，他们对这一观点高度认同。

以贡献社会的客户视角和创造价值作为新的引领，就能够帮助他们校正业务的方向，同时也鼓励他们形成一种中立客观的看待他人和组织内各种行为的新的思维方式，也就是用中性的立场来看待客观事实，让自己保持一个开放灵活的心态，而不要用一种既成的心态看待他人。对这一点他们也欣然接受。

所以，经过初步评估我就知道，虽然这个组织目前的心智模式还未突破，但是他们的潜力是巨大的，只要稍加引导和帮助，就能够完全改善他们的心智模式。

在我多年帮助企业实现战略变革的经验中，像这种兼具经济竞争力和文化自省力的组织并不多见。相反，很多企业抱持着骄傲甚至冲突的个性，但当我们进行勇气和中性测试的时候，它们很难正视自己的问题，也不愿意对我所提出的正向改变予以积极的回应。这时我们就会发现，即便这些企业有很好的战略方案，就如同我们在图8-1中所看到的那样，看似高开，但是往往以失败收场。

在评估了组织的心智和能量潜力以后，我开始帮助国科天迅进行组织心智和组织能力的设计，在这个过程中，利用轻战略的方式将组织能量的变化和轻战略的产出融为一体，互相促进。这样就有了我们迄今三年多的合作之旅。

一把金钥匙

如果今天我们还将组织看成是一个机械化运行的实体，那就大大落后于时代了。不幸的是很多人还这样看，他们甚至将个人和组织里的各种功能视为一个个可以随便插拔的插件，似乎拔掉某个不需要的模块是轻而易举的事，当需要再次恢复这个功能的时候，再招聘一批人，把这个模块插进去就可以了。

这种机械化的思维方式，完全无视组织是有生命的系统。今天越来越多人开始相信，组织是有生命的能量系统。

从系统能量的视角来看，企业的战略变革要顺利推进，需要经历清理、调整和赋能三个阶段，将原有的思维和行为方式，调整到符合战略发展的新方向上去。在这三个阶段，运用贡献、原谅、放开这三把钥匙，可以很有效地解锁原有的组织能量场，化解各种纷争和矛盾，增强组织的包容性，并且从底层心智上改变原有组织的思考习惯和行为方式（见表8-1）。

表 8-1 组织变革的三个阶段和三把钥匙

	贡献	原谅	放开
清理	改变认知，从潜意识的索取心态，变为明确的贡献思维和行动 • 我们应该给世界贡献什么 • 我应该给组织贡献什么	基于组织现状，鼓励团队之间的原谅和包容，化解深层的矛盾 • 重大矛盾中的彼此原谅 • 日常冲突中的彼此原谅	放开过去成功带来的路径依赖，放开对他人和组织的控制心态 • 如果再来一次，我会怎么做 • 我应该放开哪些控制
调整	基于贡献思维，重新确立组织的使命、愿景、价值观，并建立基于客户价值创造的战略体系	让原谅和请求原谅成为日常，化解纷争，构建正向场域	给创新活动提供更多自主权和资源 鼓励群策群力，创建战略共识，解决日常问题
赋能	领导者率先垂范，贡献心力和体力 与员工和合作方分享经营成果	将原谅和包容转化为企业文化的一部分	给组织成长的空间，增强容错性

在组织变革的三个阶段中，尤其是三把钥匙的使用当中，最具有挑战性，但是也最富有成果的，是组织内构建原谅的组织氛围和行为方式。通过原谅来清理组织内部纠缠的负向能量，是任何一个组织在进行变革和能力构建的时候无法绕开，

但又恰恰被很多人忽视的环节。在国科天迅的战略变革中，这一过程为企业的成功变革起到了至关重要的作用，甚至是引领性的作用。

操作方法非常简单，其基本原理在于，任何一个组织内部的冲突和矛盾，都是可以通过组织成员彼此之间的请求原谅和给予原谅来化解的。无论我们过去有过什么样的矛盾，在组织中言语的冲突、行为的冒犯，以及彼此的冲撞和顶撞，都可以用诚恳的请求原谅和给予原谅的方式进行化解，从而让组织回到清爽且有活力的状态。在国科天迅中，有部分高管率先将这种方法运用到自己与同事们的接触和工作当中。

有时在成人的世界里很难当着众人去承认自己的错误，面对面地向他人坦诚道歉，似乎也颇为尴尬。这个时候可以让自己放松一些，当自己独处的时候，想象这位同事就在身边，然后说出请求原谅和给予原谅的话语。每个人内在的结是可以打开的。

这个世界上不存在孤立的事物，任何事物甚至任何想法，都是同时成对出现的。当一方开始解除纠缠的时候，另一方也会从此松开。而这些作用和结果，经常是经过一段时间的延迟才向我们展现的，但是事实证明这些作用会在那里，而且我们绝对不会错过。

所以，认识到自己的问题，放下固执的自我，愿意为自己的过失和错误去诚恳地请求原谅，是对一个组织最大的帮助，也是让自己从各种束缚和矛盾中解脱的良药。

当国科天迅的核心创始团队开始尝试以上方式的时候，整个组织的氛围开始发生变化。以至于一年之后，当有新员工加入这家公司的时候，他们完全不相信这里曾经充满了冲突。这家组织已经变得心平气和且包容，同事们在一起都能建设性地讨论问题。这一切的发生源自核心创始团队开始认识到，彼此能够互相接纳、包容，并且请求彼此的宽恕和原谅是多么关键。在这个过程中，有一些深层的能量系统的问题，不是可以轻易化解的。它们需要更强的引导艺术。

我曾经主持过他们核心创始团队的沟通会议。这家公司的几个创始合伙人虽然已经建立了基本的信任，但是有一些过去的误解总是很难当面说清楚，于是他们邀请我作为会谈的主持人，帮助他们渡过这一难关。

主持这样的核心创始团队会议，关键在于主持人要打开内心，不仅要没有自己的成见，还要形成一个支持性的场域，让他们可以在这里安全对话。主持人还要适时地鼓励他们讲出自己在其他场合不愿意说出的真实看法。如果这些看法曾经冒犯过对方，就在此刻请求对方的原谅。而我作为主持人，也需要鼓励每一位曾经被冒犯的对象，接受对方的原谅请求，给予对方原谅。

那是一个长达四个小时的会议，每一个参会的高管都将自己对另一位核心高管的看法和盘托出，而另一位核心高管也没有想到，他们的沟通曾经有过这么多的误会。在这个会议上没有解释，只有表达、倾听和给予原谅。

会议结束后，所有人都倍感轻松，觉得新的信任可以重新建立，觉得他们可以形成一个背靠背的团队，不用怀疑他人的意图，也不用怀疑他人的行动，完全可以将自己的后背交付给他人。

经过这样一次彻底的内心清理，此后这些高管的沟通方式变得直接而简单，这让公司的核心创始团队更加坚定，更有凝聚力，而且这种力量不断地向外扩散，让其他高管团队也感受到了这种信任和凝聚力。

在这个过程中，组织能量的清理是基础，而参与者和主持者的包容及开放程度至关重要。在这里用到的清理方法被称为"意识归零"，它要求在每一次会议中和重要高管对话的主持人，需要具备"意识归零"的能力，也就是不带丝毫自己的成见、认识和看法，而且要能够将自己的思维和心智打开，构建一个新的场域，来激励和接纳参与会议的同事们，只有这样，奇迹才会发生。

这种解锁组织内在情绪的清理方式，我在过去这些年的咨询生涯中做过很多次，每一次都以它神奇的效果触动了很多人。因此我深信，只有将组织内在的能量彻底打开并对其进行清理，才有可能让组织走上战略变革的新征程。只有在这个基础上，才能进一步帮助组织去清理原有的认知，从而对自己业务进行重新定位。

思考题

1. 你觉得自己经常处于哪个心智模式中?

   正向的心智模式特征（由低向高）:

   a）勇气：正视现实，愿意尝试和改变，充分利用各种机遇

   b）中性：立场灵活，看待问题客观实际

   c）乐意：乐于助人，富有同情心，是社会的缔造者和贡献者

   d）接纳：消弭了排斥和对立，尊重彼此，兼容并包

   e）理性：迅速处理大量信息并做出决策，创造抽象概念和科学体系

   负向的心智模式特征（由低向高）:

   f）恐惧：感觉危机四伏，形成防御性人格，严重缺乏自信

   g）贪婪：上瘾，想要更多

   h）愤怒：导致憎恨，源自欲望无法满足

   i）骄傲：感觉良好，自我膨胀，易招致攻击

2. 如果你的组织正处于战略变革当中，你认为组织的心智模式是哪一种？以下是由低向高排列的组织心智模式以及特征：

   a）恐惧焦虑型：缺乏安全感，担心失去已有的事物，担心任何改变和行动的不确定性

   b）欲望驱动型：想要更多，既要又要还要，不知道"止步点"

c）骄傲自大型：停留在成功的记忆中，拒绝改变，自我膨胀，容易和他人产生冲突

d）直面勇气型：直面现实，不逃避，不推诿，愿意寻找机遇并做出改变

e）贡献分享型：愿意为他人和社会贡献能力，愿意分享成果

f）多元包容型：接纳不同，原谅他人的过失，多元文化和行为的包容者

3. 在组织变革的三个阶段，你认为以下哪一种行为对于你们最为重要？

a）贡献

b）原谅

c）放开

CHAPTER 9
| 第九章 |

持续行动——执行和迭代

轻战略制定以后,需要快速取得关键成果,并且在过程中检验战略假设。

战略执行过程中,要运用群策群力的方式,开好四场会议,并且根据战略执行的节奏,适时运用战略复盘的方式,根据市场的变化,开启下一个战略循环。

持续行动阶段,突出体现简易、敏捷和共创的行动风格,并且通过团队的学习和反思,实现战略的持续迭代。

零束科技的实践

2024年年初,我再次受邀前往零束科技位于上海闵行区的办公室。这是一座全新的办公大楼，宽敞且明亮，新建的展厅详细记述了过去两年多的时间，零束科技从初创到高速发展的全过程。

看得出来，此时的零束科技已经走出了两年前创业期时的那种混沌和略带不安的氛围，产品已经成系列，团队成员从容和自信。它交付的云管端全栈解决方案，已经在上汽的智己 L7 和飞凡 R7 电动汽车上得到了成功的应用，获得了整车厂的高度肯定。接着，大众和奥迪也和它达成了合作意向，这意味着零束科技的"软件定义汽车"的方案获得了国际合作方的认可和接受。可以说，这个"上汽的灵魂"已经被铸造出来了。

李君博士和刘懿艳女士与我一起回顾了过去两年时间，零束科技战略演进和迭代的过程。他们很感慨，传统的战略制定方法周期长、花费高，且不适合复杂、多变、竞争激烈的行业，而轻战略的方法，因其严谨又轻快的特点，非常适合已走过创业早期，需要厘清方向和凝聚团队共识的零束科技。

自从两年前的第一次战略研讨会确定了以银河全栈技术架构为核心业务战略，并且描绘出了技术路线图和商业实现路径之后，零束科技不断进行着战略的回顾，用轻战略的方法持续迭代。管理团队在战略制定与分解、内部机制与文化建设，以及沟通共识机制建立方面，完美演绎了轻战略的迭代全过程，将战略实施和客户价值创造紧密地融合在了一起。

首先，零束科技通过持续的战略行动，打造了从战略到战术再到组织的完整闭环。

- 在战略层面，轻战略研讨会输出的内容，帮助整个组织确定了战略目标，包括分解到年度和季度的目标。零束科技结合战略目标，根据自身技术优势，创造客户价值主张，从而将自身技术优势转化为产品力和市场认可，尤其在与国际合作方合作的时候，能够将技术优势转化为符合特定市场需求的产品和服务。
- 在战术层面，零束科技将战略目标分解为具体战术行动，并且明确了年度和季度的关键行动和管理策略。在后续的工作中，零束科技详细规划了业务人员的工作路径和业务流程，厘清了部门之间的交互界面。在这个过程中允许存在模糊地带，但每次会议之后会把问题记录下来并持续跟进，让战术的落地清晰而有效。
- 在组织层面，根据战略研讨会形成的对组织能力的建议，以及战略和战术的需要，零束科技对机构进行了多次迭代，包括识别关键人才，建立人才培养机制，实施跨部门轮岗等，让组织能力的构建对形成战略支持，并且以战略指导组织和人员的具体业务行为。

在这个过程中，零束科技也特别强调持续学习和改进的力量，不断学习行业的先进经验，通过建立内部的机制和文化，形成对战略执行的支持。

- 新战略的落地和发展，需要团队改变思维方式，从过去大企业的长周期思维方式转化为快速、迭代、共创且强调执行的思维方式。
- 通过形成核心团队战略共创和复盘的机制，强调未来观和客户观，也就是面向未来的趋势和行业变化技术演进，并且围绕客户的需求，不断思考未来方向，不断明确自身定位以及思考如何满足客户要求。
- 通过持续复盘，挑战底层逻辑，避免团队陷入自嗨和自我封闭的盲目状态。通过这个方式，团队形成了务实、落地和实干的思维模式，让危机意识和快速迭代的文化深入到企业的每一个管理者的思想当中。团队必须具有强烈的危机意识，从高层到基层都必须意识到不进步就会被淘汰。这种危机意识，促进零束科技不断地在战略 1.0 的基础上持续迭代组织和战略。

从 2022 年到 2023 年，零束科技几乎每个季度都会开一次战略复盘会。为了使公司制定的战略深入人心，高层管理者运用定期沟通机制，与员工形成了充分的互动，大家一起完成共创和共识。

- CEO 李君通过每两个月一次的总经理午餐会，和每月一次的总经理下午茶等活动，确保核心人员了解公司战略变化及原因。这些活动营造了畅所欲言的氛围，员工可以提出困惑和想法，领导也会分享深度思考，避免信息误传,确保团队力出一孔。
- 战略复盘会成为公司管理层扫描市场机会、对比同行状态、明确目标,并持续达成共识的绝佳场合,每一次复盘会还会针对关键问题进行讨论,大家各抒己见,互相探讨,有助于凝聚共识和解决问题。这正是轻战略所强调的复盘机制,即每一次复盘以战略议题为导入,并且持续对原有战略进行修正和提升。
- 除了战略和组织的协同,零束科技非常关注共同愿景的打造。其以"成为智能汽车时代的领跑者"为愿景,以"让汽车成为有生命力的人类伙伴"为使命,激励员工在公司发展中不断强化价值创造的理念,与有梦想的人共同实现一件伟大的事情。零束科技内部有一句广为流传的话,"坚持做难而正确的事情",不寻找捷径,而是通过不断的迭代去挑战自身,实现技术突破,持续为客户和市场输出价值。零束科技通过组织文化部门的工作及各种会议,将这样的价值观和信念传递给每一位员工,使大家在快速发展和迭代的过程中保持精气神。

经过对零束科技过去两年战略历程的回顾,我再次看到了这家企业独特的精神气质,以及核心管理层卓越的领导才能。他们头脑开放、决策迅速且充满创意,有话直说,并且愿意通过在实践中试错不断成长,围绕客户和价值创造进行持续的战略迭代。这些都和轻战略的基本精神高度吻合,这也是他们选择轻战略,并且用这套方法实现快速战略突破的直接原因。

持续迭代,让战略解码活起来

轻战略要求快速响应,贴近现实,不断改变。轻战略的基本理念是对战略假设的持续验证。在巨变的时代,各种外在条件和内部因素都在迅速变化,我们无法指望所有的现象都是真实可靠的,更不能认为这些是铁打的定律,不可改变,如果这样那只能是作茧自缚。所以敏锐地观察环境和自身的变化,从中不断生成验证假设的智慧,进而对大愿景和大使命下的战略步骤实现敏捷的修正和迭代,这才是最关键的。

在这个过程中,传统的战略解码关注基于战略主题的任务分解,但是经常忽视战略检验和迭代过程中的变化,从而造成任务和指标体系的僵化。轻战略为战略解码赋予了新的方法和流程,在实践中获得了很好的结果。

开好四场会议

在轻战略六步法的前四步,我们通常会以表格形式形成基于战略地图的任务分解,这个表格从逻辑上厘清了战略解码的三个步骤,分别是从战略主题到战略举措,从战略举措到关键指标,以及从关键指标到关键任务及行动计划(见表9-1)。

表 9-1 战略解码的三个步骤

战略主题	战略举措	绩效指标		关键任务及行动计划	主责部门	协同部门	所需资源与支持
		关键指标	目标值				
发掘国内潜力客户，加大海外市场拓展	重点开拓互联网等新应用客户	2023年开发互联网新应用客户	5家	1. 开拓目标客户 2. 管理客户关系	经营中心	市场部	市场开拓团队
		2023年销售额	3000万元	1. 优化与培养市场团队 2. 配合升级产销协同模式	经营中心	市场部、供应链部	市场开拓团队 新供应链资源
	海外大客户拓展	A业务销售额	1亿	1. A产品品质提升 2. 管理客户关系	经营中心	市场部	市场开拓团队
		B业务实现量产销售额	3000万元	1. B产品品质提升 2. 开拓目标客户 3. 管理客户关系	经营中心	市场部、研发部	市场开拓团队 研发资源投入
		C业务拿下新项目，销售额	1000万元	1. C产品开发 2. 开拓目标客户	经营中心	市场部、研发部	市场开拓团队 研发资源投入

第一步 第二步 第三步

首先需要明确，所有的战略举措都是在相应的战略主题下展开的。

战略主题的提炼要精简，数量不宜太多，通常一张战略地图有 3～5 个战略主题，如果太多会分散公司的焦点和资源。每一个战略主题下有若干个战略举措，这些战略举措的关键绩效指标，就称为 KPI。在战略举措之下，是具体的关键任务及行动计划，将其和主责部门以及协同部门对应起来，就会形成一套完整的战略评价体系。这种复杂且严谨的体系在企业里非常常见，但是战略的敏捷执行需要将这个体系活用起来。

轻战略方法的要点是，不要靠僵化的管理系统去驱动每一个人或者每一层组织，并把他们捆绑在这些指标体系上，而是要用互动的方式，通过解决问题和提出改进措施的例会形式，让所有的问题呈现出来，并且动员大家贡献智慧共同解决问题。

我将其称为群策群力的例会制度。这个例会制度可以分解为战略解码和迭代的四场会议（见图 9-1）。

首先是月度战略回顾会议，围绕对行动计划的执行情况的检视展开。其次是季度战略回顾会议，这个会议的核心是对战略举措的执行评估。再次，通常可以举办一次半年战略调整迭代会议，强烈建议这个会议和季度会议以及月度会议区分开。最后就是年度战略迭代升级会议。

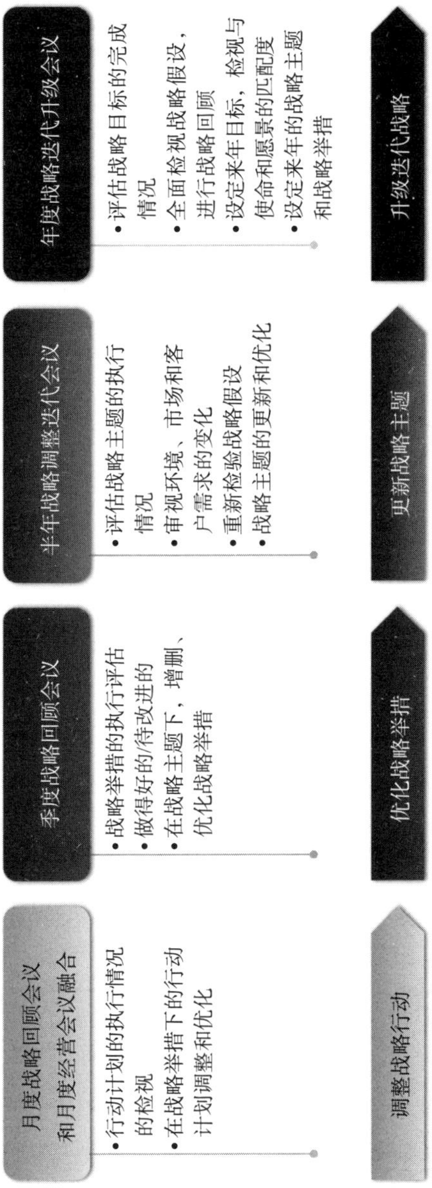

第九章 持续行动——执行和迭代 | 243

月度战略回顾会议和月度经营会议融合	季度战略回顾会议	半年战略调整迭代会议	年度战略迭代升级会议
• 行动计划的执行情况的检视 • 在战略举措下的行动计划调整和优化	• 战略举措的执行评估 • 做得好的待改进的 • 在战略主题下，增删、优化战略举措	• 评估战略主题的执行情况 • 审视环境、市场和客户需求的变化 • 重新检验战略假设 • 战略主题的更新和优化	• 评估战略目标的完成情况 • 全面检视战略回顾，进行战略回顾 • 设定来年目标，检视与使命和愿景的匹配度 • 设定来年的战略主题和战略举措
调整战略行动	优化战略举措	更新战略主题	升级迭代战略

图 9-1 战解码和迭代的四场会议

为了使群策群力的例会制度发挥效果，会议需要一个好的主持人，主持人应该是熟练掌握轻战略引导技巧的专业人员，懂得在会议中以中立的立场带领大家进行聚焦于议题的讨论，并且擅长用提问的方式，而非发号施令的方式主持会议。这会使会议的效果大为不同。

群策群力的例会制度以及会议主持人的引导，将使得轻战略的落地和执行变得敏捷、高效且灵动，更重要的是可以将战略思维和检视习惯融入每一次和每一个层级的会议当中，帮助每一层级的管理者塑造自身的战略思维。

下面介绍一下这四场会议的执行重点。

月度战略回顾会议：建议将月度战略回顾和月度经营会议融合在一起。在月度经营会议中，我们不仅要检视行动计划的执行情况，并且要思考这些执行情况能否支撑战略举措按期完成，以战略举措的按期完成为目标来调整行动计划。

通常月度经营会议是贯穿公司各个层面的，这就要求每一位参与者包括管理者，了解当前关键的战略举措，甚至战略举措之上的战略主题，以及公司的大战略，只有这样才有可能既见树木又见森林。如果各级管理者都能建立这样的宏观思维，那么月度经营会议就摆脱了检查任务事项、追踪业务进度并施加压力的惯用套路，而让大家站在更高的层面上审视当前行动的意义。

季度战略回顾会议：在季度战略回顾中，需要对战略举措的执行情况进行一次评估。执行情况包括战略举措下的具体行动和计划的执行状况，需要评估哪些做得好，哪些待改进。会议主持人应带领大家共同回顾，列出待改进事项，同时在战略主题的框架下优化战略举措，甚至可以增加一些新的未来季度的战略举措，同时删除一些不恰当的战略举措。这个过程通常可以培养中层以上的管理者对战略主题的真实意义的认识，并且通过设定合适的战略举措，达到对战略主题的支撑作用。

半年战略调整迭代会议：这个会议应该单独举办，通常需要 1～2 天的时间，这个会议需要公司的高管团队审视环境、市场和客户需求的变化，重新检验之前的战略假设是否成立，同时评估半年以来战略主题的执行情况。如果市场环境发生了巨变，当前的战略假设也不再成立，就需要回到战略的源头，重新思考需要用怎样的战略主题去支持公司的年度战略的达成。

通常半年度的战略调整和战略主题的优化，一定会伴随着相关预算的调整，在今天巨变的时代，对预算保持弹性是绝对有必要的。前提是我们认真地评估过环境的变化、战略假设的变化，以及战略主题的变化，将三者统一在一起，而不能只是因为不能达成业绩目标，或者一些突发事件，就急于调整年度预算。

例如，一家科技企业的主要大客户出现了内部问题，高管团队发生了巨大变动，原有项目的采购和付款都出现了变数。

虽然整体市场环境没有变化，但因为这家科技企业过度依赖主要大客户，原先的战略假设就遭到了冲击，在这种情况下进行战略主题的调整是必要的。这家科技企业原先的战略主题是为主要大客户提供深度服务，此时就会痛切地意识到在巨变的环境下，只绑定几家大客户是有高风险的。

虽然进行了预算调整，留下的更大的课题是如何改变目前经营的困境，这个课题就是年度战略迭代的关键输入。所以任何一次经营决策的重大改变，都应该成为战略修正的信息来源，留待年度战略复盘时进行深度剖析和讨论。

年度战略迭代升级会议：首先要对年度目标完成情况做评估，并且全面检视战略假设的真伪情况。其次，在半年战略调整乃至季度战略回顾中所积累的一些战略问题，也需要在年度战略迭代升级会议中进行集中的回顾和总结，并结合各个战略主题完成的情况来更新战略，在此基础上设定来年目标。更新的战略和目标也要与使命和愿景高度匹配。

这就让月度、季度、半年度和年度的战略事项完全整合在一起，这个过程非常结构化地完成了战略的执行、修正和迭代，也帮助管理层重新构建了战略管理的思维方式。

在我服务过的客户当中，按照这套方式执行过 1～2 年的企业，高管层以及核心管理层都能建立起很强的战略思维，具体体现就是所有人都建立了战略的宏观意识，知道公司的战略主题以及战略举措和行动计划的关联关系。在这个大局观之下，每个人都知道这些行动与公司战略之间的关联，知道部门之间的协同给公司带来的战略意义，这套方式可以让团队之间的合作大为加强。

所以，在持续行动这一步，战略管理是组织内部的惯常流程，更能促进战略管理思维的养成，甚至是组织文化的改变。

战略复盘怎么做

半年度和年度的战略复盘以及相应的战略迭代，所用的方法包含三个关键的步骤：第一步，是对过去半年或一年业务成果的回顾；第二步，是对战略假设进行回顾反思，去证实或者证伪；第三步，在此基础上要重新思考客户价值主张，以及客户的选择是否需要改变。下面具体讲一下如何操作。

第一步，对过去的业务成果进行检视，我们需要问2个关键问题：

- 在过去的半年或1年，我们做对了什么？存在什么问题？
- 在未来的半年或1年，我们需要继续坚持什么？以及需要如何改进？

在这个过程中，依旧需要发挥团队群策群力的作用。让每个人畅所欲言，将个人思考提交上来，在小组内进行充分的讨论，然后形成初步共识，进行发表和总结。

有时，我们也可以针对战略主题逐一进行回顾和成果检视，使其更具针对性。通过群策群力的方式达成的成果需要进行一些归纳和总结，便于后面利用这些资料进行进一步的讨论。

第二步，是对过去战略假设的证实或证伪。在我们进行上一轮战略制定的时候，所有的战略选择都是依据一定的战略假设做出来的，如果那时我们没有进行记录也没关系，此时是一个很好的基于现状进行战略假设回顾的过程。我们可以根据第一步所产出的对成果的反思，重新回顾过去的战略举措是基于什么样的战略假设做出的，并将战略假设列出来，然后基于现实的情况来判断战略假设是否依旧可靠。

在过去几年，尤其疫情之后，随着全球供应链重组的加速，很多中国企业开始走向海外，但是不同企业的战略选择是不同的，这些选择的背后都隐含着不同的战略假设。

以代工 iPhone 手机的富士康为例，它将大量 iPhone 组装工厂从中国搬到印度和越南，其战略假设是这些国家的产能可以成为中国产能的替代，从而避免供应链过于集中的风险。但事与愿违，随着大量产能的涌入，越南面临着电力短缺的困境，在生产高峰期不能保持正常运营。印度市场面临更多问题，除当地政府对外资企业不友好外，印度员工技能尚不达标，导致电子产品的良品率低于质量要求，短期内又无法改善，从而使得产品成本不降反升。

对富士康和苹果来说，中国以外的供应链具有替代性的战略假设，在短期内是被证伪的，这也是近期富士康的 iPhone 组装生产开始回流中国，并且在河南郑州重新建厂的关键原因。

所以，每一个企业在每一个阶段，对于战略遇到的挫折，不能只看表象，需要深挖过去决策的战略假设，也就是当时提出战略的依据，然后在此基础上来预测新的战略假设是否更加合理，更具有战略价值，这样就能在不断的战略迭代中，训练团队和决策者的战略思维，尽量使决策更有洞察力、长远性和稳健性。

第三步，基于前面两个战略回顾，重新思考客户价值主张是否要调整。以富士康的 iPhone 代工为例，富士康的价值主张一直包含敏捷开发，追求好质量低成本地满足苹果公司的供应链需求。因为苹果公司在 iPhone 供应链中的主导地位，这一价值主张是任何合格供应商都必须达成的。所以在刚性价值主张的约束下，代工厂的战略选择空间有限。

但是对其他战略自主性更强的企业来说，需要根据客户需求的变化，重新看待价值主张迭代的可能性，我们可以从 5 个方面重新审视，分别是细分市场、客户需求、购买要素、渠道变化和市场变化。

- 细分市场：对现有及潜在顾客进行深入分析，细分市场可以基于客户维度或者是客户使用场景和应用维度。

- 客户需求：细分市场和头部客户的需求向哪里转变？
- 购买要素：分析客户购买因素，哪些是购买的决定因素，我们是否可以对这些因素施加影响？
- 渠道变化：通向客户的渠道是否发生了改变？这种改变对我们的影响是什么？
- 市场变化：总体上，市场的供求关系发生了什么趋势性的改变？我们处于市场中的什么位置？

对战略假设的重新设定，往往会带来对细分市场的重新优化，有时候会将原来粗放的细分市场做得更加细致和聚焦，有时也需要拓展新的细分市场。

例如，一家半导体设计企业虽然在进口替代的竞争行列中站稳了脚跟，但是大量企业急速涌入这个技术门槛相对较低的领域，使得竞争过度激烈，利润大幅下滑，尤其是客户的集中采购和竞价模式，使得所有参与其中的企业痛苦不堪，几乎无利可图。

这时，进口替代可以带来丰厚的利润增长这一战略假设已经被证伪，此时需要思考是否要跳出简单的进口替代市场，进入高附加值领域。这一领域需要更多的研发投入，周期长且不确定。在这个新的战略周期，企业就面临着全新的战略抉择。

此时企业需要重新锁定新的用户市场，并且基于原有的产品和技术优势，重新开发或者组合不同的技术，跨过当前过度竞争的市场，找到新的增长空间。

对以上 5 个方面的重新梳理，有助于企业在战略迭代的时候找到自身的新定位。这一过程实际上已经进入轻战略的第二阶段——战略循环。在这个新循环当中，基于迭代所带来的素材，企业可以进行新的战略设计。

有时这个过程并不发生在半年度或者年度的战略复盘会上，而是发生得更加随机。来自市场的不断的反馈，促使我们不断进行战略思考和战略决策。因此，在这个巨变的时代里，战略迭代往往是企业的常态，企业不必被固定的时间框架束缚，但是可以依据这个框架的内在逻辑和思考方式，灵活安排，主动求变，从而在高度动态的市场里转被动为主动，创造战略先机。

快速取得关键成果

传统的变革理论认为，要取得战略变革的成功，摘取低垂的果实比较重要，也就是先取得容易获得的成果，从而积累经验，激励士气，进而不断取得成功。

在常规的战略发展时期，这样的提法没错。但是在今天的巨变时代，这种做法已经过时，因为整个战略过程是高度动态的，所有计划好的战略举措面临随时被调整的情况。可能刚刚取得了一个低垂的果实，整个环境就变了，战略的内容要随之调整，而我们原本取得的关键成果却被丢在了一边。

我们需要因势而变，需要在一些关键的突破点上进行验证，要给自己一些更大的挑战。

我的一个企业客户曾经在我的帮助下，制定了一个面向数字化供应链的战略方案。该企业原定的第一步关键验证是技术可行性分析，在研讨会上我提出了不同建议，我认为这个技术可行性的进一步论证取决于一个前提，就是对客户接受度的假设的检验。如果客户不接受这个方案，那么这个技术可行性分析还有必要吗？所以我们要取得的第一个关键成果是获得客户的认可，因此这个需要快速取得的关键成果就变成了拿到客户的协议，只有客户愿意和我们签这个协议，才表明客户对这个技术突破是认可的。拿到这个协议之后，我们再去做进一步的技术可行性论证。

这听起来有点疯狂，有人问：我们并没有做好严谨的技术论证，就去拿客户协议，是不是有点草率？在常规情况下可能是，但是当行业环境发生巨变的时候，我们先去验证客户假设，再去做技术可行性研究，这个思路绝对是没错的。

事实上这个方案在一个季度之后就被停掉了。原因是该企业拜访了国内好几个主要的客户，都没有人愿意尝试这个方案。在这种情况下，即便技术可行性论证通过，推出了新的产品和服务，结果可能也是得不偿失。因此这个方案就被暂时搁置和封存了，然后该企业去寻求另外一个更加细分的战略定位。事实上通过这样的一个快速迭代的过程，该企业找到了一个新的目标市场，也开启了其向新的领域转型的新方向。

思考题

1. 在每年的战略解码工作中,你认为最关键的是哪一步?你准备如何做?

   a)由战略主题生成战略举措

   b)从战略举措中提炼出目标值

   c)将目标值分解为行动计划

2. 在四场会议中,你认为最重要的是哪一个?

   a)月度战略回顾会议

   b)季度战略回顾会议

   c)半年战略调整迭代会议

   d)年度战略迭代升级会议

3. 在简易、敏捷、共创这三个支点要素里,你所在的企业做得如何?改进空间在哪里?

PART 3
第三部分

实践你的轻战略

LIGHT
STRATEGY

CHAPTER 10 第十章

提出关键的战略问题

区分战略问题和运营问题

每年的下半年尤其是四季度,是很多企业例行进行战略讨论或者战略修订的时间。

战略讨论应该从何处开始?很多企业是从给定的目标开始的。但是这不是一个好的战略讨论的起点,所有这些数字化的财务目标是执行一个好战略的结果,而好战略一定要解决困扰这个企业的一系列战略问题。所以,能够提出好的战略问题才是战略讨论开始的第一步。

如何提出战略问题呢?首先要区分战略问题和运营问题,而不能将两者混淆。我们来看几个案例。

案例一

背景：一家传统的家电制造企业在国内家电市场占据一定份额，但市场竞争日趋激烈，利润增长逐渐放缓，企业管理层考虑是否要进入新能源汽车领域，开展相关业务，这涉及对新市场的评估、技术研发投入、资金筹措、新团队组建，以及可能对现有家电业务产生资源分流影响等一系列问题。

问题：面对这样的背景和意图，企业该如何决策？

案例二

背景：一家中高端服装品牌，过去主要面向30～50岁的消费者，以高品质经典款式著称，但随着市场趋势变化，年轻消费者的消费能力逐渐提升，时尚潮流也更趋向年轻化和个性化。

问题：企业是否要调整品牌定位，将目标群体扩展到20～35岁的年轻消费者，同时在产品设计、品牌形象塑造、营销渠道等方面做出相应的改变？

案例三

背景：一家汽车制造工厂的某个生产车间，近期发现生产线的组装效率下降，导致产品交付延迟，生产成本增加。

问题：如何提高该车间的生产效率，减少组装时间，确保按时完成生产任务？

案例四

背景：一家手机制造企业，近期产品上市进度滞后于计划，已经严重影响了市场形象，违背客户期待。

问题：是否能够通过供应链的改进，提升产品上市的效率和速度，解决这一困扰企业的难题？

当我们面对上面四个案例中的问题，首先需要思考的是，这四个问题是否是战略性的问题？为了帮助思考，我们不妨看一下表10-1。

表 10-1　识别战略问题和运营问题

关注点	战略问题	运营问题
定义	涉及企业整体方向、长期目标、定位以及资源配置等高层次决策。关注外部环境与市场趋势、企业整体目标与定位、资源分配与协同	与企业日常运作的效率、效果和流程执行相关。关注日常流程与效率、绩效指标与质量控制、人员与团队管理
时间跨度	通常具有较长的时间跨度，涉及企业未来1～3年甚至更长时间的发展规划	一般为短期到中期的时间范围，通常在数月到1～2年的时间内能够看到问题解决的效果
影响范围	影响企业的整体层面，涉及多个业务部门、产品线和职能领域	相对较小，主要集中在特定的业务流程、部门或项目内部
决策层次	通常由企业的高层管理人员（如董事会、CEO等）进行决策	主要在部门经理、基层主管或运营团队层面进行决策和解决
解决方法	轻战略第一步到第五步，包括环境分析与研究，行业竞争态势剖析，市场趋势洞察等；明确企业愿景与使命、设定战略目标与指标、明确企业价值主张，识别关键阻碍因素，选择战略路径与模式；资源配置与组织变革，优化资源分配，调整组织架构，培养战略人才与文化	轻战略第二步到第六步，明确运营改善目标，识别关键阻碍和差距，进行流程优化与效率提升，包括流程分析与再造、标准化作业与质量管理、技术应用与自动化；绩效管理与目标设定，明确绩效指标，监控与评估绩效，激励与奖惩机制；实施步骤和关键评价点

在表10-1中，我们按照定义、时间跨度、影响范围、决

策层次和解决方法，对战略问题和运营问题进行了区分。按照这个区分标准，所有的管理问题都可以分成两大类，一类称为真正的战略问题，另一类不是真正的战略问题，通常被称为运营问题。

所谓战略问题，是指涉及企业整体方向、长期目标、定位以及资源配置等高层次决策的问题；而运营问题是与企业日常运作的效率、效果、流程执行相关的问题。说到这里，我们能够很快判断出，案例一和案例二是明确的战略问题，而案例三是明确的运营问题，案例四也很像是运营类的问题，关于这个案例，我们后面还会有讨论。

为什么要将提出的管理问题做这样的区分呢？因为运营类的问题关注运营效率的提升，它是在既有战略下的执行，而真正的战略问题才能够触发战略讨论，思考问题的本质。如果用这样的视角回看很多企业基于目标的战略制定，就会发现在进行基于目标的分解和分析的时候，经常会将运营问题的讨论纳入战略问题的讨论框架之中，而忽视了真正存在的战略问题。尤其是当企业进行战略滚动规划的时候，这样的错误更是会时常发生。

所谓战略滚动规划，是指每一年的某个时间，公司启动对未来 3 年到 5 年的战略的滚动修订，会对宏观环境进行检视和检测，然后将未来可能发生的趋势性变化纳入考量之中，重新修订未来的战略目标，这种战略目标的修订甚至包括大的市场的重新选择。例如，IBM 公司的年度战略周期，是每年上半年春季开始战略滚动修订，下半年则制定来年的战略计划和预算分解（见图 10-1）。

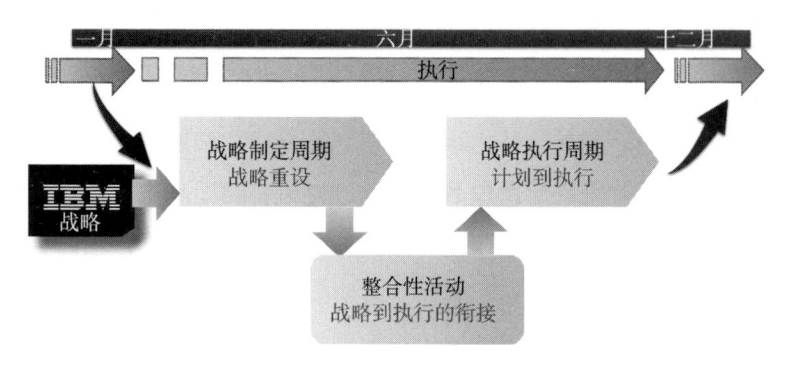

图 10-1　IBM 公司的年度战略周期

战略滚动规划是公司战略管理的关键一环，其操作本身并没有问题。问题就出在，每次进行战略滚动修订的时候，我们能否提出正确的战略问题，也就是经过一年的战略执行之后，我们能否将战略的真正问题在滚动修订之时进行认真的讨论。

很多大型企业习惯于在战略滚动规划中进行一系列的战略分析和分解，对市场宏观环境、竞争对手、客户需求、技术变革等方面，进行林林总总的分解，但是却忘记了在这个过程中，最需要解决的战略问题，或者说战略难题是什么？

在今天巨变的时代里面，大而全的分析很多时候是在浪费时间。所有的分析都是静态的，是基于对过去的归纳和对未来的预测，不能够解决企业面临的现实困境。这样的分析很少有真正的战略价值。

轻战略的框架，一方面建议将滚动的战略规划缩短为一年的周期，从而让战略更加贴近市场，更加敏捷高效；另一方面建议每一次进行战略修订的时候，一定要提出一个或若干个对于企业至关重要的战略问题。

IBM公司曾经提出，战略是由不满意激发的，这是一个很好的寻找出发点的方式。在变化的环境中，我们感到对什么不满意，就可以将其作为战略讨论的起点，而非进行庞杂的面面俱到的战略分析。在这个过程中我们一定要明确提出真正的战略问题。

我们回到案例四，其提出的问题是真的战略问题吗？实际上在这个问题里隐含了一个假设：目前的市场失利，是由供应链的问题带来的，这是我们要解决的一个关键问题，但是这个假设成立吗？这是我经历的一个真实的项目案例。当时我对客户团队的战略假设提出了挑战，我问他们："你们为什么觉得是供应链的问题导致了产品上市的延迟？"他们随即进入了思考和讨论。

很多时候我们提出的战略假设，甚至经不住一个"为什么"的考验。那一次，客户团队经过深度分析后发现，导致产品延迟上市的原因非常多，除了供应链问题，还包括产品的市场调研、规划以及与研发的衔接等方面的问题，最终这个问题到底是在供应链的运营类的问题，还是在产品定位、市场选择这样的战略问题，就需要进行详细的分析才能界定下来。

很多时候企业的战略讨论是低效甚至是无效的，经常是源于起点的失误：没有从真正的战略问题入手，而是聚焦于一个运营问题。要避免被一些伪问题遮蔽双眼，最重要的就是用开放的心态，去挑战我们提出的每一个战略问题，经过不断的批判性思维的甄别，最终确定什么是我们需要讨论的真正的战略问题。

开放性的战略讨论

要提出好的战略问题，重点是要进行开放性的战略讨论，不能不加证明就接受战略假设，而应该主动深入地挑战战略假设。把挑战假设作为战略的起点，这对于战略的成功来说非常重要，甚至是关键性的。

挑战假设，而非证明假设

我的一位在上海的朋友，跟随太极拳大师戴炜老师习拳多年，改善了自己屡弱多病的身体状况。她很希望将戴老师的太极拳功夫带给整个社会，造福更多的人，于是在2014年辞掉了稳定的工作，帮助戴老师经营其在上海创办的臻太极武术馆。

和她有着类似想法的太极拳爱好者很多，他们纷纷加入并且将自己的热情投入经营太极武术馆的事业中。出于职业的思考习惯，我经常和他们讨论太极拳的战略模式。

市场上已经存在的太极拳战略模式大体有三种：

- 大师带弟子模式，类似于陈家沟陈小旺先生的模式；
- 武馆大师加教练模式，类似于早些年李连杰创办的太极禅模式；
- 最群众化的公园锻炼模式，由教练带学员在固定场地训练，其升级版也就是健身房模式。

问题是，这些模式到现在为止，没有一个在商业上被证明是成功的，我将这个问题抛给了臻太极的朋友们："我们应选用什么样的模式？如果别人都没有做成功，我们凭什么证明自己可以成功？"

戴炜老师所传承的传统武术太极拳拳法，以及分解得极为细致的教学方法，在业界堪称首屈一指。在创业初期大家信心十足，热情高涨，尝试过各种战略模式。然而新冠疫情期间遭遇了三年线下业务的挫折，在今天准备再次出发的时候，一个根源性的战略问题依旧摆在这里：我们要选用什么样的模式，才能在经营上取得持续的成功？

比太极拳武馆的问题更宏大也更复杂的另一个例子，是如何看待中国电动汽车的崛起，以及其他领先国家尤其是日本车企的衰退。

2023年中国汽车全球销量首次超越日本，成为全球汽车第一大出口国，其中电动汽车占比高达四分之一，年度增速超过77%，这一成绩堪称震撼。仅仅数年前，日本以丰田公司为代表的油电混合模式，还赢得过消费者的青睐。他们开发的氢动力车似乎也在引领清洁能源的方向，并且牢牢占据着专利技术的领先地位，其他企业面对新能源车赛道，即便苦苦追赶也难望其项背。但令人惊讶的却是在纯电动汽车时代，日本汽车在高密度能量电池和充电桩的技术和市场布局，远远落后于特斯拉和后起的诸多中国电动车企。

如果归结到战略层面，我们可以回到几个最核心的战略问题来思考这个问题。日本车企当年应该怎样做，才能够真正抓住汽车电动化的战略机遇，并且阻止中国车企的迅猛崛起？我认为日本车企可能在这个问题上给出了错误答案，当然更不幸的是可能它们甚至没有认真思考过这个问题，这源于日本车企的战略路径依赖，和对自身技术的过度自信。

丰田公司推出的油电混合技术在相当长的时间里被行业看好，认为这是汽车电动化的未来，因为其既能够承接原有燃油汽车的技术优势，还能够大幅度节能，是一个折中的最佳方案。但因为日本车企推行过于严苛的专利保护，为避开这些限制，中国车企只能另辟蹊径，以比亚迪为代表的车企开始采用插电混合模式，并且专攻电池技术。当电池的能量密度达到一个关键临界点的时候，日本油电混合汽车的性能价格优势便不复存在了，尤其是当汽车电动化被以美国和中国这两大全球最大的市场和产业引领者主导的时候，日本失去了战略优势。

如果回到关键战略问题的基点上，对于油电混合汽车的战略，日本车企无法回答的是：如果高密度电池的技术取得突破会怎样？如果价格低廉、布置便利的充电桩广泛分布会怎样？更重要的是，如果以中国、美国和欧洲为代表的大型电动汽车市场，开始接受电池技术为基础的电动汽车又会怎样？

不幸的是所有这些假设都已经在 2020 年之后成立，而且中国电动汽车制造企业借助着完整的本土供应链体系，乘势而起，将自身的电池优势和供应链优势，以及快速迭代的生产方式发挥到极致。一个新的时代开启了，而日本汽车的一个时代也就此落幕了。

我们不能说日本企业没有深刻的战略思考，但是很多时候，战略的演进是在一个更宏阔的背景下展开，还是在自己熟悉的某一个池塘里展开，这是迥然不同的。

实际上日本车企因为有着近半个世纪的全球领先地位，已经构筑了深度的价值捆绑体系，它们恰恰被陷在了这个熟悉的池塘里。大家熟知日本汽车在新车领域的特点和优势，鲜为人知的是，日本车企制造的每一辆车在其生命周期中往往会被销售至少三次。第一次是在日本这样的发达国家市场，通常在 2～3 年、驾驶者开到 1 万～2 万公里的时候，就会将车以二手车的方式卖出。因为日本车具有精良的设计和质量控制，所以这时车处于性能最好的时候，于是经过简单的涂装和清洁，就被以低廉的二手车价格卖给东南亚的二手车市场。又经过 5 年左右的使用，当行驶公里达到 20 万公里左右的时候，二手车又会被日本供应链体系回收，经过维修翻新改造之后，以三手车的形式会卖给非洲等市场。

据统计，日本二手车市场的规模曾是一手车市场的1.4倍，可以想见这里面的路径依赖和利益捆绑是多么的严重，也不难理解为何日本要推出油电混合的模式，这是对原有技术路线和庞大的零部件生产体系的最好的继承。而不幸的是，在纯电动汽车时代，汽车业战略转型的所有关键点已经不在日本，特别是电池技术、在消费电子产品领域的敏捷式开发，以及庞大的市场资源，已经战略性地转到了中国和美国。

差距分析的陷阱

这种试图证明战略假设的习惯，还有一个很糟糕的方式，那就是差距分析。所谓差距分析，就是将当前完成的业务和曾经设定的目标进行比对，找到数量上的差距，并且对造成差距的根本原因进行挖掘和分析。找到原因之后，确立战略改进的方向。

这种差距分析的方式，在IBM公司的BLM（Business Leadership Model，业务领先模式）方法论中被发展成两种分析方法，分别叫业绩差距分析法和机会差距分析法。BLM分析方法被介绍到华为公司，近来深受中国企业的热捧。但是对这一方法的滥用会导致正确的战略问题无法被提出，对此你可能颇感惊讶，我们不妨稍加分析。

我们先看看这两种差距的定义。

业绩差距，是对现有经营结果和期望值之间差距的一种量化描述。通常是指市场机会存在，但是没有做好，所以导致了业绩上的差距。例如公司原计划今年做 100 亿元，但是只做到了 90 亿元，差距有 10 亿元，就将它定义为业绩差距，业绩差距只是表象，需要对它生成的原因进行深度的思考和分析。

通常认为，业绩差距来自管理方法、员工能力以及企业文化的不匹配等因素，这些是可以通过更好的执行加以改进的。

机会差距，是对现有经营结果和新的业务设计所能带来的结果之间的差距的一种量化的表述。例如，在知识付费时代，线下的培训机会在萎缩，如果不去发展线上业务，就无法抓到新的线上机会。因此没有做线上业务所带来的业务差距，就被称为机会差距。机会差距不在上一轮战略设计之中，但是当新的机会出现，需要进行新的业务设计才能够抓住这些机会。

要开展线上业务就需要进行新的业务设计，重新设计线下业务方式，或者创新线上业务方式，才能缩小这个差距。

IBM 公司的 BLM 的方法论，将机会差距看作真正的战略设计的入口，但是很少有人知道，这里面其实存在着一个大大的误区。

导致业绩差距的有可能恰恰是业务模式设计的欠缺。还是刚才所举的例子，业绩 10 亿元的缺口，可能正是因为新的竞争对手或新的业务模式的出现，抢走了原本属于这个市场的机会。如果想拿到那 10 亿元的市场，就需要向竞争对手学习，甚至要进行新的业务设计才能实现，那么这个差距就变成了机会差距。在今天快速变化的市场环境里，难道这不是经常发生的事吗？

业绩差距和机会差距的区别，原本是想表达业绩差距是可以通过执行的优化来缩小的，类似于前文所说的运营问题的范畴，改善员工的技能、提升绩效、改进管理的方式、改变组织文化氛围等，这些都属于运营改善的范畴。而要真正进行业务设计去缩小机会差距的，实际上更多属于战略的问题，例如，如何通过新的客户定位、价值主张设计，去捕捉新的机会。但是这样简单的二元划分，不能用于严谨的战略讨论。

例如，前文关于业绩差距的例子，原本以为业绩差距需要通过改善运营来解决，但是如果竞争对手是通过新的商业模式，抢走了原有的 10 亿元市场，我们是要通过模仿竞争对手的方式来获得 10 亿元市场呢？还是说这个过程对于企业来说过于艰难，我们需要重新开发一个新的市场，将原有的优势发挥出来？不管怎么说，这个业绩差距需要新的业务设计来应对，也就是说这个问题变成了一个真正的战略问题。

再例如，前文关于机会差距的例子，可能线上的知识付费分流了很多传统的线下培训业务，但这并不意味着线下业务就已经日薄西山，有可能运用现在的战略模式，依旧可以挖掘线下业务的市场空间，那么这个差距就变成了业绩差距，也就是通过改善运营和执行就可以缩小的差距。

因此，在运用差距分析方法的时候，重点是需要深度地询问这些差距到底是如何产生的。无论是业绩差距还是机会差距，还是对机会差距进行深度挖掘所找出的原因，都可以让我们找出一个新的视角，由此界定到底是战略问题还是运营问题。

为什么私董会的方式有用

至此，我们看到了提出关键的战略问题是如此重要，在这个阶段进行深度的问题打磨是绝对值得的。而要让我们跳出传统的思维框架，避免认知的盲区，有一个有效的方式，就是在企业家私董会⊖中常用的重构问题的方式。

经典的私董会流程，通常是由一个企业家提出待解决的业务问题，然后经过小组中组员伙伴的不断发问，去挖掘这个问题的真相。通过这样不断的发问和叠加式的思考，问题所有者最终会决定是保持这个问题的陈述，还是将这个问题进行重构。

⊖ 私董会，全称私人董事会（private advisory board）。1957 年，美国企业家罗伯特·诺斯与其他几位 CEO 定期进行圆桌讨论，互相分享知识和经验，帮助各自的公司解决问题，逐渐形成了私董会模式。私董会通常由 10 ～ 16 位来自非竞争行业、经营规模较类似的企业实际控制人组成，运用问题导向的方式，帮助问题所有者解决企业经营管理中的复杂问题。私董会常配有专门的教练引导成员交流，并且鼓励成员之间的信息、知识和智慧的共享。

以本章开篇案例四中的问题为例："如何进行供应链的改造来缩短手机的上市时间？"在团队进行问题质询的时候，大家只是提出问题，通过开放式的提问，探寻这个问题背后的基本信息，而不是立刻给出答案或者建议。

例如，有人会问："你为什么认为是供应链造成的问题？"

也有人会追问："其他环节的问题你思考过吗？"

或者还有人会问："假如供应链的问题解决了，你认为手机能够如期上市吗？"

这样的反复提问，能够让问题所有者重新深度思考这个问题的本质，最终对问题进行重构。

有可能他的问题已经从最初的"如何改造供应链"，变成了"如何重新梳理营销、产品开发、供应链等各个环节，找到手机上市拖延的真正问题"，这样就回到了一个更加开放的思考环境中，而不是被某种固定的思维所局限。

在很多战略项目中，我在客户访谈阶段，就会以类似的方法与客户进行深度沟通，来判断他们面临的战略问题到底是什么，或者说他们遇到的到底是一个运营问题，还是一个真正的战略问题。如果是战略问题，是不是经过多次的讨论打磨，已经回到了根本点上，并且足够开放，值得进行后续的战略研讨。这样的访谈过程是极具建设性的，对于参与访谈的客户本身也会带来很大的价值，让他们认识到问题的核心所在。

将一个界定好的真实问题带到战略研讨会或者战略项目中，可以避免从一开始就走错路或者走弯路，从而帮助客户节省大量的时间和经费，也让真正的战略讨论落到实处。在今天这个巨变的时代，用这种简洁高效的方式进行战略讨论，直击要害，比任何时候都显得更为重要。而传统的那种冗长的分析式的战略导入法，已经不能包打天下。明确这一点，对于实施一个好的战略项目至关重要。

思考题

1. 此刻，你所在组织的战略问题是什么？
2. 你们需要挑战的一个战略假设是什么？

CHAPTER 11
第十一章
轻战略架构设计

轻战略架构师的独特价值

轻战略体系中有两个关键角色，架构师和引导师。

简单来说，架构师是设计战略流程，特别是根据企业的发展阶段面临的战略问题进行专业化流程设计的关键人物，而引导师是使得轻战略流程得以流畅运行的核心，两者分工明确，架构师如同企业里的总工程师，而引导师就像企业里的生产经理。

企业里总工程师的作用，是根据企业的生产目标，设计最为合理的生产流程和制造工艺，最终生产出质量合格的产品。类比于企业中的总工程师，轻战略中的架构师，需要结合轻战略六步法的内在特征，结合企业目前的发展阶段，选择最为合适的战略工具。有时也要进行定制化裁剪，然后设计出恰当的引导流程，最终让参与人员可以产出战略成果。

企业中的生产经理，是在总工程师确定的材料和工艺流程的指引下，运用原材料、人力以及设备，高效地生产出合格的产品。轻战略引导师就像生产经理，他们所运用的材料有两个，一个是与战略决策相关的市场信息、经营数据以及对竞争环境的分析，还有就是参与战略共创的智慧的头脑，这些东西都是无形的。轻战略引导师的职责就是将这些无形的信息和智慧融合在一起，运用轻战略架构师所设计的战略工具、方法和流程，产出战略成果。

这两个角色可以由同一个人来承担，但是企业也可以培养出更多的轻战略引导师来帮助不同的部门，在企业发展的不同阶段，一起产出关键的战略成果。

轻战略架构师的介入是整个轻战略项目的起点，他们在这个过程中会展现出独特的价值，即根据企业的经营状况、产业生命周期、现有的战略挑战以及企业的经营目标，选择轻战略工具库中最合适的工具和方法，生成轻战略项目的流程设计。

突出战略效能

在轻战略架构的过程中，如第十章所描述的，轻战略架构师要帮助客户界定真正的战略问题，这一过程要展现出足够的领导力和引导提问的技巧，拨开思维上的迷雾，找到真正的战略问题。在这个基础上要时刻谨记在这个巨变的时代，最重要的是帮助客户找到提升战略效能的方法。

从战略效能的公式中我们知道，要让战略效能最大化，需要提升分子项的三个杠杆要素，也就是客户价值、竞争优势和持续学习。

在一个战略项目中，要将这三者都完美地实现并不容易，建议在每一个阶段抓住一个重点，并且将它做透、做出成果。必要的时候也要与客户交流这个理念以及战略方案的设计初衷，取得他们的共识。

以第六章中的半导体企业为例，从其混乱的供应链管理和中后台协作所遇到的困难来看，企业遇到的似乎是一个组织问题，但是如果用4D创新模型进行诊断，就会发现真正的问题是企业的业务模式没有经过很好的设计。如果进一步运用界定战略问题的思考方式，就会知道该企业当前只是随着市场的需求被动应对，在创造独特的客户价值方面还没有理顺，因此也无法定义需要聚焦的客户群体。所以，帮助它抓住这个核心战略问题，找到差异化的客户价值，就是帮助它做长了战略效能的杠杆。

同时，战略效能公式分母项上的简易、敏捷和共创这三个支点要素，也要融入整个项目的流程设计。

在这个巨变的时代，如果客户能够通过轻战略项目的赋能，开始使用简单易行的战略流程，利用轻战略工具敏捷地响应市场的需要，并且持续、快速迭代自身的战略演进，用共创的方式帮助企业和各个业务部门生成贴近市场的战略和举措的话，企业战略与客户的距离就会被拉得很近，也就是我们说的有了更靠近客户的支点。

更长的战略杠杆和离客户更近的支点，自然就放大了战略效能。所有这些提升战略效能的理念，需要在战略流程设计中发挥指导性的作用。

产业周期和战略

轻战略架构师在进行战略流程设计的时候，还需要明确企业所处的环境和战略周期。

我们将产业周期分成四个阶段：初创、扩张、成熟和退出（见图 11-1）。了解这四个阶段的特点，以及企业处于哪个阶段，每个阶段的战略特征是什么，对进行针对性的轻战略流程设计是很重要的。

第一是初创阶段，企业已经从 0 到 1 经过了开发最初产品和组建团队，进入了从 1 到 10 的阶段，企业开始进行各种商业模式验证。这个阶段的特征是众多企业涌入，大家争先恐后地进行各种商业模式的测试。成功的企业留下来，失败的企业就很快退出去。这个阶段是创业企业的天下，有大量的资本涌入，但是对每一种模式的探索都没有定论，显得相当混乱。

276 | 第三部分 实践你的轻战略 |

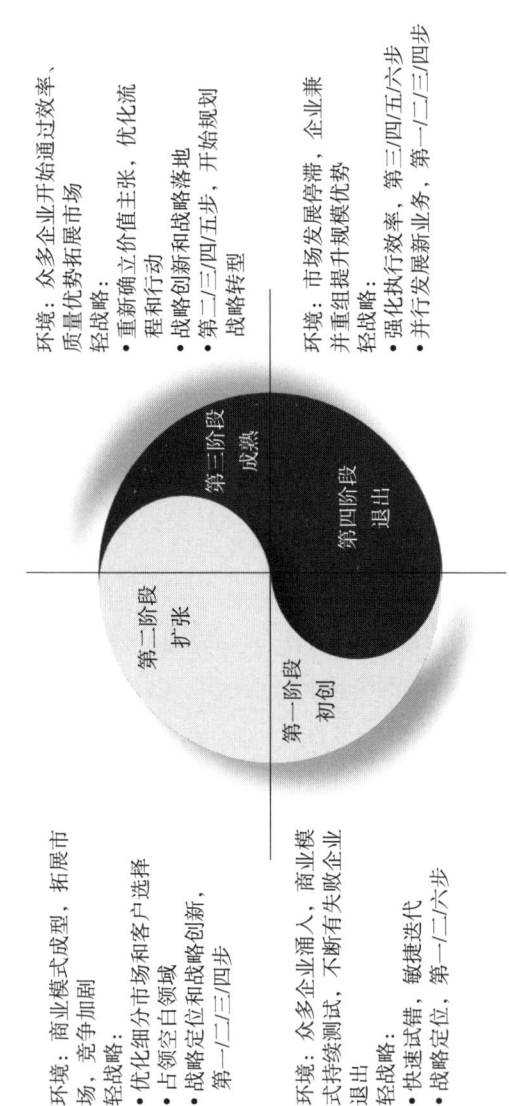

环境：众多企业开始通过效率、质量优势拓展市场
轻战略：
- 重新确立价值主张，优化流程和行动
- 战略创新和战略落地
- 第二三/四/五步，开始规划战略转型

环境：市场发展停滞，企业兼并重组提升规模优势
轻战略：
- 强化执行效率，第三/四/五/六步
- 并行发展新业务，第一二三/四步

第三阶段 成熟

第四阶段 退出

第二阶段 扩张

第一阶段 初创

环境：商业模式成型，拓展市场，竞争加剧
轻战略：
- 优化细分市场和客户选择
- 占领空白领域
- 战略定位和战略创新，第一二三/四步

环境：众多企业涌入，商业模式持续测试，不断有失败企业退出
轻战略：
- 快速试错，敏捷迭代
- 战略定位，第一二/六步

图 11-1 战略周期和轻战略六步法的匹配

在这个阶段，有不少企业运用轻战略的方法成功走了出来，它们认可轻战略所具有的快速试错、敏捷迭代的特征，运用团队共创的方式，快速地去捕捉市场上的机会，并尝试某种产品和客户价值的交付。

如果尝试成功，就继续探索，寻找更多的市场空间和更加确定的价值主张，以及与其匹配的产品和解决方案模式。

如果尝试失败，就重新定义新的市场和新的产品。在这个阶段，快速试错是非常重要的，快速试错才不会耽误时机，也不会浪费太多资本。但是快速试错的经验应该成为下一步继续创新和探索商业模式的基础。

零束科技就是这方面的典范。其在快速发展但又混沌不清的电动汽车产业链中，从战略1.0的软件开发模式发展到战略3.0的软硬一体模式，通过持续的试错，在不断交付和满足客户需求的基础上，两年时间内进行了三次战略迭代，找到了自身的定位。

在这个阶段，轻战略六步法对他们最有效的是第一步（洞察变化），寻找市场机会，第二步（明确意图），确立客户价值主张、产品和解决方案组合，以及第六步（持续行动），进行快速的测试和迭代，获得测试结果的反馈，进行下一轮新的机会识别和价值主张的创造，再在第一步和第二步之间进行持续的测试和迭代。

今天科技创新类的专精特新企业，非常适合这样的方式。

在轻战略的流程选择上，不必把所有的步骤都做得很完备，重点聚焦在这三步上。

第二是扩张阶段，是从 10 到 100 的阶段。当商业模式经过初创阶段的不断测试打磨，逐渐成形之后，更多企业就会涌入，运用这种被证实的商业模式拓展市场，这时大家所做的是迅速进入各个空白的缝隙市场。随着推进速度的加快，竞争也越来越激烈，对企业来说依旧需要提升自己的拓展速度和效率。这个阶段也是资本大举进入的阶段，虽然没有明显的收益，但是销售收入在持续增长。

这时轻战略六步法体现在运用第二步（明确意图），细分和优化目标市场，并且进行聚焦式的客户选择，而非覆盖所有市场领域。

此时确认自身优势，以及建立优势和客户价值的互相强化是非常重要的，也就是通过自身的某种优势和资源，确立独特的客户价值，然后运用这种客户价值在市场上的成功，进一步强化自身的优势和资源的效能，这样就会在目标市场和目标客户群体中站稳脚跟。要做到这一点，需要运用轻战略六步法中的前四步，也就是战略定位阶段的第一步（洞察变化）、第二步（明确意图）和战略创新阶段的第三步（识别障碍）、第四步（聚焦创新）。

战略创新要找到产品或者模式上的突破点，而非简单地复制他人的成功。例如，本书第八章所提到的国科天创就是如此，国科天迅在通信解决方案领域获得成功之后，开始聚焦若干个细分市场，在国防和一些民品领域占据了重要的市场龙头地位，然后在这些目标市场中不断强化自身的优势和能力。

第三是成熟阶段。这个阶段的特征，是众多企业已经开始在原有的商业模式基础上，通过效率提升来巩固市场地位，这包括生产效率提升、质量管理、供应链管理等。当今的中国电动汽车行业正处于第二阶段到第三阶段的过渡期，所以竞争会愈发激烈。

类似于比亚迪这样可以在效率提升方面做到高水准的企业，处于成熟阶段的企业可以通过自己的效率和成本优势超越对手。因此从轻战略方法的角度来看，在这个阶段需要重新确立基于效率的价值主张，并且依据价值主张进行相关业务流程、内部管理和战略行动的优化。因此这个阶段需要关注的是轻战略的战略创新和战略落地，涵盖了轻战略六步法的第二步到第五步。

同时我们要敏锐地洞悉到在这个阶段，随着竞争的加剧，企业虽然可以通过效率优化，不断地提升竞争力，超越对手，但是竞争的加剧也意味着行业发展已经进入拐点，考虑下一步的变革和转型已经非常迫切。

经历过两次成功战略转型的陕鼓集团，就是在每一次战略成功的基础上，不断寻找下一个增长空间，也就是所谓的第二曲线，从而实现从生产设备到服务，从服务到分布式能源领域的战略升级，并一直处于行业的领先地位。

第四是退出阶段。这个阶段的核心特征是经过第三阶段的充分竞争，市场发展已经逐渐陷入停滞。企业通过不断的兼并和重组来扩大某种具有垄断特征的优势。兼并重组带来了规模优势，并且减少了竞争对手。但是因为原有商业模式的红利乃至运营效率提升的红利已经被消耗殆尽，而大规模的兼并所形成的企业集团会陷入创新乏力的阶段，因此进入这个阶段的企业需要考虑是否逐渐退出成熟的业务。

如果在第三阶段所孵化和转型的业务，已经逐渐成形，那么就应该果断进行企业投资的转移，去扶植新兴产业。在这一阶段需要强化的是执行的效率，也就是轻战略六步法的第三步到第六步（识别障碍、聚焦创新、激发能力、持续行动），同时应该同步进行另外一套战略创新，也就是通过轻战略第一步到第四步（洞察变化、明确意图、识别障碍、聚焦创新），去对新业务进行大胆的设计，并将其推向市场。

不幸的是，现实中很多企业在这个阶段会陷入企业经营的僵化和守旧，眼看利润逐渐变得微薄，但是又丧失了创新和转型的动力。所以这个阶段也是很多企业衰老的起点，甚至就此走向衰亡。

有意思的是，到第四阶段的企业，也不是在那个最低点就会消亡，而是会延续一段时间，而同时新兴的产品和商业模式又会在市场上出现。回想一下，大约五年前我们还在观望电动汽车是否能够替代燃油汽车，而此刻回看五年前的情形，是否很像第四阶段的这种新旧势力的交争呢？

洞悉产业生命周期的四个阶段，知道客户处于哪个阶段，并且选择合适的轻战略工具组合，是轻战略架构师的基本工作。

两种项目模式

轻战略架构师通常会提供两种轻战略项目（见图 11-2）模式供客户选择。

一种称为 1×3，也就是项目为期一阶段，共三天。当然有些客户因为时间的限制，把它压缩成两天一晚，也可以叫 1×2.5 模式。另外一种是 3×2，也就是三阶段，每次两天。

轻战略共创前 2~3周
项目预备阶段
- 前置学习，统一战略语言和工具
- 客户访谈
- 数据和信息收集

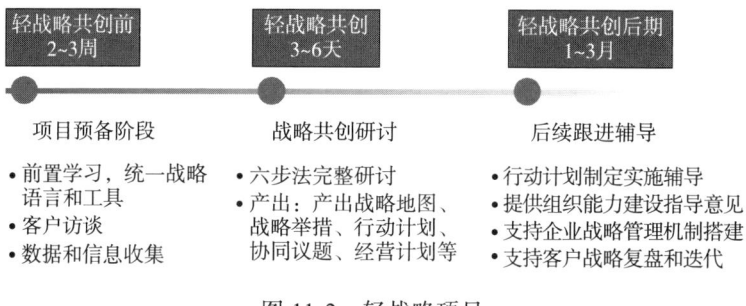

轻战略共创 3~6天
战略共创研讨
- 六步法完整研讨
- 产出：产出战略地图、战略举措、行动计划、协同议题、经营计划等

轻战略共创后期 1~3月
后续跟进辅导
- 行动计划制定实施辅导
- 提供组织能力建设指导意见
- 支持企业战略管理机制搭建
- 支持客户战略复盘和迭代

图 11-2　轻战略项目

这两种模式适合不同的客户群体，对于那些时间紧张，成员难以聚齐，并且希望在短时间内有一个战略的初步版本，或者有预算约束的客户来说，1×3 或者 1×2.5 是可行的模式。在这个模式下，团队可以集中精力在很短的时间内产出满意的战略成果。

有人可能会质疑，这么短的时间，如何能够交付出一套团队满意的战略成果？这是有两重保障作为基础的。

第一重保障是项目模式的预备阶段。1×3 并不是只在三天内做工作，在项目开始之前会有 2～3 周的项目预备阶段，这时我做的第一件事是为客户提供基本的知识输入，为此我们专门开发了从音频到视频的轻战略课程，供客户前置学习，通过这个过程扫除知识盲点，导入轻战略的基本概念和知识框架，帮助客户后续顺利进入轻战略共创研讨阶段。实践证明，统一战略语言和工具，对于开展一次高效的轻战略研讨，是非常必要的。

第二件事是进行客户访谈，轻战略架构师将和客户一起定义战略问题、确定项目范畴和项目目标。第三件事是进行数据和信息收集，通常需要客户有一个项目小组和我们配合，提供一些基础的行业数据、业务数据和非保密类的客户信息，以进行提前的分析和讨论，并且在这个基础上形成最终的三天项目模式的流程框架。

第二重保障是轻战略的方法本身，轻战略的战略研讨方法是确保产出的。你可能会问这不是开放式的讨论吗？为什么能确保产出呢？有这样的问题并不奇怪，因为不少人在战略研讨中吃过苦头，花了很多时间，但是最终无法产出有效的成果，或者为了产出成果，匆匆将讨论的内容进行压缩或者简化，无法深入，成果的质量当然也不会好。

轻战略的方法之所以能够保证有质量的产出，一方面是因为对引导技术和方法的娴熟应用，在这方面我和我的团队一直处于业界的一流水平；另一方面是因为对轻战略方法论的打磨和经验的积累，经过上百个客户、数百场研讨会的实践检验，轻战略目前已经形成了非常稳定可靠的框架和方法，确保能够在最短的时间内产出最大的成果。

如果客户的时间和预算允许，我们更加建议采用 3×2 的模式。3×2 的特点是每个阶段会间隔两到四周的时间。第一阶段是轻战略的第一步（洞察变化）和第二步（明确意图），即战略定位；第二阶段是第三步（识别障碍）和第四步（聚焦创新），即战略创新；最后一个阶段是第五步（激发能力）和第六步（持续行动），即战略执行。

中间间隔数周的好处，是可以继续打磨和细化研讨会上产出的内容，同时若需要客户验证的话，也提供了充足的时间去和客户交流。特别是在第一阶段生成客户价值主张的时候，我通常建议我的客户与最终客户进行若干轮的客户价值主张的确认和对齐，确保战略产出的内容对最终客户是有益的，否则就变成了战略思考的"自嗨"，没有太多价值。

战略成果会以战略地图和战略主题的形式来呈现，也会附带 KPI 甚至 OKR 战略分解的内容，这一部分的产出通常要和企业来年或下一阶段的战略目标对齐，有时也需要内部的若干次讨论才能最终决定，所以留下这些时间裕量，会便于企业做出更加有效的决策。

3×2 的项目模式还有一个好处，就是每个阶段的打磨和共创，有助于团队更好地理解和消化轻战略方法中的工具和引导方式。几乎在每个项目中，客户都会对轻战略高效的引导成果称赞不已，他们也非常想学习。如果只是 1×3 的项目模式，他们只能观摩，没有机会自己亲自演练，而 3×2 的方式给他们提供了时间间隔，可以在每个阶段间隙进行演练和学习。

明白了两种项目模式的选择之后，下面就可以设计一个简洁有效的轻战略研讨会流程了。

设计一个简洁的流程

要设计一个简洁有效的轻战略流程，需要掌握一些基本的概念。

首先要了解轻战略引导技术最核心的精髓，就是贯穿始终的钻石模型。其次要知道如何用最精炼的方式，将轻战略流程和客户的需求衔接起来，无须面面俱到，但是一定要切中要害，达成客户最关键的目标，产出最重要的成果，同时避免一些项目陷阱。

无处不在的钻石模型

钻石模型是轻战略六部功[一]里"群策群力"这一基本功的关

[一] 关于轻战略六部功的内容，以及与六步法的融合使用方法，详见参考文献 [3]。

键模型，也是轻战略流程设计的基础模型。钻石模型包含了三个阶段：

第一阶段是发散。解决任何一个问题的时候，从问题点开始，寻求更多的想法，在这个阶段我们关注的不是想法的质量，而是想法的数量，数量越多越好，而且不要干预和评价想法的产生，让其自由产生。在此基础上，团队可以进行激烈的讨论和辩论，这就是轻战略的发散阶段。

第二阶段是动荡。在这个阶段要对各种想法背后的理由和原因进行质疑和挑战，从而找到更多的基于观点背后的假设的共识。在这个阶段要对不同观点的辩论，保持包容和忍耐的态度，允许各种争执和讨论，只有这样最终才能够为共识奠定基础。

第三阶段是收敛。运用有效的方法进行观点的收敛，形成结论。收敛的时候要把握时机，不能让前面的动荡阶段过于漫长，当断则断。

这个看似简单的钻石模型，实则威力巨大，它涵盖了人类群体进行对话、会议以及群体决策的所有场景。如果能够在引导中有效发挥这个模型的价值，讨论效率就会大为提高；反之，不仅效率低下，也无法产生有效的共识结果。

轻战略六步法的流程设计，本身就遵循着钻石模型的规则，每一步都是一个钻石模型。

例如，第一步洞察变化起始于战略问题。首先对这个问题的各种可能性进行发散性的思考，例如市场的选择，其次经过机会选择和能力的匹配，让团队进行激烈的讨论，并进行打分和赋值，最后用机会地图进行收敛。这就是一个完美的钻石模型的周期，后面的每个步骤也是如此。

更有意思的是，在每一步的钻石模型里又嵌套着很多的小钻石模型，每一次的讨论都是由观点的发散开始，经过辩论以后形成某个结论，以这个结论作为起点再进行下一轮的讨论。整个过程就像是很多美丽的钻石串联起来的一串项链，在其中流动的，就是我们的智慧和思考。它也类似于乳酪提纯的过程，让我们将思想中的精华提炼出来，不断提纯，最后形成共创后的共识。

所以，一个有效的轻战略流程设计，就是对钻石模型的有效运用，有发散就必有动荡，也必有收敛，缺少任何一个环节都是不完整的，会使得讨论的质量大打折扣。

当我们能熟练运用钻石模型进行轻战略流程设计时，就好比是轻战略架构师手中拥有了一根点石成金的魔法棒。

标准流程的加减

了解钻石模型之后，就可以将轻战略六步法中的基本流程工具和战略工具串联起来，形成一个战略研讨的基本流程。表 11-1 是一个三天轻战略研讨会的基本流程示例，也是一个简洁的标准版。如果需要进行3×2的扩展，可以再充实一些其他的工具，让讨论更加细化，也可以结合客户的需要，设计一些新的工具和方法。基于这个模板进行加减，形成有效的轻战略研讨流程。

表 11-1　轻战略研讨会的基本流程示例

第一天

序号	议程	设计	目的和成果	工具和资源
1	开场	介绍研讨会目标和任务	统一所有参会者的认识，所有参会人员了解背景和目标	
2	报到	1. 团队角色分工 2. 共识参与原则	支持所有成员尽快进入研讨会状态，研讨会达成一致原则，保证过程质量	
3	轻战略的战略实践	1. 轻战略的战略范式 2. 轻战略六部功和六步法 3. 战略管理和项目管理	回顾轻战略背景知识，帮助参与者进入共创状态	
4	洞察变化	1. 政策和市场的变化，带来什么具体的挑战和机会？从机会的三个维度进行审视㊀ 2. 机会清单 3. 如何重新定义竞技场？ 4. 如何重新定义机会和我们的选择？	运用"洞察变化"的战略工具和流程，打磨战略思维的敏锐度和严谨性，并且在变化的环境下，重新定义战略机遇和对其的选择，产出机会清单	• 机会识别工具 • 能力的三个层次 • 服务创新矩阵 • 定义竞技场 • 机会地图

㊀ 机会的三个维度，是从现状出发对市场机会的三种定义，分别是：实现卓越客户目标的机会、用核心能力跨界的机会、把创造性破坏最大化的机会。详见参考文献 [3] 的第 75～84 页。

（续）

序号	议程	设计	目的和成果	工具和资源
5	明确意图	1. 重新检验战略意图的可行性：客户价值主张，企业愿景和战略目标 2. 介绍四种客户价值主张[一]，为形成我们自己的价值主张做参考 3. 形成差异化价值主张 4. 明确客户价值主张、企业愿景和战略目标	结合新选择的机会组合，重新检验战略意图的可行性确立战略意图的调整方案	• 业务本质识别法 • 价值主张头脑风暴法 • 四种价值主张 • 价值折线图 • 企业愿景头脑风暴 • 战略目标年度分解

第二天

序号	议程	设计	目的和成果	工具和资源
1	识别障碍（一）	1. 了解差距思考与障碍思考两种不同的思考方式 2. 了解产生障碍的外在、内在原因，基于新的战略意图，有什么新的障碍出现？深层原因是什么？	根据参与者的工作经验和认知，共识我们面临的障碍和深层原因	• 差距思考和障碍思考 • 根因分析 • 鱼骨图[二]
2	识别障碍（二）	1. 根据我们的经验，下一步最需要克服的关键障碍应该是什么？ 2. 障碍与深层原因之间的关系是什么？构建障碍根本原因的全景图	对于变化的环境，根据新的战略意图，确立新出现的关键障碍，并且对深层的原因和秩序有洞察	• 团队共识法[三] • 4D创新模型

[一] 四种客户价值主张，分别是：总成本最低、产品领先、全面客户解决方案、系统平台。

[二] 鱼骨图是一种发现问题根本原因的分析方法，因其形状像鱼骨，所以叫鱼骨图，也称因果图。在引导团队发现问题、解决问题的过程中，鱼骨图可以帮助我们系统梳理问题，聚焦关键因素，并且促进团队的协作。

[三] 团队共识法，是引导团队达成共识的引导技巧和流程，其主要工具是轻战略六部功中的群策群力。详见参考文献 [3] 的第 41 ~ 44 页。

（续）

序号	议程	设计	目的和成果	工具和资源
3	聚焦创新	1. 结合关键障碍，应该进行怎样的创新？ 2. 运用创新思维，重新思考解决方案 3. 解决方案的优先排序矩阵	对障碍的深层原因，共创出创新突破的方式，并形成组织的共识	• 数字时代的创新模型 • 四种创新思维㊀ • 24种盈利模式 • 价值—运营矩阵 • 六项思考帽㊁
4	形成战略地图	1. 重新审视这些创新能否有效突破障碍和瓶颈？ 2. 战略地图、战略主题 3. 生成KPI系统	1. 形成新的战略地图和战略主题，明确新的战略任务 2. 提炼出KPI，形成共识	• 战略地图 • KPI分解

第三天

序号	议程	设计	目的和成果	工具和资源
1	激发能力（一）	1. 评价组织能量和组织行为动机的心智模式 2. 从哪里突破进行组织能量的解锁？ 3. 组织变革需要怎样的组织氛围与文化，应该匹配怎样的领导力？	对组织能量产生的机制有新的认知，并锚定公司组织能量的关键突破点	• 意识能量层级模型 • 领导者心智模型
2	激发能力（二）	1. 为达成目标，需要构建怎样的组织能力？ 2. 基于组织能力20项要素，㊂ 进行组织能力评估和设计 3. 领导力突破	1. 寻找组织能力发展的关键突破点，并形成共识 2. 领导者团队，需明确重要的领导特质和关注点	• 组织能力模型 • 组织变革三阶段模型

㊀ 四种创新思维，包括网络思维、缝隙思维、逆向思维、极简思维，是激发创新张力并且进行战略创新的有效工具。详见参考文献 [3] 的第 135～145 页。

㊁ 六项思考帽，是英国学者爱德华·德博诺开发的一种思维训练方式，白色代表中立和客观，绿色代表创造力和想象力，黄色代表乐观，黑色代表批判，红色代表情感和直觉，蓝色代表控制和调节。产出创新成果后，可以运用六项思考帽的讨论方式，对成果进行评价和修正。

㊂ 组织能力20项要素，详见参考文献 [3] 的第 177～181 页。

（续）

序号	议程	设计	目的和成果	工具和资源
3	持续行动	1. 形成以战略和组织能力发展为基础的全体行动计划 2. 将 KPI 分解为短期（季度）OKR 3. 形成战略迭代计划	1. 理解行动方案和执行细节 2. 了解 OKR 分解的目的和方法	• 利益相关者分析 • 战略解码模型 • OKR分解模型 • 战略迭代方法 • 行动计划分解
4	全体回顾	1. 个人和组织的收获 2. 收获分享和彼此感谢	全体回顾，为执行注入能量和动力	• 团队反思法

常见的项目陷阱

在进行轻战略流程设计的时候，有几个常见的项目陷阱，需要特别注意并加以躲避。

1. 试图解决所有的战略疑问

试图在一个轻战略研讨会或者阶段性项目中，解决所有的业务和战略疑问，我们要知道，这是不可能的。

轻战略六步法虽然是一个完整的体系，但是要让每一步都发挥最大效用，解决每一步涵盖的所有问题，这虽然谈不上疯狂，但是绝对会把我们拖到筋疲力尽的境地。原因很简单，每一步的工具和方法虽然很完备，但要面面俱到，时间资源是最大的瓶颈。

我们也要知道，每一个客户在不同阶段，需要解决的重点问题是不同的。

有时候他们只是需要明确自己的目标到底是什么，这时候就要抓住轻战略的第二步，把明确意图的部分做扎实，让他们非常清晰地知道自己的目标在哪里。

有时候他们对自己的机会选择犹豫不决，团队七嘴八舌无法达成共识，那我们就把精力聚焦在第一步（洞察变化），让第一步的产出扎实且富有成效。

能够通过团队共创的方式让大多数人达成共识，客户就已经非常开心了。对于那些希望得到更多的客户，我们需要理解这个基本的哲理：少就是多，而多就是少。

2.过早关注第五步（激发能力）和第六步（持续行动）的成果

在一个1×3的研讨会上，要把激发能力和持续行动部分做得非常完备，这是不现实的。

我们特别需要强调的是，关注轻战略的前四步，可以在一个较短的研讨会内完整地做到系统地输出和呈现战略成果。但是组织能力的构建，是另一个复杂的话题。有时候我们需要更换团队的成员，可能需要人力资源部门，或者其他职能型的业务管理者加入进来，从而对组织能力中的关键能力要素有更加清晰的识别。

同时，我们也要知道组织能力的构建是对第四步（聚焦创新），即战略地图输出的另一种补充和完善。我们可能需要一段时间，对战略地图进行详细认真的实践验证，然后再进一步去打磨组织能力，这样会更加现实、更加有效。

变通的方案是，如果一个研讨会中涵盖了这六个步骤，那么可以强化前四个，而弱化后两个。若遇到这样的情况，我们会将这样设计的原因，以及需要客户配合的事项提前沟通清楚，大多数客户是会完全理解的。

3. 战略研讨还是战略培训？

在项目开始阶段，客户往往会倾向于邀请尽可能多的人员加入研讨会。我们在此需要再次强调：每一个轻战略研讨会，需要在开始前严格区分清楚，这到底是战略研讨，还是培训？这就像鱼和熊掌的关系：既希望在有限的时间内做一个高质量的战略研讨，又希望借此机会对更多的管理者进行战略方法的培训，是不可兼得的。

如果要做一个高质量的战略研讨，参与者的数量要严格受控，最好在 10～15 人之间，更多的人员参与会使讨论质量下降，因为要兼顾各方面的意见，讨论的时间会延长非常多，对企业来说时间效率会明显下降。

如果是要做好一次战略培训，那么可以邀请更多的人员参与学习，甚至可以带更多议题进来，做一些并行的小组讨论，以强化学习的体验和效果。但是我们会明确地告诉客户，培训不会以战略产出为目的。

CHAPTER 12
第十二章

轻战略引导师的角色

引导师的基本技能

要让轻战略在战略管理中发挥效用,引导师的角色不可或缺。可以说,没有基本的引导技术打底,要组织好一个成功的战略研讨会,或者开启一个以战略共创和共识为基础的战略项目,是没有可能的。

尤其是在提升战略效能的背景下,战略效能公式的分母——简易、敏捷和共创,完全需要引导技术的支持。未来随着战略越来越敏捷化,以及企业内部共创模式的风行,战略引导师将成为非常抢手的资源。顺便说一句,在我看来,人工智能还没有完全取代这个角色的可能性,关于具体原因,您读完本章内容可能就会有答案。

我开始接触引导技术，是在加入 GE 公司工作之后。我发现 GE 公司几乎所有的内部研讨会，都使用一种开放式的引导形式，这是 GE 公司多年来实施 Work-out（群策群力）管理方法留下的遗产。Work-out 是 GE 公司在杰克·韦尔奇时期推行的一种组织变革和管理创新方法，它强调员工参与、快速决策和问题解决的管理流程，旨在打破组织内部的层级障碍和部门壁垒，促进信息流通和团队协作，使公司能够更迅速地应对市场变化和解决业务问题。Work-out 的核心产出是基于一系列的引导工作坊展开的。

GE 公司的每个研讨会都由一名内部引导师主持，其通常来自人力资源部门，或者是公司的运营主管。在会议上，引导师处于一个中立的角色，并且运用专业的方法引导会议，参与的同事们也非常积极踊跃，在会议中全情投入，贡献智慧。

我发现，对于我这种希望带领大家共同产出业务成果的管理者来说，引导技术非常实用。但是公司里的引导工具偏向于具体会议应用，对如何设计一个好的引导流程，以及引导方法的原理很少涉及。于是我报名参加了不少外部的培训和认证，对我最有帮助的是来自新加坡引导师协会的赖美云（Janice Lau）老师。

那时我已经离开了 GE 公司，开始在一些客户项目上用学到的引导技术解决复杂的业务问题和战略问题。随着经验的积累，两年后赖老师建议我参加 INIFAC 的全球大师级引导师认证考试。

INIFAC 的全称是国际引导师学院（The International Institute for Facilitation），它成立于 2004 年，在引导领域的专业标准及引导师核心能力方面制定了更高准则，其推出的引导师国际认证在全球具有很高的热度。该学院推出的认证项目包括 CCF（Certified Competent Facilitator，认证资深引导师）和 CMF (Certified Master Facilitator，认证大师级引导师)。CMF 是引导行业里级别最高的资格认证，当时在全球获得认证的也只有 40 多人而已。

我当时对自己的专业能力还不太自信，但是在赖老师的鼓励下，还是报名参加了考试。经过两次认证考试，我在 2018 年拿到了大师级引导师（CMF）的认证，并且在 2021 年取得了终身级大师级引导师资格。我的体会是，按照全球最高标准进行认证，本身就是一次很好的学习和训练。

表 12-1 列出了 INIFAC 引导师的 6 大类技能和 30 类子技能的自我评估问卷，每个问题的分值为 1～5。通过这份问卷，每一位有志于成为专业引导师的人士可以进行初步的评估。这份问卷和 CCF 及 CMF 的引导能力书面认证的内容是完全一致的。

表 12-1 INIFAC 引导师技能的自我评估问卷

	P 类 – 展现						选择一个数字
1	我对自己的技能和领导团队的能力充满信心	1	2	3	4	5	
2	我表现出温暖和关怀的态度	1	2	3	4	5	
3	我了解能量对参与者的影响,并以适合观众和会议主题的方式进行引导	1	2	3	4	5	
4	我会调整自己的风格和语言来适应这个群体	1	2	3	4	5	
5	我知道自己的优点和缺点	1	2	3	4	5	
	P 类总分						
	A 类 – 评估						选择一个数字
1	我通过提问来评估客户的需求,并就相关范围和流程与客户达成一致	1	2	3	4	5	
2	我有效地、协作地规划和准备活动	1	2	3	4	5	
3	我开发定制流程来满足客户的特定要求	1	2	3	4	5	
4	我能意识到计划的流程何时无法有效运行,能够诊断原因并提出替代流程以达到预期的结果	1	2	3	4	5	
5	我评估经验、总结教训,并将其运用到新的情况中	1	2	3	4	5	
	A 类总分						

客户:您为其举办活动的人

	C[1] 类 – 沟通						选择一个数字
1	我积极聆听,确保反馈并确认要点	1	2	3	4	5	
2	我表现出快速处理信息、区分内容问题和在讨论中分离关键点的能力	1	2	3	4	5	
3	我提出适当的重点问题来帮助小组有效参与	1	2	3	4	5	

（续）

4	我会提出适当的后续问题来澄清、探究和重新引导	1	2	3	4	5
5	我给出的指示准确、清晰且简洁	1	2	3	4	5
6	我能有效地识别并口头总结已经达成的一致	1	2	3	4	5
C^1 类总分						
C^2 类 – 控制						选择一个数字
1	我创造并维持一个高效的环境，让参与者进行互动，让团队专注于实现目标	1	2	3	4	5
2	我创建并维护一个安全的环境，让人们可以畅所欲言而不必担心遭到报复	1	2	3	4	5
3	我创造并维护一种尊重不同文化和风格的环境	1	2	3	4	5
4	我在课程中保持适当的节奏并管理小组的时间	1	2	3	4	5
5	我展示了有效引导团队解决冲突并达成共识的技巧	1	2	3	4	5
6	我采取行动来预防、发现和解决功能失调行为	1	2	3	4	5
C^2 类总分						
C^3 类 – 一致性						选择一个数字
1	我理解并始终如一地应用最佳实践技巧来开始每个会议	1	2	3	4	5
2	我理解并始终如一地运用最佳实践技巧来集中注意力并控制团队	1	2	3	4	5
3	我理解并始终如一地运用记录信息的最佳实践技术	1	2	3	4	5
4	我理解并始终如一地运用最佳实践技巧来结束每个会议	1	2	3	4	5

（续）

C^3 类总分						选择一个数字
类别 E– 参与						
1	我了解并使用多种技术和工具来确保团队互动并参与工作	1	2	3	4	5	
2	我了解并使用多种技术和工具来解决问题和做出决策	1	2	3	4	5	
3	我了解并使用多种促进创造力的技术和工具	1	2	3	4	5	
4	我了解并使用多种技术和工具来影响团队的能量	1	2	3	4	5	
E 类总分						

资料来源：www.inifac.org。

在正式的认证环节，每一大类的综合评分在两分以上就可以通过 CCF 的书面评估，如果达到 4 分以上就可以通过 CMF 的书面评估，再加上客户的书面确认和现场引导（可以是视频）的过程评估，就可以拿到相应的认证证书。

下面我通过一些例子，来分析这些基本引导技术，在一个高质量的轻战略项目中起到怎样的重要作用。

展现自信和专业能力

P 类 - 展现的第一项："我对自己的技能和领导团队的能力充满信心"，这是每一位战略引导师在团队面前始终要展现出来的能力。要知道，在一群企业高管，特别是那些阅人无数、经验丰富的管理者面前，想表演这种能力是非常困难的，甚至是可笑的。必须是娴熟的技能，加上由内而外的真正的自信，才能赢得这些企业高管们的信任。这些信任往往是从一些细节开始建立的。

例如，每一次轻战略研讨会，我都会从团队报到这个环节开始，这也是引导技术的一个基本技能。所谓报到，就是在会议开始时，让每一个人谈一下对此次会议的期待。在轻战略研讨会开始的时候，通过这个方式去了解每一位参与者对这场为期两到三天、甚至持续好几个阶段的战略项目的期待是非常关键的。通过这一做法，我们一方面可以汇总大家的共识，另一方面可以了解每个人的个性化需要，让每个人的期望都被了解，而且被充分尊重。

在这个过程中我经常用快速板书，将参与者的报到要点写在白板纸上，不是记录原话，而是提炼出关键词，然后简洁、利落地写下来，同时复述并和对方确认。用这种方式，在一开始就会获得参与者对引导师专业度的信任。

把所有的期望全部写在白板纸上之后，要检查一下这些期望和预先设计的项目目标及产出目标是否有差异。如果有无法达成的目标要提前说出来，避免期望落空。如果有重要的新增期待，经过大家同意之后，也可以修改研讨会的议程，这将为研讨会带来变数。这种不太常有的现象也需要认真对待，因为越是高层级的领导者参会，越希望这个研讨的产出有实效，并且解决他们个人的战略困惑。所以从这个环节开始，就要展现出极大的灵活性和对内容的娴熟度。

我通常会把总结好的报到内容张贴在会议室的墙面上。当为期数天的研讨会结束时，我会带着所有人结合最终讨论的产出，和最初的期待进行检查对照，看看是否都达成了。

实际上在会议过程中，我已经不断地去检视这些个性化的目标和会议总体设计的匹配度，在中间要灵活地进行内容、议程乃至时间管理的调整，所以最终产出会基本涵盖所有人的期望。这里还有一个秘密：当每个人在报到环节说出自己的期待之后，就会很关注自身所期望达成的事项，分享期待本身也是对其参与讨论的一种校准和指引，这也是最终能够达成每个人目标的隐性原因。

使研讨会流程保持灵活性

每一次的轻战略研讨会，无论准备得如何充分，研讨会的时间进度和产出的内容，都会和最初的设计产生偏差。在这种情况下，保持议程的灵活和弹性非常重要。

在进行一个引导的时候，你已经意识到无论从时间上，还是从议程产出效果上，与最初设计都可能有一些偏差，无论是好于最初的预期，还是达不到最初的预期，这时候你需要思考：下一步议程该如何改变；改变的议程还能否达到最初的预期；如果议程改变太大的话，还需要取得组织方甚至全体参会者的同意。在这个过程中，有两个成功的经验需要了解。

经验一，要对轻战略的流程、方法和工具熟稔于心，尤其要对钻石模型的运用驾轻就熟。如果一个钻石模型的发散、动荡、收敛环节没有完成，就急匆匆地跳到下一个环节，一定会是一场引导灾难；相反，能够完整稳妥地走完这三个步骤，产出的成果一定不会差。

经验二，对每个阶段完成之后的产出，能否成为下一个阶段的输入，心里需要非常清晰。否则，就无法达到轻战略引导所要求的连贯、流畅和逻辑自洽。说实话，这种功力不是仅仅靠锻炼引导技巧就能达成的，通常需要数十场的战略引导实践才能形成。

这也是当下战略引导领域缺少顶尖人才的重要原因。因为既懂引导技术，又懂战略内容知识的人实在不多。而经过这样的锤炼，能够在高管云集的场合里灵活驾驭场域内容的更是凤毛麟角。但也正是如此，才能凸显战略引导者对于客户的价值。

积极聆听，清晰反馈

在 INIFAC 引导师技能清单中，C^1 类－沟通这一大项的第一项和第二项，强调了积极聆听、反馈确认要点，以及快速处理信息的能力，这是引导技术中的基础能力，在轻战略引导当中也很重要。

在研讨会上，当有人提出观点，我们要通过重复和澄清的方式确认他的观点。例如有人发言说："我不同意将软件开发业务整合到硬件部门。"这时一个老练的引导师会根据现场场景，和他做一次澄清和引导。引导师可能会问："您是说不同意将所有软件都整合到硬件部门，还是指其中的某几项？"通过这样的方式来引导参会者界定他的问题，避免笼而统之。而且这样的反馈和澄清，也会启发现场其他人的参与，将这个问题导向更有深度的讨论。

轻战略六步法第三步（识别障碍）这个步骤，经常会进行基于根因的群策群力的讨论。这部分讨论对于与会团队发现障碍的深层原因，并且对这些深层原因的关键排序达成共识是至关重要的。

这个环节经常是轻战略项目中的亮点和难点。因为基于根因的分析，本身就需要引导者有非常清晰和冷静的思维，要能够对大家提供的纷繁复杂的信息，通过提问帮助他们归纳总结，并且最终达成共识。

在这个过程中不断地去澄清问题，并且区分每一个提上来的是问题的表象还是原因就变得非常重要。这个过程的表现也是区分普通引导师和高水平的战略引导师的关键。

引导技术的锤炼是一个长期的过程。经过数十场专业引导的训练之后，一个老练的引导师就能登堂入室，开始进入真正专业的战略引导领域。

设计引导问题

在轻战略研讨会的现场，架构师设计的流程需要一系列问题串接起来。换个角度说，轻战略流程就是靠着一系列问题推进下去的，这些问题应该是开放式的，而非封闭或者有现成答案的。只有处于顶层的开放式问题，才能够引导参与者去进行一轮又一轮的头脑风暴和讨论，并且提炼出有质量的结果。

在这里我将轻战略六步法流程中最关键的 6 个问题列示在这里。如果你想主持一个好的轻战略研讨会的话，这 6 个问题很重要。

- 洞察变化：我们的世界正在面临什么样的变化？这些变化给我们带来什么样的机会？
- 明确意图：对于这些选中的机会，我们应该怎样塑造与众不同的价值主张？
- 识别障碍：为了交付这些价值主张，我们应该克服哪些关键的障碍？这些障碍的根本原因是什么？
- 聚焦创新：为了解决这些关键障碍的根本原因，我们应该做出哪些创新？这些创新形成的战略主题，是否能够突破那些关键障碍？
- 激发能力：为了实现战略地图中的战略主题，我们需要哪些核心的关键能力？我们应该激发出什么样的组织能量？
- 持续行动：对于这些关键的战略主题，什么是未来一段时间最关键的行动？我们应该如何评估行动的进展？

看到这6个问题清单，我们会知道这些问题是环环相扣的，每一个步骤的产出会成为下一个问题的输入。当然这是每一个步骤中的关键性大问题，在每一个步骤中我们还要设计不同的子问题，使得战略研讨可以持续下去。

有时候这些子问题汇总起来，也可以成为我们训练战略思维的有力工具，甚至有时候这些问题可以用作面试工具。我曾经将这样一份汇总子问题的清单提供给从事人力资源管理工作的朋友们，让他们用这些问题在面试中找到那些具有战略思维或者战略洞见的面试者；或者在平时与高管讨论的时候，人力资源主管可以提出这些问题，来看看公司的高管是否真的具有战略思维；甚至有时候可以将这些问题发给老板，他们很可能对你刮目相看。

对于企业老板或高管来说，这份清单中的每一个问题都是击中他们内心的，都是经常让他们辗转反侧难以入眠的，能够回答这一系列战略问题，才表明他们真正将公司的战略想清楚了。

如果你不能够完全回答这些问题也不必紧张，因为有很多问题，我们平时可能没有机会如此系统地进行思考，而这正是轻战略六步法带给我们的结构化思维的好处，让我们可以以更高的思维层次、更细的逻辑关系去梳理哪些是真正关键的战略问题。

以下就是这份汇总了轻战略六步法子问题的清单。

洞察变化问题清单：

- 现在市场正在发生的重大趋势有哪些？客户的需求正在发生怎样的改变？
- 竞争对手正在采用怎样的策略来应对和顺应这样的趋势？我们可以从中学习什么？
- 新的竞技场是怎样的？我们需要采用怎样的竞技方式才能够在未来赢得客户？
- 我们面临的重大机遇是什么？选择什么样的机遇才能和我们塑造的战略能力相匹配起来？

把这几个问题搞清楚的时候，企业的战略选择视角已经基本上清楚了。怎么样，这些问题是不是也是困扰企业最高决策者的问题呢？如果你遇到的企业内外部的人员对这些问题感兴趣，其不仅可以很好地回答这些问题，还具有深入洞察的话，你会怎样看待这些人呢？如果你是企业人力资源的主管，向你的企业高管团队以人力资源角度提出这样的问题的时候，他们是否会对你刮目相看呢？事实上，不仅是刮目相看，他们甚至会对你肃然起敬。

明确意图问题清单：

- 针对我们现在已经选择的市场机会，什么是我们独特的客户价值？这些客户价值能够将我们和竞争对手区分开吗？

- 为了实现这些客户价值，我们可以怎样描述我们的发展愿景？
- 要将这些愿景具体化，我们应该分几个步骤走？每一个阶段实现怎样的目标是合理的？

这几个关于战略意图的问题，是对企业现有经营层面的人员的考问，特别是客户价值主张，能够对此有深度思考，并且可以给出斩钉截铁回答的人员，绝对是你所在的企业应该重用的人才。

识别障碍问题清单：

- 为实现未来的战略意图和目标，我们应该克服哪些关键性的障碍？这里面最关键的两个障碍可能是什么？
- 这些障碍背后的深层原因是什么？它们为何一直存在？
- 如果找出一个最为深层原因的话，你认为那是什么？
- 这些深层原因可能被消除吗？它是来自我们的心智模式，还是来自外部环境？

对这些问题进行深度考问，正是我们去识别企业深层内在矛盾和困境的重要一步。

聚焦创新问题清单：

- 我们应该将创新活动聚焦在哪一些领域？是产品创新、模式创新、流程创新、组织创新，还是其他？为什么？

- 这些创新可以帮助我们克服哪些发展过程中和发展道路上的关键障碍？
- 如何评价这些创新的重要性？我们应该从哪些关键创新点切入？
- 我们应该形成怎样的战略方案，可以实现的路径有几条？
- 未来一年我们重点的战略主题，也就是将企业所有资源整合在一起，去实现战略意图的关键路径是什么？
- 我们如何向员工、利益相关者乃至客户描述我们的战略？如果用一句话非常简洁地讲清楚我们的战略，那会是什么？

把这几个问题抛给你的高管团队，他们也一定会深感有挑战。所以如果你的下属或者那些对你所在的企业的经营管理特别有兴趣的应聘者，能够对此有深度的理解和思考的话，你应该知道这些人是具有很好的战略思考能力的。

激发能力问题清单：

- 为实现企业战略，我们最应该激发的组织能力是什么？
- 组织能力的构建是依靠组织、流程这样的相对促成性的因素，还是依靠领导力、文化、员工敬业这些差异化的因素？
- 如果是促成性因素，从哪里着手是最恰当的？为什么？
- 如果是差异化因素，如何让我们的差异化因素得以彰显？实施的方式又是什么？

- 我们如何在组织内部培养基于变革和创新的组织能力和文化氛围?
- 我们如何帮助领导者提升心智模式?我们如何帮助组织激发组织能量?
- 对于变革领导力,也就是领导变革的领导者素质和能力,我们应该重点做什么?

这些问题都是顶层设计的考题,也是打磨战略能力的试金石,对任何一个变革管理或者组织管理大师来说都不轻松。

持续行动问题清单:

- 所有这些战略方案和组织变革方案,我们应该从哪里入手?
- 我们需要寻找的最关键的利益相关者是谁?他们的诉求是否被考虑到了?如果没有,我们应该怎样找出共赢的方案?
- 假如构建一个新的机构和体系来实施我们新的战略,哪些关键流程和组织设计是必不可少的?哪些是需要被精简的?
- 我们应该怎样进行敏捷的战略迭代?
- 从最关键的入手行动的角度,你觉得从哪里入手是最恰当的?为什么?

这些问题既是对战略思维的考验,也是对行动力的考验,更是对相关人员能否务实地去推动战略的考验。

所以，熟练地掌握轻战略六步法，特别是掌握内在逻辑和思考方式之后，你是否可以轻松地去识别那些具有战略能力的潜在人才和外部应聘者呢？我相信，依靠这份问题清单，你不仅可以做到，而且可以做得非常卓越，不仅让内部同事们眼前一亮，还会让他们肃然起敬。这，就是掌握轻战略的威力。

熟练掌握六部功

在轻战略方法论体系中，六部功是完成六步法的心法和能力。达到六部功的能力要求，可以让轻战略的引导取得更高的水准，让六步法得以顺畅地进行，并且给客户带来真正的战略价值。

表 12-2 是对六部功五个阶段的定义，这五个阶段代表着从低到高的能力发展阶梯。

- 第一阶段，了解概念；
- 第二阶段，需要协助完成，需要在他人的帮助下，完成部分引导工作，这个阶段担任的是典型的轻战略助理角色；
- 第三阶段，独立引导能力，能够在轻战略研讨会或者长期项目中担当一部分的独立引导工作；
- 第四阶段，完成项目交付，可以在一个长期的复杂项目中独立完成工作；

表 12-2 轻战略六部功能力发展阶梯

评价项目	定义	了解概念 1 分	需要 协助完成 2 分	独立 引导能力 3 分	完成 项目交付 4 分	项目牵头人 5 分
挑战假设	挑战我们对世界的认知，探询观点背后的深层原因，不同人、不同组织对同一个事物的认知是不同的	识别假设，能够辨识自己头脑中的假设	能够应用合适的提问来探询自我、他人观点中的假设，并及时停止争论	能够较准确地识别自我、他人观点（包含隐性观点）背后的假设，并对观点背后的假设进行讨论、做出核对和验证	能够将"不对……，或者……"由转换为"是的……，但是……"同时，促成建设性对话，带领大家去挖掘"为什么"背后的真相	能够设计和建设性地设计对话的流程，设计好问题挖掘假设
群策群力	运用团队的智慧做出一个明智的决策	能够识别团队的讨论状态处于钻石模型的哪个阶段	能够组织团队讨论，知道如何创造一个积极的场域，在发散阶段鼓励大家畅所欲言	能够准确识别三阶段的进度质量，并能引导团队聚焦目标，顺利推动下一环节	引发激烈讨论时，能够使观点充分碰撞，在一定时间和范围内做出决策，产生创新性的观点	能够设计和引导复杂流程，进行多阶段的干预
机会导向	在复杂环境中有效识别并利用机会，推动战略目标的实现	能够识别基本机会	识别基本机会，并有效区分问题导向和能力导向	能系统性识别和评估机会，并制订初步的行动计划，避免因为问题导向和能力导向，阻碍机会的识别	能有效利用机会，并推动战略项目的进展，预见潜在挑战并制定相应的应对策略	能创造性地发现机会，引领战略方向，创造新的业务模式，带领团队共同实现业务目标

（续）

评价项目	定义	了解概念 1分	需要协助完成 2分	独立引导能力 3分	完成项目交付 4分	项目牵头人 5分
模型思维	从纷繁复杂的事物中抽象出本质和共同特征，用一种模式进行表达	能够了解轻战略中常用的模型和工具	能够按照模型和工具引导现场解决现场问题	能够引导团队从现象纷繁复杂的问题中抽象出本质和共同特征，用模型进行表达	能够透过现象看到深层的原因，引导团队看到事物之间内在的关联，找到内在逻辑和因果关系	善于提炼和设计模型，并且通过模型化的方式与团队进行沟通和交流
反思学习	在进行一段时间的战略实践后，要时时觉察过程中出现的状况，并且能够及时纠正错误，在此基础上总结经验，做得更好	了解焦点讨论法①等常用的反思工具，能够做出总结记录	能够利用反思工具组织团队进行反思，并保持中立态度，有效提问、总结和反思	能够在每个阶段灵活地使用焦点讨论法，不断通过引导性的提问，来提高我们的决策水平、决策能力和决策质量	每个团队成员都能够觉察到自己的进展，表达出自己的真实感受，同时带来更好的决策	设计多种团队反思流程
空于当下	过去的念头已经过去，未来的还没有到来，现在的各种思虑又会很快成为过去，而当下是永恒的	了解空于当下的状态，知道应放下自己的执念	偶尔处于空于当下的状态	能够觉察自己的状态，并快速调整使自己处于空于当下的状态	自己深处空于当下的状态，并能够将团队随时带入空于当下的状态中	真正的醒悟者，平和、洒脱，甚至感觉不到他的存在，即便没有对话，只要靠近他就能有收获

① 焦点讨论法，是团队反思中常用的流程工具，也称 ORID，详见参考文献 [3] 的第 49～52 页。

- 第五阶段，也就是最高阶段，项目牵头人，不仅能够成为一个成功的项目经理，而且可以在轻战略方法论基础上开发出新的内容，成为这个领域带领他人成长的导师。

轻战略六部功中有四个能力强调的是个体和他人互动的能力，包括挑战假设、机会导向、模型思维和空于当下。另外的两种能力是完全在团队中展开的，即群策群力和反思学习。

在这六种能力中，空于当下总是引起很多人的关注，因为它已经脱离了我们熟悉的理性思维的境界，而是通过灵感的迸发，找到战略突破点。

灵感产生的前提是引导者可以真正进入高级的引导状态，也就是"意识归零"的状态。在这个状态中，引导师可以感知更大范围的信息，既在引导的场域中，也不在其中，因而不受场域的束缚。

团队的灵感可以实时地进入，并且与长久积累的专业知识发生共鸣，从而碰撞出不同的洞见。这个过程不再是思维的过程，而完全是灵感的迸发。在我经历的众多轻战略项目当中，几乎每一个成功的项目都会有这个时刻。

要达到或者进入空于当下的状态，需要对心智模式进行持续的训练。在第八章所讲的组织能量的部分，我们详细阐述了如何进行意识的清理。随着这个方式的进展，轻战略引导师可以进入一种更加放松、自如和洒脱的境界，也更能够和各种灵感产生共鸣，于不经意间将群体的智慧进行整合，并且提炼出更深刻的洞见。

再重申一遍，这一切不是思维和逻辑的演化推导，而是对原有思维的清理和归零。空于当下触达的是人类心灵的本质，它和人工智能的算法截然不同。算法是基于大量人类的经验和学习模型，以极快的速度分析数据和信息，从而产生比人类更全面的想法。

那么人工智能会产生灵感吗？我认为人工智能可以在纷繁的数据中学习，并产生洞察力，但是不会产生真正的灵感，根本不存在这个可能性。如果我们了解了人类心灵的本质，就不会在这个问题上再有疑虑。

我曾经向一些学习者提出这样的问题："人类智慧和人工智能到底有没有区别？如果有的话区别到底是什么？"不见得每个人此刻都会有答案。我的看法是，人类智慧和人工智能的区别，就在于人类是有心灵的，而人工智能只有智力。如果人类被不断地物化成智力机器，我们绝对无法与人工智能抗衡，而且人工智能的智力很快将超越人类。

我向人工智能工具 DeepSeek 询问过类似的问题，其答复非常精确且精彩："人类智慧是生物演化的产物，具有情感意识和价值判断；人工智能是工具性的基础延伸，擅长效率和计算。二者本质不同，但通过协同合作，可推动社会进步与科学突破。"关于灵感，DeepSeek 是这样看的："人工智能的灵感是数据与算法的产物，本质是高效的模式重组，而非人类的主观创造，它拓展了工具的可能性，但无法取代人类灵感背后的意识与情感深度。"

这些诘问和回答，对我们的启示是深刻的：只有人类回归心灵的本质，复归与浩瀚时空的本质无二的那个本质，人类才能摆脱智能化和物化的桎梏。

更进一步，人类的心灵是人类的根本尊严，是所有灵感、艺术、情感的源头。其不会泯灭，也无须升华，只需要将纷繁芜杂进行清理和舍弃，人类心灵的光芒自然就会越发强烈，其蕴含的无限潜能，包括洞见、创造力、美感、同情心这些人类本有的本质，才会真正显现。否则，被物化的人类在人工智能面前的确没有生存的资格。

在这个意义上，轻战略引导师的培养的最高阶段，是让他们成为真正的人类，那种可以贯通人类智慧，帮助群体寻找更优生存方法和路径的人类。

ROAD教练模式

战略能力是所有企业高管最核心的能力之一，在轻战略的实践过程中，经常需要对高管团队进行教练辅导。这些对高管教练的辅导有时是在战略落地的过程中进行的，有时是先有对高管团队的教练辅导，根据高管所在企业实际的需要，再开启轻战略的项目实施。

为此我开发了一个新的教练方法和流程，称为 ROAD 模式。它分为四个步骤，分别是直面现实（Reality and Purpose）、识别障碍（Obstacle）、解锁认知（Assumption Unlocked）和行动措施 (Do)。四个步骤的英语首字母组合在一起，就是 ROAD。

轻战略项目的工作方式是由引导师组织团队进行共创和共识，是引导师对群体的一对多模式。而教练模式是引导师转身成为教练，辅导团队中的个体，是一对一的。

有人会问，当今的教练模式和方法非常成熟，有必要再开发一套新的吗？我给出的答案是肯定的。还在 IBM 公司工作的时候，我就学习过经典的教练模式，并且获得过 ICF（International Coach Federation，国际教练联合会）的企业内部教练认证。但是我发现传统的教练模式，重在激发教练对象的内在潜能，要想改变他们的心智模式，从而实现真正意义上的战略变革，仍需要更进一步的方法。

读者们可能已经发现，ROAD 教练模式和轻战略六步法，在根本上是同构的。

下面来解释一下 ROAD 教练模式的四个步骤。

1. 直面现实：教练和教练对象进行对话，找出教练对象面临的挑战和需要解决的问题。在现实状况下，需要教练对象明确未来需要达成的预期，如业务目标等。既然叫直面现实，就是要真实地看待当前的处境和问题，并且提出合理的未来预期和目标。

在第八章中我们提到，一个真正的变革性的对话是从心智模式的勇气层面开始的，也就是有勇气正视现实，承认现状，而不是回避现实或者粉饰现状。所以直面现实阶段，需要客观冷静地看待现状，要帮助教练对象从各种迷幻的思维中跳脱出来，并且树立起改变现状的勇气，这是这一步骤的关键点。

2. 识别障碍：要找到挡在现实和未来预期间之间的障碍，并且发掘产生障碍的深层原因，这是一个不断深度探寻的过程。在这个过程中，教练需要运用强大的提问技巧，从各个维度帮助教练对象找出障碍以及障碍存在的深层原因。

这个过程经常是充满挑战的，因为要让教练对象愿意敞开心扉，除了承认问题存在，还要承认过去曾经有意或者无意地忽视这些问题。这个过程有时需要适当施加压力，有时也需要给教练对象保留一定的空间，让他们逐渐探寻并且认识到问题的存在。

3. 解锁认知：这是 ROAD 模型里独特的教练方法，除了找到障碍的深层原因，还要帮助教练对象洞悉自身实现目标的动机，以及障碍背后的认知困境或者假设。教练可以用提问的方式，或者案例启发的方式，去转换教练对象的认知，让其从框架中跳出来。

在这个过程中，我们也可以提供一些新的模型，例如我在《光明领导者》一书中所运用的心智之轮模型，帮助教练对象认识到自身动机和认知的困境，确认自己是否被锁闭在欲求、对立和执迷当中，从而帮助他们从这些困境中跳脱出来，进入贡献、原谅和放开的转换阶段（见图12-1）。

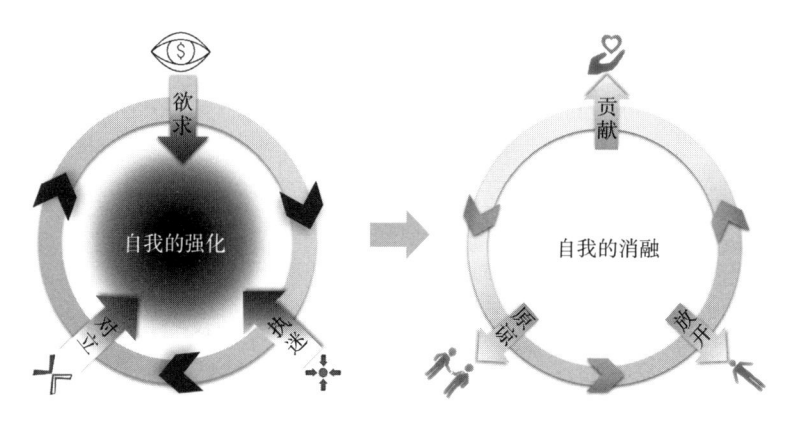

图 12-1　心智之轮模型

这个过程对商业领导者来说是非常有挑战性的，因为大多数人的意识和心智模式，都被锁定在原有的心智之轮当中，"既要又要还要"是一个典型商业领导者的基本心智特征。让这些成功的领导者意识到欲求索取的过患，以及对立和冲突所造成的种种问题，还有执迷的心智模式带来的阻碍和痛苦，不是一件容易的事情。但是一旦帮助他们在这个过程中建立了认知，他们的心智模式将产生飞跃。要想做到这一切，既取决于整个教练项目的目标，也取决于教练和教练对象之间的信任。

在很多情况下，这样的认知转换不是单纯靠传统的教练提问就能达到的。上文提到的轻战略六部功空于当下的心法，在这个阶段会格外管用。教练如果处于空于当下的状态，也就是心理学通常所说的"临在"状态，就可以很好地在潜意识层面清理教练对象的惯性思维。这一切发生在潜意识层面，其转换过程是微妙和难以觉察的，而这些深度的清理和转换，可以帮助教练对象走出多年来的思维认知困境。

需要强调的是，这个过程不是靠一两次教练会谈就能完成的，这样的转化需要深度的信任关系，才能帮助教练对象打开内心。当这些传统的假设和认知被打开之后，教练对象自然知道该如何采取新的行动步骤，也就自然进入第四步——行动措施。

4.行动措施：行动阶段所设定的措施，是对前面步骤的总结，也为下一轮的教练提供了检视标准。

在我实施轻战略项目的过程中，运用ROAD教练模式，帮助不少高管和企业家打开了内在，并且清除了他们的障碍和困境。

真正的ROAD教练，需要将自身心智能量的提升作为基础。在教练辅导中，ROAD教练们关注的不仅仅是业务成果，这是传统教练模式已经非常聚焦的方面，他们更关注的是一个人内在的变化和成长。甚至要运用生命与生命之间的对话，才能深刻地触动教练对象的灵魂，然后发生根本性的改变。尤其是当教练对象的心智模式，从欲求、对立、执迷的状态，开始跃迁到贡献、原谅、放开阶段的时候，他们的人生观和价值观也会发生改变。

企业领导者的变化会最终决定一个组织的变化，所以 ROAD 教练模式所带来的影响和成果是非常巨大的，它应该成为轻战略引导师的必修课，当然也是高级功课。通过学习和实践，ROAD 教练模式会使更多管理者和领导者受益，让他们从传统的商业经营思维，升级到真正的价值创造和利益社会的人生境界。

我相信，这是企业战略和领导者发展的终极目的，很高兴我已经为此构建了完整的方法论和实践体系。

思考题

1. INIFAC 引导师的 6 大类技能和 30 类子技能中，你认为对你最关键的是哪三个技能？
2. 对照轻战略六部功能力发展阶梯，你认为你现在处于哪个阶段？
3. 在轻战略六步法子问题清单中，哪两个问题对你最有触动？

CHAPTER 13 第十三章

战略管理的新使命

提升战略效能

在我写这本书的时候,一家著名的电动汽车企业管理者打电话给我,询问我是否能够用IBM公司的BLM战略方法帮助他们梳理公司战略,我仔细询问后知道了事情的原委。

这家企业新发布的电动汽车,在市场上遭遇华为汽车相关产品的强力竞争,销量远不及预期。这让该企业对华为的市场攻势既敬畏又不知所措,想来想去觉得可能是华为的战略胜出一筹,该企业听说华为曾经用过IBM公司的BLM方法论,所以希望寻找精通这个方法的IBM公司的前员工或顾问,给他们在战略重建方面提出建议。

因为我曾经是 IBM 中国公司最早一批使用 BLM 来制定战略的管理者，所以已经不止一次接到类似的邀约。但是很明显，这次他们可能进入了本书一开头讲到的第六个战略误区，认为"用专业的战略工具，就会产生好的战略"，甚至可能现实处境比这个还要糟糕。

江湖中大名鼎鼎的 IBM 公司的战略神器 BLM 方法真能百试百灵、点石成金吗？IBM 公司的 BLM 方法论是一套战略方法的集合，是对不同学者的理论和方法的总结，21 世纪初的时候 IBM 公司对这些方法做了整合。BLM 方法最初是为了在 IBM 公司内部统一战略语言，让这个庞大的组织可以在明确的定义和范畴里进行战略的思考、沟通和行动。后来，华为公司也引进了这套方法。随着华为近年的巨大成功，其管理方法也声名鹊起，于是很多人就竞相传播华为的战略方法，其中也包括 BLM。

虽然我也曾经帮助不少企业用 BLM 的方法梳理过战略，对这位打电话询问的管理者，我还是直言不讳地谈了我的看法："运用一套著名的战略方法论，未必能够产出好的战略成果，有时候还会适得其反。"

使用 BLM 方法，可以帮助企业做一些战略概念的梳理，构建共同的语言，让整个战略思考过程更加系统化、体系化，但是战略的核心不在这里，而在于能否通过战略思维塑造出有效的战略，也就是产生真正的战略效能。

前文已经讲过，有效的战略在于创造了可靠的客户价值，建立了明确的竞争优势，并且让组织可以持续不断地学习和成长，这是战略效能的三个杠杆要素。华为公司在这三个杠杆要素方面的确做得很好，尤其是在建立竞争优势方面，华为已经成为中国科技企业的一面旗帜，"遥遥领先"的口号深入人心，几乎成为华为产品和服务的代名词。从营销学角度来看，是否真的"遥遥领先"其实不那么重要，让消费者内心产生这样的认知才是关键。华为虽然交付了不错的产品，但相比其他企业，可能并没有宣传的那样领先，但在消费者的认知中，华为公司已经建立了牢固且强大的品牌优势。

电话咨询我的这家企业此时试图在战略上获得突破，希望从战略上寻找追赶华为的方案，于是"拿来主义"的思想占据了上风：你用 BLM，我也来用一下，看看能否做得与你一样，甚至更好？

和大多数企业一样，该企业没有想清楚，战略方法不是目的，产出战略有效性的六个要素才是关键。还是以竞争优势为例，不同的企业有不同的竞争优势。有些企业是依靠领先的技术，如特斯拉在电动汽车领域具有先发优势，现在又在无人驾驶和人工智能领域持续领先；有些企业依靠成本控制带来的高性价比产品，比亚迪的竞争优势恰在此处；而华为除了技术领先，还是品牌塑造的高手，获得无数技术迷和爱国主义者的强力支持。

在这样的竞争格局下，该企业首先要明确的是：我们建立的竞争优势到底应该是什么？对于不同的消费者，我们到底能够带来什么样的不同价值？在现在竞争愈演愈烈的电动汽车市场中，每一家企业都需要找到自己的特殊定位和竞争优势，然后通过管理系统和组织的力量去实现。

所以，真正的战略效能不是一个概念或理论，而是实在的成果。从思考到行动，再到产出结果，是需要一个持续努力和学习的过程的。

最后我告诉这位来电者，他们需要做的不是寻找更好的战略方法，而是能够想明白战略效能的关键点，并且做出来。就如同华为公司创始人任正非先生当年反复强调的，华为的战略曾经是在一个"城墙口"上做持续的饱和攻击。这就是一种典型的在一个领域持续聚焦，并且建立优势的战略思考和行动。有时，这些战略思考和行动看似简单直接，但是其蕴含的战略思想是深刻且实用的。抛开这些真实有效的战略思考和行动，而试图寻找一些工具上的捷径，不仅无益，对组织来说甚至是一种误导。

在今天这个巨变的时代中，战略效能是每一个战略管理者需要关注的核心议题。除了三个战略杠杆要素要足够长，更重要的是组织的战略支点要素要足够贴近市场和客户；战略管理的方法要简洁明了，对市场的响应要敏捷高效，同时要挖掘团队的力量和智慧，让整个组织的行动变得快速有效。

如今，每一个行业里能够实现有效战略的企业，都在这六个战略要素上做得极为出色。而这六个战略要素不是战略的方法，而是战略实施以后的成果。正确的方法可以让我们的思维和行动路径变得直接有效，过于复杂的方式已不再适用，这也是今天我们强调轻战略思维和方法的原因。

对身处巨变时代的管理者来说，寻找战略工具已经不是重点，至于将战略误解为分解目标、制定计划，那也不是战略的本意。打造战略有效性，让企业在巨变的时代里秉持正确的战略方向，并且在六个要素上都能够做得出色，才能确保战略的成功。

我相信，这也是今天战略管理者的新任务和新使命。

战略的哲学面

在这个巨变的时代里，所有一切的起伏都非常迅速，如乱石崩云，似惊涛拍岸。正如唐代诗人刘禹锡的名句"千淘万漉虽辛苦，吹尽狂沙始到金"，大浪淘沙的时代，可以真正检验一个组织的成色。这个成色就是企业的底层思维，也就是它的经营哲学。

战略所呈现的正是一家企业及其领导者的经营哲学，也就是对业务本质和企业存在意义的深度思考。所以，围绕目标制定战略，或者以建立一家盈利性的组织为目标形成的战略，都没有触及战略的根本。

埃隆·马斯克之所以成为伟大的创业型企业家，是因为他始终带着改造人类生存环境的信念开拓前行，无论是推出替代化石能源的电动汽车，还是构建载人航天计划，都是希望为人类的未来开辟一个不同的前景。

对于科技行业最为关注的知识产权和专利保护问题，马斯克的态度异于他人。他在接受采访时称 SpaceX 不使用（独占）专利，完全开放。2014 年，他宣布将把特斯拉电动汽车的专利全部公开。2023 年，他也把推特的大部分源代码发布出来，供大家下载使用。在一次电视访谈中，他直言："专利是给弱者的，常被用来阻碍技术的发展。"可以看出，马斯克是以人类科技发展作为使命，而非个人成就。正是有着强大的个人信念和哲学思考作为支撑，马斯克才能最终做出非同凡响的战略决策。

杰克·韦尔奇之所以能将 GE 公司打造成 20 世纪末最出色的多元化公司之一，是因为他有一个强大的对企业本质的看法，那就是在多元化的时代，企业需要具有大企业的规模和小企业的灵魂，这是他的一个卓然不同的洞见。企业规模大，可以规避风险，而小企业般的敏捷运作可以让其灵活高效。杰克·韦尔奇打造的基于公司多元化的事业部集群战略，就是这一哲学思考的结果。

GE 公司的人才战略也是来自这一哲学思考。要让事业部实现高效和灵活的经营，就需要激发企业内的企业家精神。所以 GE 公司卓越的人才发展体系，就是为了给各个事业部培养出卓越的领导人才，于是 GE 公司成为世界闻名的"CEO 工厂"。

近来颇受瞩目的胖东来的创始人于东来，之所以创办了享誉商界的胖东来商贸集团，就是因为他要为客户和员工创造幸福的生活，他的价值观是"自由·爱"，将自由与爱贡献给客户和员工，要将这两点，都尽力做到极致，而他创办的企业是践行这一经营哲学的载体。

没有哲学理念作为承载的企业是没有灵魂的，而战略和战略构想是对这些哲学理念的检验和校准。

未来可以被预测吗？

战略是通向未来的艺术。所有的战略决策都依据对未来的预测，如果我们能够确定未来会发生什么，那么战略决策也将是确定的。然而现实是，我们被锁闭在封闭的时空里，时间就像是一秒一秒向前推进的幕墙，我们永远无法穿越眼前的时间的阻拦。我们所看到的世界的展开，都是随着时间的推移呈现给我们的。

于是就有了战略。所谓战略，就是要应对不确定的未来，设计各种达成目标的方案。今天，我们已经有了丰富的数据统计技术，现代科学研究也是建立在数据科学之上的。随着计算机技术和人工智能的发展，我们有了更加强大的能力，可以将历史的各种数据进行建模，用过去的规律来预测未来会如何。但是这就如同看着倒车镜开车一样，我们虽然知道了很多历史和过往，但是我们仍然不能够穿透未来。

我们希望历史会重演，但是历史的规律却以我们不经意的方式再次展开，就像美国作家马克·吐温所说的"历史不会重演，但是会押韵"，这是人类用诗意的方式，来表达对不可知的未来的一种智慧但又尴尬的心态。

然而即便我们不能预见未来，我们总是要预测，从而让我们的决策有所依据。这种努力从来没有停止过，尤其在当今这个巨变的时代，各种焦灼围绕在我们身边，预测未来更是成为所有组织乃至国家必须做的一件事情。即便它不准确，但是必须要做。

瑞·达利欧的观点

瑞·达利欧（Ray Dalio）是一位全球宏观投资者，创办了著名的桥水基金，他因对历史周期、国家兴衰和全球经济形势的深入研究而知名。达利欧认为，通过研究历史规律和周期，人们可以更好地理解事物背后的因果关系，并制定合理的应对法则。他宣称在他的职业生涯中，发现很多过去发生的事件，虽然在他有生之年未曾发生，但是历史上却多次发生，因此他认为研究历史对于理解现在和预测未来非常重要。

在他的著作《原则：应对变化中的世界秩序》中，达利欧指出，任何政治体制、经济体系、货币或帝国都无法永远存在。他强调要理解当前的形势，并应对未来可能发生的情况，需要研究类似的历史案例以及背后的机制。为此他重点研究了过去500年间荷兰、英国、美国和中国等国的历史兴衰。

他发现，在过去500年间发生过两次重大的全球权力转移。一次由荷兰转移给英国，再一次是由英国转移给美国，在这两次大国全球权力转换的过程中发生了什么呢？债务重组和债务危机、内部革命导致财富转移、外部战争、大规模货币贬值，以及新的国内和国际秩序的建立。

达利欧所总结的这些发生过的大事，会在下一次权力转移中再次发生吗？是什么促成了这种权力转移的发生？

通过进一步深入研究，达利欧认为有五大力量是影响世界秩序和国家生命周期的关键。这些力量包括有利和不利的金融周期、内部秩序和混乱周期、外部秩序和混乱周期、创新和科技发展步伐，以及天灾。

近年来这五大力量互相作用，相互影响，对世界格局与宏观周期产生了巨大的影响。然而，达利欧无法回答这些因素如何在时间序列上产生结果，就像我们虽然知道包括大流行病在内的自然因素，会影响世界秩序乃至国家生命周期，几乎没有人可以用科学的方法预测到2020年的新冠疫情全球大流行，我们无法预见到这次大流行病对全球经济、社会乃至地缘政治格局的深刻改变。

虽然我们无法确定这些事件出现的时间序列，以及产生影响的机制和因果关系，达利欧还是给出了一个过去 1400 年世界权力更迭的研究成果。图 13-1 显示了过去 1400 年间世界主要国家的相对国力兴衰，横轴为历史时间演变，竖轴为大致的国家实力对比（1 为最强，0 为最弱）。

从这张图可以看到，中国在长达 1000 年的历史上一直处于国力的相对鼎盛地位，其他国家的国力则起起伏伏，与中国形成了一个并行出现的大国兴衰协奏曲。那时因为交通的阻碍，各国之间的交互影响并不太大，可以说是在各自区域内上演着各自的大国兴衰。

然而从 18 世纪开始，随着荷兰的全球贸易以及英国工业革命的出现，人类进入了全球化时代，这时国与国之间的交互关系，开始出现根本性的改变，从而大国之间的力量博弈开始在全球舞台上演。随着 20 世纪初美国的崛起，整个世界格局发生了更进一步的改变，直到今天。

至此，以上是达利欧对历史研究的看法和结论。人类局限于未来时空的限制，即便是再宏大的战略视野，所能做到的似乎也止步于此。

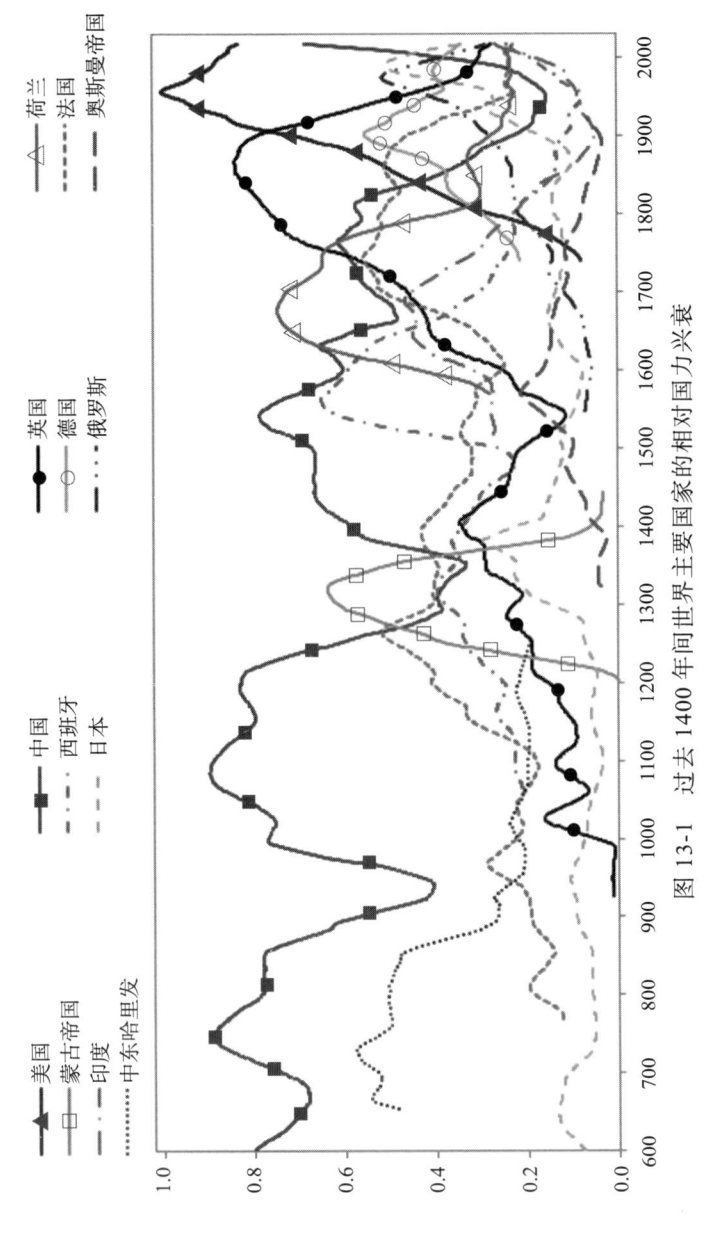

图 13-1 过去 1400 年间世界主要国家的相对国力兴衰

资料来源：Dalio, Ray. The Big Picture in a Tiny Nutshell. LinkedIn, April 2, 2020。

邵雍的大历史观

不过，回看中国的古老文明也有一些有趣的研究，可以给我们带来启发。

中国古老的哲学认为人世间的活动是整个天地大系统运动的一部分，在人类的视角中，数千年的时间已经非常久远，但如果放眼到地球、外太空、太阳系乃至更大的银河星系坐标，那只是一瞬。

中国古人认为在这样一个巨大的天地系统中，作用于人类社会的是天体星系的能量交互，这些能量交互会对大系统里的所有事物产生影响，从而推动着人类乃至物质世界的变迁。

因此古人们建立了一套世界观，即依据太阳系五大行星乃至星系间的斗转星移来认知过去并且预测未来世界的变化，这就是中国流传数千年的"天人合一"思想。在中国的正史典籍《二十四史》中，几乎每一朝的历史记载里都有"天文志"，并且将历史的变迁与天文的变迁相对应，同时通过天文观测来解释历史的变迁。对这套"天人合一"思想的高度凝练和总结，生成了一些独特的理论。北宋年间的著名学者邵雍，就根据他对天地万物的观察，构建了这样一个宏大的宇宙观，并将成果总结归纳到他的传世著作《皇极经世书》当中。邵雍将世界从开始到消灭的周期称为元，一元是129 600年；一元包含12个会，一会是2160年；一会又分为30个运，一运是360年；一运含有12个世，一世是30年。这便是邵雍的元会运世体系。

如果我们将邵雍的元会运世体系与达利欧的研究进行对比，会发现什么？会发现高度的一致性。中国历史上每360年的历史变迁，完整地演绎了前180年国力由衰到强，后180年由强到衰的循环周期，虽然不是那么严丝合缝，但是整个趋势是非常明显的（见图13-2）。

我们看到从公元664年开始，唐朝经历了近百年的鼎盛岁月，是大唐的巅峰时刻。唐中期以后迅速衰落，直到经历了大战乱的五代十国时期，继而由北宋建国重新统一天下。到公元1024年左右的宋仁宗年间，国力开始继续上升，直到宋神宗年间达到顶峰。后来经历靖康之变，北宋灭亡，南宋建立。宋宁宗年间开始北伐金国，陷于长期战争，一直到蒙元入主中原，这段时间经济力量迅速衰微，几乎跌入唐宋以来的谷底。其后随着明朝开国，进入到下一个增长周期，明嘉靖年间几乎是国力的顶峰，其后开始衰落，直到满清入关。

有意思的是，清朝在这个阶段开始恢复国力，到乾隆年间达至顶峰。同时全球化带来了全球贸易，此时的大清帝国已不再是全球的唯一强权，新崛起的大英帝国开始在全球游弋。这时历史趋势似乎发生了一个背离，清朝之后没有延续增长的规律，而是持续的衰落，其触底就是抗日战争之后的国共内战，直到中华人民共和国建立，才开始重拾增势。

在今天，留给我们宏观观察者一个问题：未来是否会继续重复国家力量的消长？达利欧对此已经有了初步结论。他认为大国冲突很难避免，而且他所看到的一些经济指标已经率先呈

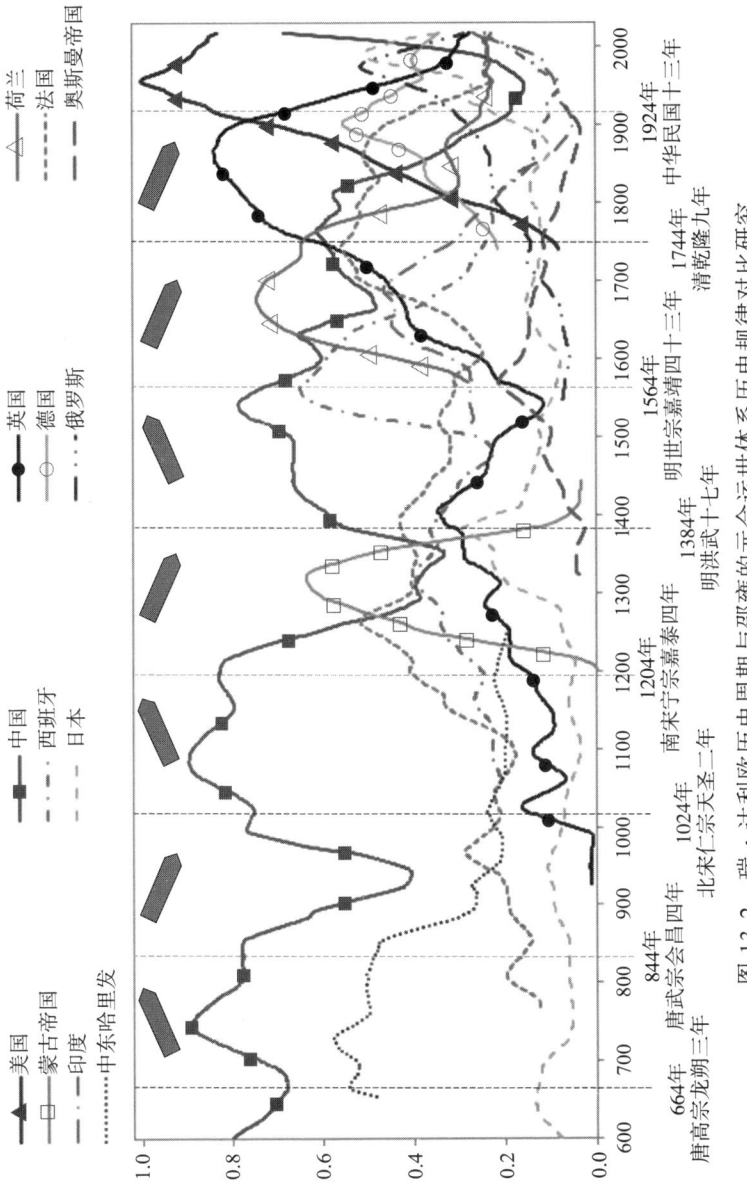

第十三章 战略管理的新使命 | 333

图 13-2 瑞·达利欧历史周期与邵雍的元会运世体系历史规律对比研究

现出苗头，例如，全球的债务危机，已经开始引发各国的国内危机。站在企业战略这个微观层面，在大历史中如何自处，并且制定符合未来趋势的战略，将考验每一个决策者的智慧。

说到这里，我们需要提及为何市场验证、快速迭代的敏捷战略（轻战略）方式，将成为今天战略的主流？其核心原因在于人类智慧的缺乏。面对浩瀚的宇宙、多变的世界和不可预测的未来，我们可以做的只能是在变化的环境里，不断地切小我们的决策单元，如同解一个微分方程一样，在每一个微小的时间段里面去验证我们的各种假设和判断，并且采取果断和迅速的措施。

我们的理想可能是星辰大海，它以企业的使命和愿景的形式指引我们前进，但是我们的决策一定要非常脚踏实地，这其实是一种对未知世界的敬畏，这让我们更加谦卑和务实，轻战略是在当今的时空决策框架下所采取的最恰当的决策方式。

当然，如果人类突破了对时空的认知，能够像中国古人期望的那样"知往察来"的话，所有的战略决策可能会变得易如反掌。不过当所有的人都掌握了未来趋势的时候，其不可预测性可能又会出现，就好比我们在一个未知的游戏当中，如果已经知道游戏的结果，所有人都会采取新的决策，那么游戏的结果就可能又是不可知的了。

所以归根结底，在有限的世界中，在有限的思维和认知的基础上，在如此剧烈变化的时代中，反复验证、不断迭代的轻战略思维，一定是最佳选择。

巨变时代，唯有轻战略

最后，我为全书做一个总结。

我们正处在一个巨变的时代，国际政治、经济、技术、商业模式，以及人类心智，都处于高度不确定且充满挑战的状态。制定战略所追求的未来确定性，在这个时代不复存在。工业时期所形成的规划性资源分配逻辑也已经荡然无存，加上人类在有限时空的认知局限，用现有的知识体系也无法预测未来。

所以面对如此变化的时代，每一个企业需要思考应该用什么样的最佳方式来制定战略，轻战略给出的解答，是流程用六步法，心法用六部功，最终要实现战略效能的突出成果。

轻战略六步法是战略制定的顶层思维，它可以是贯通个人、企业和其他组织战略的基础逻辑，也可以是解决问题的简洁办法。如同知名战略研究专家理查德·鲁梅尔特所说的"战略不是目标，而是一种解决问题的方式"，轻战略六步法，就是在这个巨变时代解决问题的最佳方式。

从管理学范畴看，轻战略属于当今越来越被重视的敏捷战略的方法，可能你会找到其他的敏捷战略的做法，那也很好，如果没有的话，就用轻战略六步法来打造你的战略流程。请注意，在这个过程中，你所熟知的所有战略工具都可以被纳入轻战略六步法当中，就像在本书中你看到的那样。这也是轻战略的神奇之处，使用轻战略意味着你不需要再被战略工具所限制，甚至你可以在这个过程中结合自己的业务需要，创造新的战略工具。

要让轻战略六步法得以很好的实施，你需要具备六部功的战略心法，这里最核心的是要学会挑战假设的思维，并且用机会导向来看待未来的战略机遇，同时要学会用模型思维不断提炼出基本概念和模型，便于在这个基础上不断地深化思考。在团队层面要学会群策群力的方式，这是轻战略得以实施并产出卓越成果的关键方法。群策群力中用到的钻石模型，贯穿了轻战略流程的每一个步骤，通过不断的提炼，让我们的智慧和思维去伪存真，实现真正的共识，最终得以升华，并在此基础上不断地演进，走向下一步。

在这个过程中，团队还要学会反思工作方式，在这个快速变化的时代，不会反思将很快落后。而真正的战略灵感来自空于当下，这是六部功中的最高心法，一旦掌握这个心法，就可以游刃有余地驾驭各种挑战性的情境，并且将心法用于赋能团队，或者提供 ROAD 教练模式的辅导。这种高级的心法是每一个高级战略人员都应该具备的核心技能。

最终，一切战略工具都要指向提升组织的战略效能，也就是让制定的战略真正有效，这是对制定战略的检验。

首先我们要看战略效能的三个杠杆是否足够长：

- 我们的客户价值是否真实，让客户无法拒绝？
- 我们的竞争优势是否明显，让对手难以企及？
- 我们的学习和迭代是否快速有效，让我们总能够立于前列？

真能如此，战略效能公式的分子项就取得了极大值。

然后我们要看是否能够将战略的支点放在离客户最近的地方：

- 我们是否能够让管理尽量地简单，从而缩短从战略到执行的路径？
- 我们是否能够将客户的声音及时反馈回来，快速跟进市场的变化并加以改变？
- 所有这些决策是否采用了群策群力的方式？群策群力本身也是一个敏捷响应的方法，可以有效缩短决策的流程。

所有这一切都让战略效能公式的分母项最小化。最大化的分子项和最小化的分母项，让我们取得卓越的战略效能，让战略有效性得以最大限度地彰显。

在中国历史上，出现过无数个变乱交织的时代，在那些时代里孕育的兵法，突出的就是敏捷高效，而非照本宣科、僵硬教条。其中集大成之作便是《孙子兵法》，"以正合，以奇胜"

是其核心，"以正合"就是要获得稳定优势，而"以奇胜"要以快速敏捷取胜。理解了孙子兵法中的这两句核心要义，就懂得了轻战略的精髓，就能在巨变的时代立于不败之地，进而取得战略的成功。

最后，如果你对轻战略的内容有兴趣，可以关注"许正管理工坊"微信公众号，获得与轻战略相关的进一步信息。特别是手边没有过去两本《轻战略》系列书籍的读者，可以通过阅读公众号相关文章，获得与轻战略相关的工具和方法的介绍。

参考文献

[1] 克里斯坦森. 创新者的窘境：修订版 [M]. 胡建桥，译. 北京：中信出版社，2014.

[2] 斯隆. 我在通用汽车的岁月：斯隆自传 [M]. 刘昕，译. 北京：华夏出版社，2005.

[3] 许正. 轻战略：量子时代的敏捷决策 [M]. 北京：机械工业出版社，2019.

[4] 波特. 竞争战略 [M]. 陈小悦，译. 北京：华夏出版社，2005.

[5] 明茨伯格，阿尔斯特兰德，兰佩尔. 战略历程：纵览战略管理学派 [M]. 刘瑞红，等译. 北京：机械工业出版社，2002.

[6] 里斯，特劳特. 定位 [M]. 王恩冕，于少蔚，译. 北京：中国财政经济出版社，2002.

[7] 韦尔奇 J，韦尔奇 S. 赢 [M]. 余江，玉书，译. 北京：中信出版社，2005.

[8] 金，莫博涅. 蓝海战略：超越产业竞争　开创全新市场　企

业如何启动和保持获利性增长 [M]. 吉宓，译. 北京：商务印书馆，2005.

[9] 鲁梅尔特. 好战略，坏战略：2 辑 [M]. 郭红梅，殷玥，译. 北京：中信出版社，2023.

[10] 曹操. 曹操集 [M]. 北京：中华书局，1959.

[11] 新田次郎. 武田信玄：风林火山 [M]. 黄远河，译. 重庆：重庆出版社，2014.

[12] 陈寿. 三国志 [M]. 北京：中华书局，2007.

[13] 德鲁克. 创新与企业家精神：珍藏版 [M]. 蔡文燕，译. 北京：机械工业出版社，2009.

[14] 沙因. 组织文化与领导力 [M]. 陈劲，贾筱，译. 北京：中国人民大学出版社，2020.

[15] 卡普兰，诺顿. 战略地图：化无形资产为有形成果 [M]. 刘俊勇，孙薇，译. 广州：广东经济出版社，2005.

[16] 许正. 光明领导者：21 世纪的领导力跃升和组织变革 [M]. 北京：人民邮电出版社，2020.

[17] 格里塔，曼恩. 熄灯：傲慢、妄想和通用电气的没落 [M]. 马林梅，译. 北京：中国青年出版社，2022.

[18] 伊梅尔特，华莱士. 如坐针毡：我与通用电气的风雨 16 年 [M]. 闫佳，译. 北京：机械工业出版社，2022.

[19] 许正. 企业转型六项修炼 [M]. 北京：机械工业出版社，2014.

[20] 斯莱沃斯基，莫里森，安德尔曼. 发现利润区 [M]. 吴春雷，译. 北京：中信出版社，2018.

[21] 达利欧.原则：应对变化中的世界秩序[M].崔苹苹，刘波，译.北京：中信出版社，2022.

[22] 邵雍.皇极经世书[M].北京：九州出版社，2012.

[23] 科特.领导变革[M].徐中，译.北京：机械工业出版社，2014.

[24] 霍金斯.意念力：激发你的潜在力量[M].李楠，译.北京：中国城市出版社，2012.

[25] 许正.向服务转型的八种创新模式[J].商业评论，2013（2）：102-123.

赞誉

许正先生在战略领域的持续研究与探索，为企业战略管理注入了新的活力。他的前两部《轻战略》系列著作在企业界产生了广泛影响，帮助众多企业在复杂多变的环境中厘清思路、找准方向，中化环境也是轻战略群策群力理念的受益者和践行者。《轻战略：提升战略效能的艺术》这部新著作让我们在学习"轻战略六步法"的基础上，看到了大量的实践经验、引导技巧和思考总结，帮助我们将理论与实践相结合，提升战略效能。许正先生在书中强调做战略要洞察变化、明确意图、识别障碍，这是对"实事求是、一切从实际出发"理念的最好实践。同时，对企业而言，不仅要关注客户需求、员工成长以及社会责任，更要在经营管理的过程中，充分倾听员工的意见与想法。本书提倡的团队共创、群策群力的轻战略方法，且有丰富的实践支撑，是以人为本理念的具体体现。

——崔焱　中化环境控股有限公司原董事长

对初创企业和初具规模的企业来说，找到一个适合自己的战略方法论很重要。国科天迅很幸运，一开始做战略的时候就遇到了许正老师和《轻战略》，在不断实践和迭代中，我们找准了方向和工作重心，日拱一卒，企业得以持续快速发展。我认为轻战略有三大特点：一是简单轻便，六步法和六部功通俗易懂、环环相扣，尤其适合我们理工科的逻辑脑；二是使众人行，全体骨干共创和群策群力的过程也是宣贯轻战略的过程，使其更好落地实施，不易跑偏；三是有始有终，定期迭代，每季度会看到小成果，每年会看到大进步，让团队更有信心坚持。在竞争越来越激烈的市场环境下，我衷心祝愿越来越多的企业，能在轻战略的学习实践中获益，抓住机会，脱颖而出。

——房亮　国科天迅科技股份有限公司创始人

轻战略是许正先生根据当前企业发展的特点，针对在时代发展的新趋势下，传统战略方法很难让科技企业应对复杂多变局面的情况，而将经典战略方法简化，并结合当今时代的特点，所独创的战略方法。许正先生作为中科创星硬科技创业营的导师，曾多次为硬科技企业传授轻战略知识，获得学员的一致好评。中科创星也是轻战略的受益者，每一个中小企业都需要轻战略。

——米磊　中科创星科技投资有限公司创始合伙人、
"硬科技"理念提出者

时代的钟摆越来越快，不确定性高度覆盖各个领域，每个企业对未来都交织着憧憬与忧虑。许正先生《轻战略》系列著作不仅给企业与管理者带来战略制定流程的知识，同时也是战略可操作性的评价方法，更为企业经营发展提供价值体系。阅读《轻战略》系列著作，无论对企业还是对个人，从方法工具到观念认知都会带来思考与共鸣。

——武文光　中科创达软件股份有限公司前执行总裁

我邀请许正老师为企业客户做过轻战略研讨会，我本人也采用轻战略六步法为一些公司做过战略研讨会，我和我的客户都感受到了轻战略的魅力：清晰、轻盈、深度共创、易出成果，更重要的是管理团队能够深刻达成理念和战略的共识。推荐战略顾问和大企业战略部门负责人精读本书。

——范大鹏　文泰商学院院长

当前的十大战略理论学派是构建在牛顿科学世界观基础之上的，比较善于解决稳定、可预测环境下的企业战略问题，而在复杂的、高不确定性的环境中，企业战略问题面临巨大的挑战。许正先生能够及时洞察环境变化，总结实战经验，大胆尝试将量子科学世界观与企业战略相结合，创造性地提出了轻战略理论，为众多面临复杂环境的企业家提供了一把解决问题的金钥匙。

——张建新　新特能源股份有限公司董事长

互联网等新技术带来各种业态环境的快速变化，企业管理方式应与时俱进，尤其是复杂的战略体系更是如此。许正先生的书，为我们展示了一套简洁的战略方法和流程，结合群策群力的组织方式，让企业战略更有效地落地实施。许正先生的方法曾经在华泰保险有过成功的实践，相信能够给更多企业以启发和帮助。

——王梓木　华泰保险集团原董事长兼CEO

许正先生的书，提供了一套简洁的战略方法，一个实用的战略流程。这让企业的业务领导者易于掌握、易于实践，方便检验成果。对处于战略变革期的企业，尤其是面对不断变化的环境时，这套方法来得正是时候。

——麦伯良　中国国际海运集装箱（集团）股份有限公司董事长兼CEO

军事战略就是赢得军事战争的策略，企业战略就是企业在市场中赢得竞争的策略。任何企业都有自己的战略，其差别在于是有意为之还是无意为之，是成文还是不成文，是坚持迭代还是偶尔为之，而真正好的企业战略必须是有意的、成文的、迭代的，并能够引领企业赢得竞争的战略。为此，战略制定、执行、评估和迭代的方法至关重要，许正先生的轻战略满足了这一需要，金发科技正是该方法的践行者和受益者，我相信本书会对有志于应用企业战略引领企业健康发展的朋友们有所帮助。

——李建军　金发科技股份有限公司副董事长兼首席战略官